优秀只是闪耀自己

卓越却是兼顾他人

雅丽刑辩系列丛书

矿业刑事合规与辩护之道

梁雅丽　刘嘉梁　著

WAYS OF CRIMINAL COMPLIANCE AND DEFENSE IN MINING INDUSTRY

法律出版社 | LAW PRESS
北京

图书在版编目(CIP)数据

矿业刑事合规与辩护之道 / 梁雅丽, 刘嘉梁著. --
北京 : 法律出版社, 2023
(雅丽刑辩系列丛书)
ISBN 978-7-5197-8378-5

Ⅰ. ①矿… Ⅱ. ①梁… ②刘… Ⅲ. ①矿业刑-刑事
犯罪-辩护-研究-中国 Ⅳ. ①D924.304

中国国家版本馆 CIP 数据核字(2023)第 190445 号

矿业刑事合规与辩护之道
KUANGYE XINGSHI HEGUI YU BIANHU ZHI DAO

梁雅丽 刘嘉梁 著

责任编辑 张 颖
装帧设计 鲍龙卉

出版发行 法律出版社
编辑统筹 法律应用出版分社
责任校对 王晓萍
责任印制 刘晓伟
经　　销 新华书店

开本 710 毫米×1000 毫米 1/16
印张 17.5 **字数** 303 千
版本 2023 年 11 月第 1 版
印次 2023 年 11 月第 1 次印刷
印刷 北京盛通印刷股份有限公司

地址:北京市丰台区莲花池西里 7 号(100073)
网址:www.lawpress.com.cn
投稿邮箱:info@lawpress.com.cn
举报盗版邮箱:jbwq@lawpress.com.cn
销售电话:010-83938349
客服电话:010-83938350
咨询电话:010-63939796

书号:ISBN 978-7-5197-8378-5
定价:88.00 元

梁雅丽

北京市京都律师事务所高级合伙人、京都刑事辩护研究中心主任；西北政法大学学士学位，苏州大学法律硕士学位；兼任西北政法大学刑事辩护高级研究院副院长、高级研究员，西北政法大学硕士研究生实务导师，北京外国语大学法学院硕士研究生导师，中国刑法学研究会第三届理事会常务理事，中国法学会法律文书学研究会理事，北京市法学会电子商务法治研究会理事，北京市律师协会第十一届商事犯罪预防与辩护专业委员会委员，北京市律师协会第十一届惩戒委员会委员等。

律师执业近30年，专注于刑事辩护，擅长刑事和民商事交叉领域以及刑事和行政交叉领域业务，并致力于研究企业风险的法律防控，先后为多家大型企业、政府部门、事业单位及外商投资企业提供了出色的法律顾问服务，其代理的山东招远麦当劳故意杀人案、E租宝系列非法吸收公众存款、集资诈骗案、ACN外汇按金交易平台实际控制人被控诈骗案、“保险行业首例”北京曾某被控利用未公开信息交易案、辽宁丹东某上市公司财务高管被控欺诈发行股票违规披露信息案、上海某资产管理(上海)有限公司涉嫌操纵股票价格案、广东深圳某上市公司董事长被控挪用资金背信损害上市公司利益案、宝塔集团高管被控票据诈骗违规出具金融票证案、黑龙江农垦某供热有限公司法定代表人被控骗取贷款挪用公款案、内蒙古某矿业股份有限公司高管被控重大责任事故案、广东深圳某集团有限公司董事长被控虚开发票案等诸多案件被媒体广泛报道。

独著《非法经营罪的辩护之道》，第二主编《贪污贿赂罪无罪判例规则与辩护攻略》《故意伤害罪无罪判例规则与辩护攻略》《扰乱市场秩序罪无罪判例规则与辩护攻略》，参编《新刑事诉讼法热点问题及辩护应对策略》。

多次得到人民网、法制网、《检察日报》、《民主与法制》、《法律与生活》、《新京报》等全国权威媒体采访与报道，并获得“《方圆律政》2014律政年度刑辩律师”“《法制晚报》2017年度公益普法奖”“《法制晚报》2018年度优秀律师”“《中国商报》2019年商事法治建设年度典范人物”“2021年度LEGAL-BAND特别推荐榜15强:刑事合规”“21世纪金牌律师”“2022钱伯斯大中华区争议解决领域领先律师”“2022品牌影响力·践行社会责任典范律师”等多项荣誉和称号，被誉为京都“刑辩八杰”之一。

刘嘉梁

中国矿业大学（北京）法学学士

英国利兹大学刑法与刑事司法专业在读研究生

序　一

随着经济的发展和社会的进步，矿产行业在国家经济中的地位日益凸显。然而，随着行业的繁荣，矿产资源保护、环境保护、安全生产等方面的法律问题也随之凸显。为此，涉及矿产行业的刑事辩护问题也引起了人们的关注。《矿业刑事合规与辩护之道》一书便是深入探讨这一问题的代表性著作。

梁雅丽律师是业界知名的矿产行业刑事辩护律师，积累了丰富的实践经验，深谙矿产行业的法律疑难。本书中，作者以翔实的数据、生动的案例、深入的分析，展现了矿产行业刑事辩护的全貌。此书为读者指出了矿产行业刑事辩护的有效途径，具有较强的专业性、实用性和有效性。

本书的专业性体现在梁雅丽律师对矿产行业刑事法律的深入研究和精准把握。书中包含了对矿产行业各罪名所涉法律法规的详细解读与应用方式，以矿业合规领域为展开，从矿业权取得、矿业开发、矿业经营的逻辑顺序，对其刑事法律问题进行了深入剖析；并结合实践经验，对矿产行业的法律风险进行了全面分析，为读者提供了切实可行的风险防控策略。

本书的实用性体现在梁雅丽律师对矿业刑事辩护技巧的总结和分享，书中结合具体案例，详细阐述了矿产行业刑事辩护的策略和方法，为读者提供了宝贵的实践指导。此外，本书还对矿产行业刑事辩护的前沿问题进行了探讨，为读者提供了新的思路和视角。

本书的有效性体现在梁雅丽律师的辩护策略和成功案例中，鲜活成功的案例有利于读者理解相关辩护策略的精华，能够为读者提供可借鉴的经验。同时，作者也对行业相关经典案例进行了深入分析，为读者呈现了一个真实、有效的矿产行业刑事辩护视野。

《矿业刑事合规与辩护之道》是一本极具实用价值的矿产行业刑事辩护著作,它从法律和实务的双重视角为读者指明了矿产行业刑事辩护的有效途径。无论是矿产行业从业者,还是刑事辩护律师,都能够从这本书中获得有益的启示和帮助。

梁雅丽律师能够在本书中对矿产行业刑事案件进行深入切实的研究,足见其深厚的理论功底和丰富的刑辩经验,期待该书在矿业刑事案件辩护中发挥作用,也期待有更多的同类著作问世。

田文昌

北京市京都律师事务所创始合伙人

序　二

现代社会的分工更加精细，合作也空前强化，要求律师的服务也更加精细、更加专业。梁雅丽律师的《矿业刑事合规与辩护之道》是律师刑辩业务精细化和专业化的代表之作。在矿产行业刑事辩护的领域中，很少有作品能够像这本著作一样，以其高度、深度和广度吸引我们。本书不仅是一本针对矿业刑辩实务的著作，它更是一次对法律和公正的深度探索。

梁雅丽律师在矿产行业刑事辩护方面有着丰富经验，本书以她的独特视角和执业经历，详细地解析了一系列涉及矿产行业的刑事案件，并深入探讨了这些案件背后的深层法律逻辑和辩护逻辑。本书的分析既深入浅出，又引人入胜，让读者在享受阅读的过程中，对矿产行业和刑事辩护有了更加深入的理解。

现代采矿业不再是传统的“一条道走到黑的单向掘进”，而是多巷道（如开拓巷道、准备巷道、回采巷道等）并进、多系统（如生产系统、安全系统、救援系统等）协同。与此对应，本书依据与矿业生产经营直接相关罪名或间接相关罪名、矿业权取得过程中的犯罪或经营过程中的犯罪、矿业相关犯罪的刑事辩护与矿业经营刑事合规管理的思路来安排章节，体系新颖，内容全面，体现了矿业犯罪科学治理的要求。

本书既是矿业相关犯罪的辩护指南，也是矿业刑事合规的工作指南。本书涉及的罪名不仅包括非法采矿罪、破坏性采矿罪等典型的矿业犯罪，还包括串通投标罪、提供虚假证明文件罪、出具证明文件重大失实罪、贪污罪、受贿罪、行贿罪、对单位行贿罪、介绍贿赂罪和单位行贿罪等。书中详细阐述了各罪名的理论基础和辩护要点，旨在帮助刑事辩护律师进行矿业刑事案件辩护，并指导矿业从业者了解和规避相关风险。围绕矿业生产经营全周期提供辩护和合规帮助是本书最大的亮点。

本书的另一大亮点在于其详尽的案例分析。梁雅丽律师精选了一系列具有代表性的矿产行业刑事案件,并逐一对其进行了深入解读。每一个案例都充满了悬念和挑战,而梁雅丽律师以其精湛的法律技巧和深入的研究,揭示了案件的真相,为当事人提供了有力的辩护。这些案例不仅展示了作者高超的法律技巧,更彰显了她对公正和人性的坚持。

此外,本书的语言简洁明了,非常易于理解。即使是对矿产行业和刑事辩护不太熟悉的读者,也能够轻松地阅读并理解本书的内容。这使得它不仅是一本专业书籍,更是一本能够让所有热爱法律和公正的读者阅读的书籍。

总而言之,本书不仅深耕了矿业领域的刑事辩护和刑事合规,而且也为拓展律师刑辩业务的新领域、提升律师服务国家社会发展的能力和水平进行了积极而有益的探索。它不仅提供了一个理解矿业领域刑事辩护与刑事合规的专业视角,也为我们揭示了现代社会法律服务或刑事辩护可能达到的高度、深度和广度。无论你是法律专业的学生,还是已经踏入这个行业的律师,我都强烈推荐你认真地阅读本书,相信它会给你带来许多启示和帮助。

最后,我要感谢这位认真敬业而又才华横溢的作者,她在繁忙的业务工作之余为我们奉献了本书。让我们一起欣赏她的智慧和才华,共同探索法律服务这个充满挑战和机遇的领域。

卢建平

北京师范大学法学院教授

序 三——从成就到成全的成果

祝贺梁雅丽律师又出新作。

作为“京都刑辩八杰”之一的京都律师事务所高级合伙人，也作为京都刑事业务部主任兼刑事辩护研究中心主任，梁雅丽律师成功承办过多起有重大影响的刑事案件及民商事疑难复杂案件，尤为擅长刑事和民商事交叉领域及刑事和行政交叉领域业务。

多年来，梁雅丽律师始终致力于研究企业风险的法律防控及刑事合规，并先后为多家大型企业、政府部门、事业单位及外商投资企业提供了出色的法律顾问服务，积累了丰富的执业实践经验。

《矿业刑事合规与辩护之道》这部新作，正是梁雅丽律师多年来从事刑事辩护实践和研究的潜心力作。

这部潜心力作，聚焦矿产行业刑事犯罪。矿产行业是一个充满复杂性和风险的领域。它涉及矿物的开采、加工、运输、贸易等各个方面，与全球经济和社会发展紧密相关。然而，这个行业的某些特性，如高额利润、资源稀缺性以及相应的犯罪风险，使其刑事案件的辩护显得尤为重要。

矿产行业涉及罪名复杂，往往不仅涉及典型的矿产资源犯罪，还会在矿业生产经营中涉及贪污、受贿、职务侵占、破坏环境、安全事故等罪名。梁雅丽律师能够从系统角度关注到与矿业生产经营直接相关和间接相关的犯罪，不仅是其研究一个案件的专业成就，更是她研究一类案件的理论成果。

实务工作中，该类案件往往证据复杂，涉及大量财务数据、交易记录、技术报告等，需要专业的财务和法律知识；同时，其还具有利益大、利益链条长，涉及的金额大的特点。因此,被告人的辩护需要具备高超的技巧和策略。在法律适用上,“矿”业相关刑事案件所涉罪名众多,相关法律法规及司法解释繁多,理解和适用难度大,需要对法律规定和司法实践有深入的了解。因此,矿产行业刑事案件的辩护需要综合运用法律知识、行业知识以及辩护技巧。在工作中,辩护律师更是需要全面了解案情,深入分析证据,准确把握法律适用,形成完备的辩护策略,为被告人提供专业的法律辩护。

梁雅丽律师贡献的这部潜心之作,正是我国刑辩律师认真研究和共同思考的完美见证。

在我看来,这是梁雅丽律师专业发展的成就,这个成就一定会成全更多的同行提升专业技能,从而形成自己的专业成就。

刘桂明

中国民主法制出版社《法治时代》

编委会执行主任、桂客学院院长

引　论

在刑事辩护领域，对于具体的罪名最常见的分类方式就是按照《刑法》规定的类型划定罪名的类型，在辩护工作中，笔者发现曾经代理的多起非法买卖爆炸物罪，重大责任事故罪，非法采矿罪，非法占用农用地罪，行贿罪，组织、领导黑社会性质组织罪，盗窃罪等这些看似没有关联的罪名，却存在一定逻辑关系和共同点——它们都可以发生在矿业生产经营中。在现有的矿业生产经营合规风险和刑事辩护相关著作中，几乎都只关注与矿业生产直接相关的罪名，所以本书旨在从矿业生产经营各方面进行宏观梳理，并结合实践中的有效辩护要点以及基础理论对相关罪名进行介绍和分析。

按照相关性划分，与矿业相关的罪名可分为与矿业生产经营直接相关的罪名和与矿业生产经营间接相关的罪名。前者包括非法采矿罪，破坏性采矿罪，非法占用农用地罪，重大责任事故罪，强令、组织他人违章冒险作业罪，危险作业罪，非法制造、买卖、运输、邮寄、储存爆炸物罪，污染环境罪，逃税罪，抗税罪，逃避追缴欠税罪，骗取出口退税罪，虚开增值税专用发票、用于骗取出口退税、抵扣税款发票罪，虚开发票罪，盗窃罪。后者包括串通投标罪，提供虚假证明文件罪，出具证明文件重大失实罪，贪污罪，受贿罪，行贿罪，对单位行贿罪，介绍贿赂罪，单位行贿罪。上述各罪名还可根据矿业生产经营的全过程，按照不同的合规领域进行划分，具体分为矿业权取得过程中的合规、矿业开发过程中的合规、矿业用地合规、矿业安全合规、矿业环保合规、矿业税务合规。本书主要按照不同合规领域的分类方法对不同罪名进行介绍，这在矿业案件著作中属于创新。

在以往的矿产资源案件相关著作中，绝大多数都是从民事合规和民事纠纷的解决入手,会涉及矿业权出让,矿业权转让,涉矿企业投资,矿业权承包、租赁,矿业权施工,矿业权合作、合伙,矿业权侵权,矿业权物权,矿业权执行等问题。而在涉及矿产资源的刑事案件方面,往往只涉及非法采矿罪,破坏性采矿罪等与矿产强相关的罪名。实际上,像重大责任事故罪,强令、组织他人违章冒险作业罪,危险作业罪,非法制造、买卖、运输、邮寄、储存爆炸物罪,非法占用农用地罪,污染环境罪等与矿产弱相关的案件中也经常会出现矿业生产的要素。而贪污贿赂罪、税务相关犯罪等这些看似与矿业生产没有关系的案件,在矿业生产经营过程中也会出现。这些看似不相关的案件会因为矿业生产经营而联系在一起。究其原因,矿产资源行业作为一个庞大的产业,其运转过程中会涉及众多问题,通过合规可以给矿产资源行业相关企业合法经营打预防针,防止经营风险出现,避免民事纠纷,也避免涉及违法犯罪。

作为一本介绍刑事辩护技巧的著作,本书正是基于帮助辩护律师进行有效辩护的立场,研究思路即是在立法、理论和案例中系统梳理与矿业生产经营直接和间接相关的罪名和辩护要点,是为律师群体承办矿业相关刑事案件提供帮助的实操手册和理论工具书。这种研究思路与现有研究的区别在于:第一,不会对矿业相关刑事案件的理论问题进行过于深入的探讨,而是紧紧围绕辩护律师如何辩护寻找理论根据而展开;第二,不会对矿业相关刑事案件的立法史和学说史进行梳理,而是在必要之处,即如何理解现行规定时,才会涉及立法史和学说史;第三,不会以中立的视角运用法教义学的方法对相关规定进行阐释,而是运用法教义学的方法来阐释各个无罪和罪轻的辩护要点;第四,不会是对典型案例的简单汇编和述评,而是从众多指导性案例、无罪判例和典型案例中总结辩护要点,除非与矿业生产经营间接相关的罪名,其范围本身被缩减得较小;第五,不会仅从刑法角度对矿业刑事案件进行研究,而是从实体、证据和程序的三维视角对矿业刑事案件进行研究。

缩略词语表

全　称	简　称
《最高人民法院关于审理非法采矿、破坏性采矿刑事案件具体应用法律若干问题的解释》（已废止）	《审理非法采矿、破坏性采矿案件解释》
《非法采矿、破坏性采矿造成矿产资源破坏价值鉴定程序的规定》	《矿产资源破坏鉴定规定》
《矿产资源开采登记管理办法》	《开采登记管理办法》
《中华人民共和国矿产资源法实施细则》	《矿产资源法实施细则》
《最高人民法院、最高人民检察院关于办理非法采矿、破坏性采矿刑事案件适用法律若干问题的解释》	《办理非法采矿、破坏性采矿案件解释》
《最高人民法院关于审理破坏土地资源刑事案件具体应用法律若干问题的解释》	《破坏土地资源案件解释》
《最高人民法院关于审理破坏林地资源刑事案件具体应用法律若干问题的解释》	《破坏林地资源案件解释》
《最高人民法院关于审理破坏草原资源刑事案件应用法律若干问题的解释》	《破坏草原资源案件解释》
《最高人民法院、最高人民检察院关于办理危害生产安全刑事案件适用法律若干问题的解释》	《危害生产安全刑事案件解释》
《最高人民法院关于进一步加强危害生产安全刑事案件审判工作的意见》	《危害生产安全刑事案件意见》
《民用爆炸物品安全管理条例》	《爆炸物条例》
《最高人民法院关于审理非法制造、买卖、运输枪支、弹药、爆炸物等刑事案件具体应用法律若干问题的解释》	《枪支、弹药、爆炸物解释》
《最高人民法院、最高人民检察院关于办理环境污染刑事案件适用法律若干问题的解释》	《环境污染案件解释》

续表

全　称	简　称
《最高人民法院关于审理偷税抗税刑事案件具体应用法律若干问题的解释》	《偷税抗税案件解释》
《最高人民检察院、公安部关于公安机关管辖的刑事案件立案追诉标准的规定(一)》	《立案追诉标准(一)》
《最高人民检察院、公安部关于公安机关管辖的刑事案件立案追诉标准的规定(二)》	《立案追诉标准(二)》
《最高人民检察院、公安部关于公安机关管辖的刑事案件立案追诉标准的规定(二)的补充规定》(已废止)	《立案追诉标准(二)补充规定》
《最高人民法院关于审理骗取出口退税刑事案件具体应用法律若干问题的解释》	《骗取出口退税案件解释》
《全国人民代表大会常务委员会关于惩治虚开、伪造和非法出售增值税专用发票犯罪的决定》	《增值税专用发票犯罪决定》
《最高人民法院关于适用〈全国人民代表大会常务委员会关于惩治虚开、伪造和非法出售增值税专用发票犯罪的决定〉的若干问题的解释》	《增值税专用发票犯罪解释》
《最高人民法院、最高人民检察院关于办理盗窃刑事案件适用法律若干问题的解释》	《盗窃案件解释》
《最高人民检察院关于人民检察院直接受理立案侦查案件立案标准的规定(试行)》	《检察院受理案件立案标准》
《最高人民法院、最高人民检察院关于办理贪污贿赂刑事案件适用法律若干问题的解释》	《贪污贿赂案件解释》
《最高人民检察院关于办理公司、企业人员受贿、侵占和挪用公司、企业资金犯罪案件适用法律的几个问题的通知》(已废止)	《受贿、侵占、挪用资金犯罪通知》
《最高人民法院关于办理违反公司法受贿、侵占、挪用等刑事案件适用法律若干问题的解释》(已废止)	《受贿、侵占、挪用刑事案件解释》
《最高人民法院、最高人民检察院关于办理行贿刑事案件具体应用法律若干问题的解释》	《行贿案件解释》
《最高人民法院、最高人民检察院关于在办理受贿犯罪大要案的同时要严肃查处严重行贿犯罪分子的通知》	《查处严重行贿犯罪分子通知》

目 录

第一章 与“矿”有关的罪名概述

第三章 矿业开发过程中犯罪的辩护要点

第一章　与“矿”有关的罪名概述

本书第一章将与“矿”有关的罪名按相关性和合规领域两个标准分类，予以宏观展示和基础定位，并为第二章、第三章和第四章进行铺垫。第一章对罗列的“矿”业罪名展开详细论述和介绍，包括构成要件、典型案例等，方便读者查阅。

第一节　按相关性划分

一、与矿业生产经营直接相关的罪名

（一）非法采矿罪

非法采矿罪是指违反矿产资源法的规定，未取得采矿许可证擅自采矿，擅自进入国家规划矿区、对国民经济具有重要价值的矿区和他人矿区范围采矿，或者擅自开采国家规定实行保护性开采的特定矿种，情节严重的行为。非法采矿罪规定在《刑法》第343条第1款，其他相关重要规定还包括《审理非法采矿、破坏性采矿案件解释》《矿产资源破坏鉴定规定》《矿产资源法》《水法》《开采登记管理办法》《矿产资源法实施细则》《矿产资源勘查区块登记管理办法》。

本罪的客体是国家的矿产资源保护制度，客观方面表现为违反矿产资源法的规定，未取得采矿许可证擅自采矿的，擅自进入国家规定实行保护性开采的特定矿种，情节严重的行为。《办理非法采矿、破坏性采矿案件解释》第2条规定，具有下列情形之一的，属于“未取得采矿许可证”：（1）无许可证的；

(2)许可证被注销、吊销、撤销的;(3)超越许可证规定的矿区范围或者开采范围的;(4)超出许可证规定的矿种的(共生、伴生矿种除外);(5)其他未取得许可证的情形。根据《矿产资源法实施细则》第6条的规定,"国家规划矿区"是指国家根据建设规划和矿产资源规划,为建设大、中型矿山划定的矿产资源分布区域。"对国民经济具有重要价值的矿区"是指国家根据国民经济发展需要划定的,尚未列入国家建设规划的,储量大、质量好、具有开发前景的矿产资源保护区域。"国家规定实行保护性开采的特定矿种"是指国务院根据国民经济建设和高科技发展的需要,以及资源稀缺、贵重程度确定的,由国务院有关主管部门按照国家计划批准开采的矿种。本罪的主体是一般主体,既可以是自然人,也可以是单位。本罪的主观方面是故意。

《刑法》第343条第1款规定,犯本罪的,处3年以下有期徒刑、拘役或者管制,并处或者单处罚金;造成矿产资源严重破坏的,处3年以上7年以下有期徒刑,并处罚金。《刑法》第346条规定,单位犯本罪的,对单位判处罚金,并对其直接负责的主管人员和其他直接责任人员依照《刑法》第343条第1款的规定处罚。《审理非法采矿、破坏性采矿案件解释》第3条规定,非法采矿造成矿产资源破坏的价值数额在30万元以上的,属于"造成矿产资源严重破坏"。

(二)破坏性采矿罪

破坏性采矿罪是指违反矿产资源法的规定,采取破坏性的开采方法开采矿产资源,造成矿产资源严重破坏的行为。其规定在《刑法》第343条第2款,相关重要规定还包括《办理非法采矿、破坏性采矿案件解释》《矿产资源法》《水法》《开采登记管理办法》《矿产资源法实施细则》《矿产资源勘查区块登记管理办法》《矿产资源开发利用方案》等。

本罪的客体是国家的矿产资源保护制度,客观方面表现为采取破坏性的方法开采矿产资源,造成矿产资源严重破坏的行为。根据《办理非法采矿、破坏性采矿案件解释》第6条的规定,造成矿产资源破坏的价值在50万~100

万元，或者造成国家规划矿区、对国民经济具有重要价值的矿区和国家规定实行保护性开采的特定矿种资源破坏的价值在25万~50万元的，应当认定为“造成矿产资源严重破坏”。本罪的主体为特殊主体，即获得采矿许可证的个人或单位。如果未取得采矿许可证的人或单位采取破坏性的方法开采矿产资源，则应按照法非法采矿罪论处。本罪的主观方面为故意。[①]《刑法》第343条第2款规定，犯本罪的，处5年以下有期徒刑或者拘役，并处罚金。《刑法》第346条规定，单位犯本罪的，对单位判处罚金，并对其直接负责的主管人员和其他直接责任人员依照《刑法》第343条第2款的规定处罚。

（三）非法占用农用地罪

非法占用农用地罪是指违反土地管理法规，非法占用耕地、林地等农用地，改变被占用土地用途，数量较大，造成耕地、林地等农用地大量毁坏的行为。本罪规定在《刑法》第342条，相关重要规定还包括：《破坏土地资源案件解释》《破坏林地资源案件解释》《破坏草原资源案件解释》《森林法》等。根据2009年修正的《全国人民代表大会常务委员会关于〈中华人民共和国刑法〉第二百二十八条、第三百四十二条、第四百一十条的解释》规定，“违反土地管理法规”是指违反土地管理法、森林法、草原法等法律以及有关行政法规中关于土地管理的规定。

本罪的行为包括以下要素：(1)“非法占用农用地”，是指违反土地利用总体规划或计划，未经批准或者采取欺骗手段骗取批准，占用农用地。超过批准使用农用地数量占用农用地的，多占的部分属于非法占用。(2)改变被占用土地用途，数量较大。根据《破坏土地资源案件解释》第3条第1项的规定，非法占用耕地“数量较大”，是指非法占用基本农田5亩以上或者非法占用基本农田以外的耕地10亩以上。[②] 本罪是结果犯，即非法占用农用地或改变占

① 参见高铭暄、马克昌主编：《刑法学》（第8版），北京大学出版社、高等教育出版社2017年版，第590—591页。

② 参见曲新久：《刑法学》（第4版），中国政法大学出版社2017年版，第556页。

用土地用途的行为“数量较大”，并“造成农用地的大量毁坏”的结果。本罪的主体是一般主体，既可以是自然人，也可以是单位。本罪的主观方面是故意。根据《刑法》第342条的规定，犯本罪的，处5年以下有期徒刑或者拘役，并处或者单处罚金。根据《刑法》第346条的规定，单位犯本罪的，对单位判处罚金，并对其直接负责的主管人员和其他直接责任人员依照《刑法》第342条的规定处罚。

（四）重大责任事故罪

重大责任事故罪是指在生产、作业中违反有关安全管理的规定，发生重大伤亡事故或者造成其他严重后果的。其规定在《刑法》第134条第1款，相关重要规定还包括：《危害生产安全刑事案件解释》《危害生产安全刑事案件意见》《立案追诉标准（一）》。

本罪的行为主体是一般主体，不仅仅限于工厂、矿山、林场、建筑企业或者其他企业、事业单位的职工，其他人在从事非单位形式的生产、作业活动中，因为违反安全管理规定而造成责任事故的，也可以构成本罪。本罪在主观上是过失，即行为人预见自己的行为可能发生危害社会的结果，由于疏忽大意而没有预见或者已经预见而轻信能够避免，以致发生这种结果的心理态度。至于对安全管理规定的违反，既可能是无意为之，也可能是明知故犯。要注意区别生产经营中违章违规的故意与对危害结果的故意，行为人对危害结果出于故意，不构成本罪，可能构成危害公共安全的其他犯罪。

本罪的客观方面表现为在生产、作业中违反有关安全管理的规定，因而发生重大伤亡事故或者造成其他严重后果的行为。具体包括：（1）行为人违反安全管理规定。“违反安全管理规定”，是指违反有关生产、作业安全方面法律法规和内部安全管理方面的规章制度。既可以表现为作业，如擅自移动有关安全生产方面的标注、开关、信号，在禁火区生产时使用明火作业等；也可以表现为不作为，如值班时外出游玩等。（2）这种行为需发生在生产、作业过程中并与生产、作业有直接联系。（3）发生了重大伤亡事故或者造成了其他严重后果。[1]《危害生产安全刑事案件解释》第6条规定，“发生重大伤亡事故或者造成其他严重后果”的情况包括：(1)造成死亡1人以上，或者重伤3人以上的；(2)造成直接经济损失100万元以上的；(3)其他造成严重后果或者重大安全事故的情形。《立案追诉标准(一)》第8条对重大责任事故罪的立案追诉标准作出了规定，在生产、作业中违反有关安全管理的规定，涉嫌下列情形之一的，应予立案追诉：(1)造成死亡1人以上，或者重伤3人以上的；(2)造成直接经济损失50万元以上的；(3)发生矿山生产安全事故，造成直接经济损失100万元以上的；(4)其他造成严重后果的情形。

根据《刑法》第134条第1款的规定，犯本罪的，处3年以下有期徒刑或者拘役；情节特别恶劣的，处3年以上7年以下有期徒刑。《危害生产安全刑事案件解释》第7条规定，“情节特别恶劣的”是指：(1)造成死亡3人以上或者重伤10人以上，负事故主要责任的；(2)造成直接经济损失500万元以上，负事故主要责任的；(3)其他造成特别严重后果、情节特别恶劣或者后果特别严重的情形。同时，实施《刑法》第134条第2款规定的行为，因而发生安全事故，具有《刑法》第134条第1款规定情形的，对相关责任人员，处5年以上有期徒刑。实施《刑法》第137条规定的行为，因而发生安全事故，具有《刑法》第134条第1款规定情形的，对直接责任人员，处5年以上10年以下有期徒刑，并处罚金。实施《刑法》第138条规定的行为，因而发生安全事故，具有下列情形之一的，对直接责任人员，处3年以上7年以下有期徒刑：(1)造成死亡3人以上或者重伤10人以上，负事故主要责任的；(2)具有《危害生产安全刑事案件解释》第6条第1款第1项规定情形，同时造成直接经济损失500万元以上并负事故主要责任的，或者同时造成恶劣社会影响的。

《危害生产安全刑事案件意见》第5条第14项还规定，造成《关于办理危害矿山生产安全刑事案件具体应用法律若干问题的解释》(已废止)第4条规定的“重大伤亡事故或者其他严重后果”，同时具有下列情形之一的，也可以

---

① 参见曲新久：《刑法学》(第4版)，中国政法大学出版社2017年版，第315页。

认定为《刑法》第134条、第135条规定的“情节特别恶劣”:(1)非法、违法生产的;(2)无基本劳动安全设施或未向生产、作业人员提供必要的劳动防护用品,生产、作业人员劳动安全无保障的;(3)曾因安全生产设施或者安全生产条件不符合国家规定,被监督管理部门处罚或责令改正,1年内再次违规生产致使发生重大安全事故的;(4)关闭、故意破坏必要安全警示设备的;(5)已发现事故隐患,未采取有效措施,导致发生重大事故的;(6)事故发生后不积极抢救人员,或者毁灭、伪造、隐藏影响事故调查的证据,或者转移财产逃避责任的;(7)其他特别恶劣的情节。

(五)强令、组织他人违章冒险作业罪

强令、组织他人违章冒险作业罪是指强令他人违章冒险作业,或者明知存在重大事故隐患而不排除,仍冒险组织作业,因而发生重大伤亡事故或者造成其他严重后果的。本罪规定在《刑法》第134条第2款,相关重要规定还包括《危害生产安全刑事案件解释》。

本罪的客体是生产、作业安全,即从事生产、作业的不特定或多数人的生命、健康的安全和重大公私财产的安全。本罪的客观方面表现为强令他人违章冒险作业,因而发生重大伤亡事故或者造成其他严重后果的行为。具体包括两个构成要素:第一,行为人实施了强令他人违章冒险作业的行为;第二,必须因他人被强令违章冒险作业而发生重大伤亡事故或者造成其他严重后果。《危害生产安全刑事案件解释》第5条规定,强令他人违章冒险作业是指明知存在事故隐患、继续作业存在危险,仍然违反有关安全管理的规定,实施下列行为之一的情形:(1)利用组织、指挥、管理职权,强制他人违章作业的;(2)采取威逼、胁迫、恐吓等手段,强制他人违章作业的;(3)故意掩盖事故隐患,组织他人违章作业的;(4)其他强令他人违章作业的行为。强令,是指强令者发出的信息内容所产生的影响,达到了使工人不得不违心继续生产、作业的心理

强制程度。[1] 根据《危害生产安全刑事案件解释》第 6 条的规定，所谓重大伤亡事故或者造成其他严重后果是指：（1）造成死亡 1 人以上，或者重伤 3 人以上的；（2）造成直接经济损失 100 万元以上的；（3）其他造成严重后果或者重大安全事故的情形。

本罪的主体是一般主体，《危害生产安全刑事案件解释》第 2 条规定，本罪的犯罪主体包括对生产、作业负有组织、指挥或者管理职责的负责人、管理人员、实际控制人、投资人等人员。本罪在主观方面是过失。根据《刑法》第 134 条第 2 款的规定，犯本罪的，处 5 年以下有期徒刑或者拘役；情节特别恶劣的，处 5 年以上有期徒刑。

（六）危险作业罪

危险作业罪是指在生产、作业中违反有关安全管理的规定，有下列情形之一，具有发生重大伤亡事故或者其他严重后果的现实危险的行为：（1）关闭、破坏直接关系生产安全的监控、报警、防护、救生设备、设施，或者篡改、隐瞒、销毁其相关数据、信息的；（2）因存在重大事故隐患被依法责令停产停业、停止施工、停止使用有关设备、设施、场所或者立即采取排除危险的整改措施，而拒不执行的；（3）涉及安全生产的事项未经依法批准或者许可，擅自从事矿山开采、金属冶炼、建筑施工，以及危险物品生产、经营、储存等高度危险的生产作业活动的。本罪规定在《刑法》第 134 条之一，相关重要规定还包括：《危害生产安全刑事案件意见》《安全生产法》。

本罪的客体是生产安全，其是公共安全的重要组成部分。本罪的客观方面表现为在生产、作业中违反有关安全管理规定，实施特定的危险作业行为，具有发生重大伤亡事故或者其他严重后果发生的现实危险。这里的违反有关安全管理规定，是指违反有关生产安全的法律法规、规章制度，具体行为类型已经规定在《刑法》第 134 条之一中。本罪的主体是一般主体，要求主体是从

---

① 参见黄太云：《〈刑法修正案（六）〉的理解与适用（上）》，载《人民检察》2006 年第 14 期。

事容易引起死伤结果的业务的人员，即该罪中的“业务”要求有侵害他人生命，损害财产的可能性，这也是区别于其他“业务”（如侵占类）身份的标志。本罪的主观方面为过失。

（七）非法制造、买卖、运输、邮寄、储存爆炸物罪

非法制造、买卖、运输、邮寄、储存爆炸物罪指的是违反法律法规处理爆炸物的行为。其规定在《刑法》第125条，相关重要规定还包括《爆炸物条例》《枪支、弹药、爆炸物解释》。

本罪犯罪对象“爆炸物品”是指《爆炸物条例》中规定的用于非军事目的、列入民用爆炸物品品名表的各类火药、炸药及其制品和雷管、导火索等点火、起爆器材，当然也包括各种军用爆炸物品。但是关于犯罪对象的具体范围还有不同认识，司法解释规定的对象范围参见《枪支、弹药、爆炸物解释》。理论上分为广义说和狭义说两种观点，广义说认为《爆炸物条例》中规定的爆炸物品以及烟花爆竹等都包含在内，狭义说认为本罪的犯罪对象不应包括烟花爆竹。根据现有法律规定和相关司法实践经验，本罪不宜认为包括烟花爆竹，非法制造、买卖、运输、邮寄、储存烟花爆竹等娱乐性物品，如果因此发生重大事故，可以按照危险物品肇事罪论处。①

本罪客观方面表现为非法制造、买卖、运输、邮寄、储存爆炸物品的行为。所谓“非法制造”既包括用机器成批生产，也包括用手工制作，只要实施了制造行为，包括制作、组装、修理、改装和拼装上述物品，不论是否制造成功，也不论是为了自用或非法出售，均可构成本罪。“非法买卖”是指未经国家有关部门批准，以金钱或实物作价，私自购买或者销售爆炸物品的行为。“非法运输”是指未经国家有关部门批准，非法转送爆炸物品的行为。其形式可以是陆运、水运、空运，也可以随身携带。但运输的空间范围只应限于国内。“非

---

① 参见高铭暄、马克昌主编：《刑法学》（第8版），北京大学出版社、高等教育出版社2017年版，第350页。

法邮寄”是指违反国家邮政部门的规定，以包裹邮件形式邮运爆炸物品的行为，但邮寄的空间范围也只应限于国内。“非法储存”，是指未经国家有关部门批准，私自储藏存放保留爆炸物品的行为。行为人只要实施了非法制造、买卖、运输、邮寄、储存爆炸物品行为之一，即可构成本罪，如果行为人同时实施了其中两种以上行为，也只能构成一罪，不适用数罪并罚。[①] 本罪的主体为一般主体，主观方面为故意。

根据《刑法》第125条规定，犯本罪的，处3年以上10年以下有期徒刑；情节严重的，处10年以上有期徒刑、无期徒刑或者死刑。《枪支、弹药、爆炸物解释》第1条规定以本罪定罪处罚的情形包括：(1)非法制造、买卖、运输、邮寄、储存爆炸装置的；(2)非法制造、买卖、运输、邮寄、储存炸药、发射药、黑火药1千克以上或者烟火药3千克以上、雷管30枚以上或者导火索、导爆索30米以上的；(3)具有生产爆炸物品资格的单位不按照规定的品种制造，或者具有销售、使用爆炸物品资格的单位超过限额买卖炸药、发射药、黑火药10千克以上或者烟火药30千克以上、雷管300枚以上或者导火索、导爆索300米以上的；(4)多次非法制造、买卖、运输、邮寄、储存爆炸物的；(5)虽未达到上述最低数量标准，但具有造成严重后果等其他恶劣情节的。介绍买卖爆炸物的，以买卖爆炸物罪的共犯论处。关于“情节严重”，《枪支、弹药、爆炸物解释》第2条规定本罪“情节严重”的情形包括：(1)非法制造、买卖、运输、邮寄、储存爆炸物的数量达到《枪支、弹药、爆炸物解释》第1条第6项、第7项规定的最低数量标准5倍以上的；(2)非法制造、买卖、运输、邮寄、储存爆炸装置，危害严重的；(3)达到《枪支、弹药、爆炸物解释》第1条规定的最低数量标准，并具有造成严重后果等其他恶劣情节的。

(八)污染环境罪

污染环境罪是指违反国家规定，排放、倾倒或者处置有放射性的废物，含

---

① 参见高铭暄、马克昌主编：《刑法学》(第8版)，北京大学出版社、高等教育出版社2017年版，第350页。

传染病病原体的废物、有毒物质或者其他有害物质，严重污染环境的行为。本罪规定在《刑法》第 338 条，相关重要规定还包括《环境污染案件解释》。

本罪的客体是国家环境保护制度，客观方面表现为三个方面的内容：第一，必须违反了国家环境保护的规定。第二，必须实施了排放、倾倒或者处置有放射性的废物、含传染病病原体的废物、有毒物质或者其他有害物质的行为。其中“放射性的废物”，是指放射性核素含量超过国家规定限值的固体、液体和气体废弃物。“含传染病病原体的废物”，是指含有传染病病菌的污水、粪便等废弃物。[①] 根据《环境污染案件解释》第 15 条的规定，“有毒物质”是指：(1)危险废物，是指列入国家危险废物名录，或者根据国家规定的危险废物鉴别标准和鉴别方法认定的，具有危险特性的废物；(2)《关于持久性有机污染物的斯德哥尔摩公约》附件所列物质；(3)含重金属的污染物；(4)其他具有毒性、可能污染环境的物质。第三，必须造成了严重污染环境的后果。根据《环境污染案件解释》，“严重污染环境”是指：(1)在饮用水水源一级保护区、自然保护区核心区排放、倾倒、处置有放射性的废物、含传染病病原体的废物、有毒物质的；(2)非法排放、倾倒、处置危险废物 3 吨以上的；(3)排放、倾倒、处置含铅、汞、镉、铬、砷、铊、锑的污染物，超过国家或者地方污染物排放标准 3 倍以上的；(4)排放、倾倒、处置含镍、铜、锌、银、钒、锰、钴的污染物，超过国家或者地方污染物排放标准 10 倍以上的；(5)通过暗管、渗井、渗坑、裂隙、溶洞、灌注等逃避监管的方式排放、倾倒、处置有放射性的废物、含传染病病原体的废物、有毒物质的；(6)2 年内曾因违反国家规定，排放、倾倒、处置有放射性的废物、含传染病病原体的废物、有毒物质受过 2 次以上行政处罚，又实施前列行为的；(7)重点排污单位篡改、伪造自动监测数据或者干扰自动监测设施，排放化学需氧量、氨氮、二氧化硫、氮氧化物等污染物的；(8)违法减少防治污染设施运行支出 100 万元以上的；(9)违法所得或者致使公私财产损失

① 参见高铭暄、马克昌主编：《刑法学》(第 8 版)，北京大学出版社、高等教育出版社 2017 年版，第 584 页。

30 万元以上的;(10)造成生态环境严重损害的;(11)致使乡镇以上集中式饮用水水源取水中断 12 小时以上的;(12)致使基本农田、防护林地、特种用途林地 5 亩以上,其他农用地 10 亩以上,其他土地 20 亩以上基本功能丧失或者遭受永久性破坏的;(13)致使森林或者其他林木死亡 50 立方米以上,或者幼树死亡 2500 株以上的;(14)致使疏散、转移群众 5000 人以上的;(15)致使 30 人以上中毒的;(16)致使 3 人以上轻伤、轻度残疾或者器官组织损伤导致一般功能障碍的;(17)致使 1 人以上重伤、中度残疾或者器官组织损伤导致严重功能障碍的;(18)其他严重污染环境的情形。本罪的主体是一般主体,主观方面是过失。

根据《刑法》第 338 条、第 346 条的规定,犯本罪的,处 3 年以下有期徒刑或者拘役,并处或者单处罚金;情节严重的,处 3 年以上 7 年以下有期徒刑,并处罚金;有下列情形之一的,处 7 年以上有期徒刑,并处罚金:(1)在饮用水水源保护区、自然保护地核心保护区等依法确定的重点保护区域排放、倾倒、处置有放射性的废物、含传染病病原体的废物、有毒物质,情节特别严重的;(2)向国家确定的重要江河、湖泊水域排放、倾倒、处置有放射性的废物、含传染病病原体的废物、有毒物质,情节特别严重的;(3)致使大量永久基本农田基本功能丧失或者遭受永久性破坏的;(4)致使多人重伤、严重疾病,或者致人严重残疾、死亡的。单位犯本罪的,对单位判处罚金,并对其直接负责的主管人员和其他直接责任人员,依照自然人犯本罪的规定处罚。

(九)逃税罪

逃税罪,是指纳税人采取欺骗、隐瞒手段进行虚假纳税申报或者不申报、逃避缴纳税款数额较大的行为。本罪规定在《刑法》第 201 条,相关重要规定还包括《偷税抗税案件解释》《立案追诉标准(二)补充规定》。

本罪的客体是国家的税收征管秩序,犯罪对象是应当向国家缴纳的作为财政收入的税款。本罪的客观方面表现为采取欺骗、隐瞒手段进行虚假纳税申报或者不申报,或者不缴、少缴已扣、已缴税款,逃避缴纳税款数额达到法定标准的行为，包括两个构成要素：第一，采取欺骗、隐瞒手段逃避缴纳税款。所谓“欺骗、隐瞒”，是指行为人通过虚构事实或者隐瞒事实真相等方法，欺骗税务机关，意图不缴或者少缴税款。第二，逃避缴纳税款数额达到法定标准。对于纳税人来说，构成逃税罪必须达到的法定标准是逃避缴纳税款数额较大并且占应纳税额10%以上；对于扣缴义务人来说，构成逃税罪必须达到的法定标准是不缴或者少缴已扣、已收税款数额较大，而不需要不缴、少缴已扣、已收税款达到占应纳税额的10%以上这个比例要求。根据《刑法》第201条第4款的规定，只要不属于在5年内因逃避缴纳税款受过刑事处罚或者被税务机关给予两次以上行政处罚的情况，纳税人和扣缴义务人逃避缴纳的税款数额即使达到法定的标准，但如果经税务机关依法下达追缴通知后，补缴应纳税款，缴纳滞纳金，已受行政处罚的，不予追究刑事责任。

本罪的主体是纳税人和扣缴义务人，主观方面是故意。根据《刑法》第201条、第204条第2款、第211条的规定，纳税人犯本罪，逃避缴纳税款数额较大并且占应纳税额10%以上的，处3年以下有期徒刑或者拘役，并处罚金；数额巨大并且占应纳税额30%以上的，处3年以上7年以下有期徒刑，并处罚金。扣缴义务人犯本罪，不缴、少缴已扣、已收税款数额较大的，处3年以下有期徒刑或者拘役，并处罚金；数额巨大的，处3年以上7年以下有期徒刑，并处罚金。单位犯本罪的，对单位判处罚金，并对其直接负责的主管人员和其他直接责任人员，依照上述规定处罚。

（十）抗税罪

抗税罪，是指以暴力、威胁方法拒不缴纳税款的行为。其规定在《刑法》第202条，相关重要规定还包括《偷税抗税案件解释》《立案追诉标准（二）补充规定》。本罪的客体是国家的税收管理秩序，客观方面表现为以暴力、威胁方法拒不缴纳税款的行为。暴力是指对执行税收职务的税务机关工作人员人身实施袭击或者其他强暴手段，如殴打、伤害、捆绑、禁闭等足以危及他人人身安全的行为，或者冲击、打砸税务机关，严重破坏税务机关的正常秩序等。威胁是指对执行征税的工作人员实行恐吓，达到精神上的强制，主要以杀害、伤害、毁坏财产、损害名誉等相威胁。[①] 根据《刑法》第 202 条的规定，犯本罪的，处 3 年以下有期徒刑或者拘役，并处拒缴税款 1 倍以上 5 倍以下的罚金；情节严重的，处 3 年以上 7 年以下有期徒刑，并处拒缴税款 1 倍以上 5 倍以下罚金。根据《刑法》第 212 条的规定，在执行罚金前，应当先由税务机关追缴税款。

（十一）逃避追缴欠税罪

逃避追缴欠税罪是指欠缴应纳税款，采取转移或者隐匿财产的手段，致使税务机关无法追缴欠缴的税款行为。本罪规定在《刑法》第 203 条。本罪侵犯的客体是国家正常的税收管理秩序，在客观上表现为欠缴应缴税款，采取转移或者隐匿财产的手段，致使税务机关无法追缴欠缴的税款，数额较大的行为。转移、隐匿财产的行为必须在欠缴应缴税款的情况下实施，而且转移、隐匿财产的行为还必须使税务机关无法追缴欠缴的税款，否则不成立本罪。根据《刑法》第 203 条、第 211 条的规定，犯本罪，数额在 1 万元以上不满 10 万元的，处 3 年以下有期徒刑或者拘役，并处或者单处欠缴税款 1 倍以上 5 倍以下罚金；数额在 10 万元以上的，处 3 年以上 7 年以下有期徒刑，并处欠缴税款 1 倍以上 5 倍以下罚金。单位犯本罪的，对单位判处罚金，并对其直接负责的主管人员和其他直接责任人员，依照上述规定处罚。根据《刑法》第 212 条的规定，在执行罚金前，应当先由税务机关追缴税款。

（十二）骗取出口退税罪

骗取出口退税罪是指以假报出口或者其他欺骗手段，骗取国家出口退税款，数额较大的行为。本罪规定在《刑法》第 204 条，相关重要规定还包括《骗

---

① 参见高铭暄、马克昌主编：《刑法学》（第 8 版），北京大学出版社、高等教育出版社 2017 年版，第 428 页。

取出口退税案件解释》。本罪的犯罪客体是国家出口退税的管理秩序和国家的财产所有权，犯罪对象是国家的出口退税款。在客观上表现为采取假报出口或者其他欺骗手段，骗取国家出口退税，数额较大的行为，主要包括两个要素：第一，采取假报出口或者其他欺骗手段，骗取国家出口退税款。《骗取出口退税案件解释》规定，“假报出口”是指以虚构已税货物出口事实为目的，具有下列情形之一的行为：伪造或者签订虚假的买卖合同；以伪造、变造或者其他非法手段取得出口货物报关单、出口收汇核销单、出口货物专用缴款书等有关出口退税单据、凭证；虚开、伪造、非法购买增值税专用发票或者其他可以用于出口退税的发票；其他虚构已税货物出口事实的行为。“其他欺骗手段”是指下列情形之一：骗取出口货物退税资格的；将未纳税或者免税货物作为已税货物出口的；虽有货物出口，但虚构该出口货物的品名、数量、单价等要素，骗取未实际纳税部分出口退税款的；以其他手段骗取出口退税款的。第二，骗取的出口退税数额较大。《骗取出口退税案件解释》第 3 条和《立案追诉标准（二）》第 55 条将本罪中“数额较大”的标准规定为 10 万元。本罪的主体是一般主体，主观方面为故意。

根据《刑法》第 204 条、第 211 条的规定，犯本罪的，处 5 年以下有期徒刑或者拘役，并处骗取税款 1 倍以上 5 倍以下罚金；数额巨大或者有其他严重情节的，处 5 年以上 10 年以下有期徒刑，并处骗取税款 1 倍以上 5 倍以下罚金；数额特别巨大或者有其他特别严重情节的，处 10 年以上有期徒刑或者无期徒刑，并处骗取税款 1 倍以上 5 倍以下罚金或者没收财产。单位犯本罪的，对单位判处罚金，并对其直接负责的主管人员和其他直接责任人员，依照上述规定处罚。根据《刑法》第 212 条的规定，在执行罚金、没收财产前，应当先由税务机关追缴税款。

（十三）虚开增值税专用发票、用于骗取出口退税、抵扣税款发票罪

虚开增值税专用发票、用于骗取出口退税、抵扣税款发票罪，是指虚开增值税专用发票或者虚开用于骗取出口退税、抵扣税款的其他发票的行为。其

规定在《刑法》第205条，相关重要规定还包括《增值税专用发票犯罪决定》《增值税专用发票犯罪解释》。本罪侵犯的客体是国家的税收征管秩序，犯罪对象是增值税专用发票和其他可以用于骗取出口退税、抵扣税款的发票。

本罪在客观上表现为行为人虚开增值税专用发票、用于骗取出口退税、抵扣税款的其他发票。根据《增值税专用发票犯罪解释》第1条的规定，虚开发票包括以下三种具体内容：(1)行为人在根本不存在货物购销或者提供应税劳务情况下，为他人、为自己、介绍他人开具专用发票；(2)行为人在客观上存在货物购销或者提供，接受了应税劳务，但为他人、为自己、让他人为自己、介绍他人开具数量或者金额不实的专用发票；(3)进行了实际经营活动，但让他人为自己代开增值税专用发票。本罪的主体是一般主体，主观方面为故意。

根据《刑法》第205条的规定，犯本罪的，处3年以下有期徒刑或者拘役，并处2万元以上20万元以下罚金；虚开的税款数额较大或者有其他严重情节的，处3年以上10年以下有期徒刑，并处5万元以上50万元以下罚金；虚开的税款数额巨大或者有其他特别严重情节的，处10年以上有期徒刑或者无期徒刑，并处5万元以上50万元以下罚金或者没收财产。单位犯本罪的，对单位判处罚金，并对其直接负责的主管人员和其他直接责任人员，处3年以下有期徒刑或者拘役；虚开的税款数额较大或者有其他严重情节的，处3年以上10年以下有期徒刑；虚开的税款数额巨大或者有其他特别严重情节的，处10年以上有期徒刑或者无期徒刑。根据《刑法》第212条的规定，在执行罚金、没收财产前，应当先由税务机关追缴税款。

(十四)虚开发票罪

虚开发票罪是指虚开《刑法》第205条规定以外的其他发票，情节严重的行为。其规定在《刑法》第205条之一，相关重要规定还包括《增值税专用发票犯罪解释》《立案追诉标准(二)补充规定》。本罪的客体是国家的税收征管秩序，客观方面表现为行为人实施了虚开增值税专用发票和用于骗取出口退税、抵扣税款的发票之外的其他发票的行为，且情节严重。本罪的主体包括任何已满16周岁、具有刑事责任能力的自然人和单位。本罪在主观上表现为故意。根据《刑法》第205条之一的规定,犯本罪的,处2年以下有期徒刑、拘役或者管制,并处罚金;情节特别严重的,处2年以上7年以下有期徒刑,并处罚金。单位犯本罪的,对单位判处罚金,并对其直接负责的主管人员和其他直接责任人员,依照前款的规定处罚。

(十五)盗窃罪

盗窃罪是指盗窃公私财物,数额较大的,或者多次盗窃、入户盗窃、携带凶器盗窃、扒窃的行为。本罪规定在《刑法》第264条,相关重要规定还包括《盗窃案件解释》。本罪的客体是公私财产所有权,犯罪对象可以是任何一种公私财物,但是《刑法》另有规定的,应依规定处理。本罪的客观方面一般表现为以秘密窃取的方法,将公私财物转移到自己的控制之下,并非法占有的行为。虽然学界也存在认为公开盗窃也属于盗窃的观点,但近年来更多学术论文倾向于对公开盗窃提出怀疑,①本书对此学术观点不做讨论。所谓秘密窃取是指行为人采用自认为不使他人发觉的方法占有他人财物,只要行为人主观上是意图秘密窃取,即使客观上已被他人发现,也不影响盗窃性质的认定。通过传输系统加以使用和消耗也属于盗窃,如盗窃电力、煤力、天然气等。本罪的主体是一般主体,主观方面为故意。

二、与矿业生产经营间接相关的罪名

(一)串通投标罪

串通投标罪是指投标人相互串通投标报价,损害招标人或者其他投标人利益,情节严重的行为。本罪规定在《刑法》第223条,相关规定还包括《立案追诉标准(二)》《招标投标法》。本罪的客观方面包括两种情形:(1)投标人相互串通投标报价,损害招标人或者其他投标人的利益,情节严重;(2)投标

---

① 参见刘之雄:《"公开盗窃论"的理论根基匡谬》,载《法学家》2021年第1期。

人与招标人串通投标，损害国家、集体、公民合法利益。所谓串通投标报价，是指两个以上的投标人在投标过程中，相互串通，暗中商定抬高或者压低投标报价。[①] 但根据《刑法》第13条"但书"的规定，并非所有的投标人与招标人串通投标，损害国家、集体、公民合法利益的行为都构成犯罪。《立案追诉标准（二）》第68条进行了明确，应当立案追诉的情形包括：(1)损害招标人、投标人或者国家、集体、公民的合法利益，造成直接经济损失数额在50万元以上的；(2)违法所得数额在20万元以上的；(3)中标项目金额在400万元以上的；(4)采取威胁、欺骗或者贿赂等非法手段的；(5)虽未达到上述数额标准，但2年内因串通投标受过2次以上行政处罚，又串通投标的；(6)其他情节严重的情形。本罪的主体只能是招标人和投标人，主观方面表现为故意。根据《刑法》第223条、第231条的规定，犯本罪的，处3年以下有期徒刑或者拘役，并处或者单处罚金。单位犯本罪的，对单位判处罚金，并对其直接负责的主管人员和其他直接责任人员，依照上述规定处罚。

（二）提供虚假证明文件罪

提供虚假证明文件罪，是指承担资产评估、验资、验证、会计、审计、法律服务、保荐、安全评价、环境影响评价、环境监测等职责的中介组织的人员故意提供虚假证明文件，情节严重的行为。本罪规定在《刑法》第229条，相关规定还包括《立案追诉标准（二）》。本罪侵犯的客体是国家对中介服务市场的管理秩序，客观方面表现为提供虚假中介证明文件，情节严重的行为。提供既包括有偿提供，也包括无偿提供。虚假中介证明文件，是指虚假资产评估报告、验资证明、验证证明、财务会计报告、审计报告以及法律意见书。[②]《立案追诉标准（二）》第73条规定了本罪的立案追诉标准：(1)给国家、公众或者其他投

---

① 参见高铭暄、马克昌主编：《刑法学》（第8版），北京大学出版社、高等教育出版社2017年版，第446—447页。

② 参见高铭暄、马克昌主编：《刑法学》（第8版），北京大学出版社、高等教育出版社2017年版，第453页。

资者造成直接经济损失数额在50万元以上的;(2)违法所得数额在10万元以上的;(3)虚假证明文件虚构数额在100万元以上且占实际数额30%以上的;(4)虽未达到上述数额标准,但2年内因提供虚假证明文件受过2次以上行政处罚,又提供虚假证明文件的;(5)其他情节严重的情形。本罪的主体是承担资产评估、验资、验证、会计、审计、法律服务等职责的人员或者单位。本罪的主观方面表现为故意。根据《刑法》第229条第1款的规定,犯本罪的,处5年以下有期徒刑或者拘役,并处罚金,有下列情形之一的,处5年以上10年以下有期徒刑,并处罚金:(1)提供与证券发行相关的虚假的资产评估、会计、审计、法律服务、保荐等证明文件,情节特别严重的;(2)提供与重大资产交易相关的虚假的资产评估、会计、审计等证明文件,情节特别严重的;(3)在涉及公共安全的重大工程、项目中提供虚假的安全评价、环境影响评价等证明文件,致使公共财产、国家和人民利益遭受特别重大损失的。根据《刑法》第231条的规定,单位犯本罪的,对单位判处罚金,并对其直接负责的主管人员和其他直接责任人员,依照上述规定处罚。

(三)出具证明文件重大失实罪

出具证明文件重大失实罪,是指承担资产评估、验资、验证、会计、审计、法律服务、保荐、安全评价、环境影响评价、环境监测等职责的中介组织的人员,严重不负责任,出具的证明文件有重大失实,造成严重后果的行为。其规定在《刑法》第229条,相关规定还包括《立案追诉标准(二)》《注册会计师法》。本罪侵犯的客体是国家对中介服务市场的管理秩序,客观方面表现为行为人对工作严重不负责任,出具的证明文件有重大失实,造成严重后果的行为。严重不负责任是指严重违反《公司法》《会计法》《审计法》《律师法》等有关法律的规定,不履行应尽的职责,应当审查检验有关文件却不审查或者审查检验不认真的行为。重大失实的证明文件,是指中介证明文件所载的内容与事实有重大的出入。[①] 构成本罪要求行为造成严重后果,《立案追诉标准(二)》第74条规定,承担资产评估、验资、验证、会计、审计、法律服务、保荐、安全评价、环境影响评价、环境监测等职责的中介组织的人员严重不负责任,出具的证明文件有重大失实,涉嫌下列情形之一的,应予立案追诉:(1)给国家、公众或者其他投资者造成直接经济损失数额在100万元以上的;(2)其他造成严重后果的情形。本罪的主体是承担资产评估、验资、会计、审计、法律服务等职责的中介人员,主观方面是过失。根据《刑法》第229条第3款、第231条的规定,构成本罪的,处3年以下有期徒刑或者拘役,并处或者单处罚金。单位犯本罪的,对单位判处罚金,并对直接负责的主管人员和其他直接责任人员,依照上述规定处罚。

(四)贪污罪

贪污罪是指国家工作人员利用职务上的便利,侵吞、窃取、骗取或者以其他手段非法占有公共财物的行为。其规定在《刑法》第382条,相关规定还包括《检察院受理案件立案标准》《贪污贿赂案件解释》。本罪的客体是复杂客体,既侵犯国家工作人员的职务廉洁性,也侵犯公共财产的所有权,犯罪对象是公共财物。本罪的客观方面表现为利用职务上的便利,侵吞、窃取、骗取或者以其他手段非法占有公共财物的行为。首先,必须利用职务上的便利,利用职务上的便利是指利用职务权力和地位所形成的主管、管理、经营、经手公共财物的便利条件。其次,必须侵吞、窃取、骗取或以其他手段非法占有公共财物。[②] 本罪的主体是特殊主体,即国家工作人员,具体包括:(1)在国家机关中从事公务的人员,包括在各级国家权力机关、行政机关、司法机关和军事机关中从事公务的人员。在依照法律法规规定行使国家行政管理职权的组织中从

① 参见高铭暄、马克昌主编:《刑法学》(第8版),北京大学出版社、高等教育出版社2017年版,第453页。

② 参见高铭暄、马克昌主编:《刑法学》(第8版),北京大学出版社、高等教育出版社2017年版,第624页。

事公务的人员,或者在受国家机关委托代表国家行使职权的组织中从事公务的人员,或者虽未列入国家机关人员编制但在国家机关中从事公务的人员,视为国家机关工作人员。在乡(镇)以上中国共产党机关、人民政协机关中从事公务的人员,司法实践中也会视为国家机关工作人员。(2)在国有公司、企业、事业单位、人民团体中从事公务的人员。(3)国家机关、国有公司、企业、事业单位委派到非国有公司、企业、事业单位、社会团体从事公务的人员。(4)受国家机关、国有公司、企业、事业单位、人民团体委托管理、经营国有财产的人员。(5)其他依照法律从事公务的人员。本罪的主观方面是故意。

(五)受贿罪

受贿罪是指国家工作人员利用职务上的便利,索取他人财物,或者非法收受他人财物,为他人谋取利益的行为。其规定在《刑法》第385条,相关规定还包括《贪污贿赂案件解释》《受贿、侵占、挪用资金犯罪通知》《受贿、侵占、挪用刑事案件解释》。本罪的客体是国家工作人员的职务廉洁性,客观方面表现为利用职务上的便利,索取他人财物,或者非法收受他人财物,为他人谋取利益的行为。受贿行为包括两种不同的基本形式:(1)利用职务之便,索取他人财物,又称索取贿赂。(2)利用职务之便,非法收受他人财物,为他人谋取利益,又称收受贿赂。除上述基本形式之外,我国《刑法》第385条还对经济往来中的受贿行为进行了规定,即国家工作人员在经济往来中,违反国家规定,收受各种名义的回扣、手续费归个人所有的,以受贿论处。《刑法》第388条还对斡旋受贿作了规定,即国家工作人员利用本人职权或者地位形成的便利条件,通过其他国家工作人员职务上的行为,为请托人谋取不正当利益,索取请托人财物或者收受请托人财物的,以受贿论处。本罪的主体是特殊主体,只能由国家工作人员构成,主观方面为故意。

(六)行贿罪

行贿罪是指为谋取不正当利益,给予国家工作人员以财物的行为,其规定在《刑法》第 389 条，相关规定还包括《贪污贿赂案件解释》《行贿案件解释》。本罪的客体是国家工作人员的职务廉洁性，犯罪对象仅限于国家工作人员。本罪的客观方面表现为谋取不正当利益，给予国家工作人员以财物的行为。《刑法》第 389 条第 2 款还规定，在经济往来中，违反国家规定，给予国家工作人员以财物，数额较大的，或者违反国家规定，给予国家工作人员各种名义的回扣、手续费的，以行贿论处。《刑法》第 389 条第 3 款规定，因被勒索给予国家工作人员以财物，没有获得不正当利益的，不是行贿。《行贿案件解释》第 12 条规定，行贿罪中的“谋取不正当利益”是指行贿人谋取的利益违反法律、法规、规章、政策规定，或者要求国家工作人员违反法律、法规、规章、政策、行业规范的规定，为自己提供帮助或者方便条件。违背公平、公正原则，在经济、组织人事管理等活动中，谋取竞争优势的，应当认定为“谋取不正当利益”。本罪的主体是一般主体，主观方面为故意。

根据《刑法》第 390 条的规定，犯本罪的，处 5 年以下有期徒刑或者拘役，并处罚金；因行贿谋取不正当利益，情节严重的，或者使国家利益遭受重大损失的，处 5 年以上 10 年以下有期徒刑，并处罚金；情节特别严重的，或者使国家利益遭受特别重大损失的，处 10 年以上有期徒刑或者无期徒刑，并处罚金或者没收财产。

（七）对单位行贿罪

对单位行贿罪是指个人或单位为谋取不正当利益，给予国家机关、国有公司、企业、事业单位、人民团体以财物或者在经济往来中，违反国家规定，给予各种名义的回扣、手续费的行为。其规定在《刑法》第 391 条。本罪的客体是国家机关、国有公司、企业、事业单位、人民团体的正常管理活动，犯罪对象必须是国家机关、国有公司、企业、事业单位、人民团体。本罪的客观方面有两种表现形式：(1) 为谋取不正当利益，给予国家机关、国有公司、企业、事业单位、人民团体以财物；(2) 为谋取不正当利益，在经济往来中，违反国家规定，给予国家机关、国有公司、企业、事业单位、人民团体各种名义的回扣、手续费。①本罪的主体是一般主体，主观方面为故意。《刑法》第 391 条规定，犯本罪的，处 3 年以下有期徒刑或者拘役，并处罚金。单位犯前款罪的，对单位判处罚金，并对其直接负责的主管人员和其他直接责任人员，依照前款的规定处罚。

(八)介绍贿赂罪

介绍贿赂罪是指在行贿人和国家工作人员之间引见、沟通、撮合，促使行贿和受贿得以实现，情节严重的行为。其规定在《刑法》第 392 条，相关规定还包括《检察院受理案件立案标准》。本罪的客体是国家机关、国有公司、企业、事业单位、人民团体的正常管理活动；客观方面表现为向国家工作人员介绍贿赂，情节严重的行为。"介绍贿赂"是指行贿人与受贿人之间沟通关系、撮合条件，使贿赂行为得以实现的行为。本罪的主体是一般主体，主观方面为故意。《刑法》第 392 条规定，犯本罪的，处 3 年以下有期徒刑或者拘役，并处罚金。介绍贿赂人在被追诉前主动交代介绍贿赂行为的，可以减轻处罚或者免除处罚。

(九)单位行贿罪

单位行贿罪是指单位为谋取不正当利益，给予国家工作人员财物，或者在经济往来中，违反国家规定，给予国家工作人员各种名义的回扣、手续费，情节严重的行为。其规定在《刑法》第 393 条，相关规定还包括《贪污贿赂案件解释》《查处严重行贿犯罪分子通知》。本罪的客体是国家工作人员的职务廉洁性，犯罪对象仅限于国家工作人员。本罪客观方面表现为单位为谋取不正当利益而行贿，或者违反国家规定，给予国家工作人员以回扣、手续费，情节严重

① 参见高铭暄、马克昌主编：《刑法学》(第 8 版)，北京大学出版社、高等教育出版社 2017 年版，第 643 页。

的行为。1999 年的《查处严重行贿犯罪分子通知》中规定,“谋取不正当利益”是指谋取违反法律法规、国家政策和国务院各部门规章规定的利益,以及要求国家工作人员或者有关单位提供违反法律法规、国家政策和国务院各部门规章规定的帮助或者方便条件。本罪的主体是单位,主观方面是故意。《刑法》第 393 条规定,犯本罪的,对单位判处罚金,并对其直接负责的主管人员和其他直接责任人员,处 5 年以下有期徒刑或者拘役,并处罚金。因行贿取得的违法所得归个人所有的,依照《刑法》第 389 条、第 390 条的规定定罪处罚。

第二节　按合规领域划分

本部分是将上述按相关性划分的各罪名再按照合规领域进行的区分(见表 1－1),对各罪名不再详细介绍,下文中矿业案件相关辩护逻辑将按照本节的类型划分逻辑进行。

表 1－1　按合规领域划分的各罪名

矿业权取得合规	串通投标罪
	提供虚假证明文件罪
	出具证明文件重大失实罪
	贪污罪
	受贿罪
	行贿罪
	对单位行贿罪
	介绍贿赂罪
	单位行贿罪
矿业开发合规	非法采矿罪
	破坏性采矿罪

续表

用地合规	盗窃罪
	非法占用农用地罪
安全合规	重大责任事故罪
	强令、组织他人违章冒险作业罪
	危险作业罪
	非法制造、买卖、运输、邮寄、储存爆炸物罪
环保合规	污染环境罪
税务合规	逃税罪
	逃避追缴欠税罪
	抗税罪
	骗取出口退税罪
	虚开增值税专用发票、用于骗取出口退税、抵扣税款发票罪
	虚开发票罪

第二章　矿业权取得过程中犯罪的辩护要点

我国矿产资源法明确规定了矿产资源属于国家所有，矿业权（探矿权、采矿权）通常有偿取得，具体的形式为由自然资源局公开挂牌出售。矿业公司在与政府签订出让合同时，可能存在矿业权出让协议履行不能等合同违约风险。与此同时，矿业公司为取得矿业权，有可能涉嫌串通投标、提供虚假证明文件、出具证明文件重大失实、贪污、受贿、行贿、对单位行贿、介绍贿赂、单位行贿等刑事犯罪。

第一节　串通投标罪

一、理论基础

本部分主要对串通投标罪的基本理论进行介绍，为第二大部分针对串通投标罪的辩护技巧奠定理论基础。

串通投标罪是 1997 年《刑法》增设的罪名。根据《刑法》第 223 条的规定，串通投标罪是指投标人相互串通投标报价，损害招标人或者其他投标人利益，情节严重，或者投标人与招标人串通投标，损害国家、集体、公民的合法利益的行为。对于串通投标行为的概念，各国存在不同的理解，美国将串通投标行为视为价格协议，属于严重影响了经济发展的违法行为；日本主流观点认为串通招投标行为是一种不正当的垄断协议，限制了市场的公平竞争和交易。[①]

① 参见王玉辉：《日本串通投标反垄断规制制度》，载《社会科学辑刊》2018 年第 1 期。

我国《刑法》将串通投标罪放置于破坏社会主义市场经济秩序罪一章,扰乱市场秩序罪一节,对该罪的定义更加倾向于日本的界定,认为该罪的保护法益为国家市场的正常秩序,维持投标人之间的公平竞争。

本罪的客观方面为两类具体的串通投标行为,包括投标人之间相互串通投标报价的行为以及招标人和投标人之间相互串通的行为。前者发生在投标人之间,投标人通过串通勾结,统一抬高或者压低报价来打压其他的投标人,从而达到自己的目的。司法实践中存在两种主要情形:第一种是协商性串通投标。投标人之间内部达成一致,某一方中标后会给其他利益方承诺的利益。第二种是威胁性投标,投标人之间为了提高中标率,共同打压其他的投标人强迫其退出竞标活动。后者发生在招标人和投标人之间,投标人可能使用利益贿赂的方式和招标人相互串通勾结,使其他投标人完全失去竞争力,提前商定了竞标结果。司法实践中主要有两种情形:第一种是招标人为已经内定的投标人制作符合资质的招标文书,直接将其他的竞争者排除在外;第二种是提前向内定的招标人透露竞标的重要信息,如核心技术、标底等可大大提高内定招标人中标率的信息。[①] 串通投标行为具备隐蔽性,通常有多个投标人或招标人相互串通,通过“暗箱”操作或秘密的方式相互联系沟通,比较难为外部人员察觉。[②] 串通投标行为还具有反竞争性、不公正性,[③]串通投标行为导致其他没有参与串通的竞争者参与了不公正的竞标程序,妨碍和排除了其他竞标者中标的可能或概率。

本罪的主观方面为故意,即招标人或投标人明知自己在招标、投标的过程中私下实施的串通投标行为会对其他招标人或投标人的合法权益造成损害,或者损害相对人以外的国家、集体、公民的合法权益,而希望或者放任这种结

① 参见石经海、李阳阳:《串通投标犯罪的刑法治理》,载《重庆大学学报(社会科学版)》2021 年第 6 期。

② 参见顾彧:《串通投标行为构罪之实质性认定》,载《焦作大学学报》2021 年第 3 期。

③ 参见王玉辉:《日本串通投标反垄断规制制度》,载《社会科学辑刊》2018 年第 1 期。

果的发生。[①] 因为采矿权可以通过招标、拍卖、挂牌、协议等方式取得，所以在矿业犯罪当中的矿业权取得阶段，招标人极有可能会通过和其他投标人、招标人相互串通的方式，损害其他人的利益，触犯串通投标罪。

二、辩护要点

（一）不符合串通投标罪的客观构成要件

串通投标罪要求客观上具备投标人相互串通报价损害招标人或者其他投标人利益，情节严重的行为，或者投标人与招标人串通投标，损害国家、集体、公民的合法利益的行为。如果行为人的目的只是防止项目流标，并没有和其他公司暗中商定抬高价格或者压低投标报价的行为，[②]不符合串通投标罪的客观构成要件，不构成此罪。串通拍卖的也不构成此罪。拍卖，是指以公开竞价的形式将特定物品或者财产权利转让给最高应价者的买卖方式，是拍卖人将委托人的物品或者财产权利以竞买的方式卖给竞买人的行为，招标、投标的标的主要是完成一定工作的行为，是为购买的物品寻找买家，因而串通拍卖的并不构成此罪。

实践中有些项目采取“统一报价，摇球中标”的方式，公开标底价格，不存在串通投标报价的行为。例如，定标方式是“合理定价评审抽取法”，即招标单位制定工程合理造价并予以公开，甲挂靠 20 余家单位围标，经随机抽取，中标两个标段。又如，在某人防工程项目邀请招标中，甲乙丙丁四家具有承建资质的建设工程公司得到邀请，标价为 1125 万元。甲公司负责人蒋某与乙公司挂靠人魏某约定，无论乙公司是否中标，均给魏某 25 万元好处费，若乙公司中标，施工权交给蒋某。此后，魏某从蒋某处领到 25 万元。但在开标前资格审核时，乙公司法人代表身份验证没有通过，被取消竞标资格，其他三家公司经

① 参见周光权：《刑法各论》（第 4 版），中国人民大学出版社 2021 年版，第 362—363 页。

② 参见汪芳：《串通投标行为在司法适用中的去罪化研究》，载《东南大学学报（哲学社会科学版）》2019 年 S2 期。

摇号确定丁公司中标。[①] 这两起案例不符合串通投标定价，故不成立串通投标罪。

以下是两起不构成串通投标罪而构成其他类型犯罪的典型案例。

案例一：

丁某受贿案[②]

丁某担任某市委常委、副市长期间，告知其情妇田某一地块将对外拍卖，让田某参与拍卖，田某办理了竞拍手续并缴纳保证金。某公司总经理易某同为竞拍人，且势在必行。丁某利用自己身份安排田某和易某谈判，最终易某给田某300万元，田某放弃出价，最终易某以987万元拍中某地块。法院认为丁某仅构成受贿罪，不构成串通投标罪。

案例二：

张某、刘某行贿案[③]

某县国土资源局挂牌出让某地块国有建设用地使用权，杨某（另案处理）借用圣火公司名义参与竞买，同时A、B、C、D四家公司也取得竞买资格。杨某与无业人员张某、刘某商议，让张、刘二人出面以补偿的方式使四家公司放弃竞买，四家公司分别表示同意，并各自获得相应好处费，在竞买现场按照杨某的事先安排，四家公司分别出价一次，最终圣火公司拍得该地块。法院判决张某、刘某不构成串通投标罪，仅构成对非国家工作人员行贿罪。

此类相关案件投标人之间并不具备相互串通投标的行为，招标中标过程具备随机性，招标结果并非因行为人之间串通而已经内定好或者不可抗拒的

---

① 参见谢欣汝、蒋利清：《串通投标犯罪的司法适用困境及解决——以H省Y市4年来串通投标犯罪案件为样本》，载《湖南人文科技学院学报》2021年第3期。

② 参见湖南省醴陵市刑事判决书，(2013)醴法刑初字第387号。

③ 参见中华人民共和国最高人民法院刑事审判一、二、三、四、五庭主办：《刑事审判参考》总第106集，法律出版社2017年版。第1136号案例。

事由，当事人之间虽然有串通行为，但是并未产生当事人事先串通的结果。不符合串通投标罪的客观方面要件，可以作为不构成此罪的辩护事由。

（二）不符合损害国家、集体、公民利益的要件

在实践中，有些项目在已经先行建设工程的情况下，为了满足流程的需求而进行的后续完善手续的行为因为未侵害其他招标人或投标人的合法权益，亦不构成此罪。[①] 比如，虽然有串通投标的行为，但却没有造成损害国家、集体、公民利益的后果，其串通投标行为不具有可罚性，没有对他人利益造成损害，也并未对社会主义市场秩序造成损害，因此不构成串通投标罪。

但是对于实践中如何界定损害招标人、投标人或者国家、集体、公民的合法利益的标准仍然存疑，根据《立案追诉标准（二）》的规定，“造成直接经济损失数额在五十万元以上的”，应予立案。但如何判断与计算直接经济损失，实践中认为，一旦串通投标中标，正常投标所能形成的价格便无法确定，串通投标行为给招标人造成的直接经济损失难以认定。在串通投标人挂靠多家单位围标的案件中，挂靠人或支付管理费给被挂靠单位，或直接购买其他参与投标单位的代理权，参与投标活动投入的人力、物力、财力均由挂靠人承担，并且中标后还给予一定的利益给参与围标的单位，从表面上看，并没有给招标人和其他投标人造成损害。[②]

（三）未违背招标投标法的规定

因为串通投标罪保护的法益为市场经济秩序，构成串通投标罪是以违背行政法为前提的，有学者认为《招标投标法》不仅仅是认定串通投标罪主体的

① 参见周光权：《刑法各论》（第4版），中国人民大学出版社2021年版，第379—382页。

② 参见谢欣汝、蒋利清：《串通投标犯罪的司法适用困境及解决——以H省Y市4年来串通投标犯罪案件为样本》，载《湖南人文科技学院学报》2021年第3期。

前置法,还是认定串通投标罪刑事违法性的前置法。[①] 如果行为人所实施的行为并未触犯《招标投标法》,说明并未侵犯法律需要保护的市场经济秩序。所以行为人的行为符合《招标投标法》的相关规定也是一项强有力的辩护理由。

案例三:

蒋某串通投标案[②]

蒋某在和A国企领导就具体建筑方案设计达成合意的情况下找来王某、江某商量并注册成立了B公司,并组建团队为承接A国企的房地产管理项目。后A国企召开董事会研究形成决议,确定了在房地产管理项目中采用蒋某推荐的"代建"模式。董事会研究均通过后,A国企通知蒋某让B公司参与这个项目,并就双方合作费用及合作内容进行了谈判。在双方确认合作关系后,A公司因系国企,相关领导提出通过招标程序更好,让蒋某配合招投标。因"代建"模式在当地较为罕见而招投标至少要有三个单位报名。在招投标过程中,A国企和蒋某担心除了B公司外没有其他公司参与投标,仅有B公司投标必然会流标,为确保项目能如期启动,遂考虑邀请其他公司一起参与投标。于是,蒋某找了B公司来报名投标,蒋某让王某安排其关联公司C公司、D公司报名投标。后该招投标中没有其他公司投标,由B公司顺利中标,项目正常运营且取得数十亿元的营业额。

此案中的行为主体蒋某、王某、江某所涉的A公司、B公司是在确认合作关系以后,因为A公司的国企身份需要走招投标程序而联系其他公司C公司、D公司报名投标,就B公司而言,虽然有联系其他公司陪标的嫌疑,但是该行为并没有损害其他主体的利益。该案中的主体C公司、D公司均符合

---

① 参见刘艳红:《法定犯不成文构成要件要素之实践展开——以串通投标罪"违反招投标法"为例的分析》,载《清华法学》2019年第3期。

② 参见汪芳:《串通投标行为在司法适用中的去罪化研究》,载《东南大学学报(哲学社会科学版)》2019年S2期。

《招标投标法》对于参与该招投标项目的资质和能力要求，且四个公司之间建立起来的招投标法律关系是符合法律规定的，应当受到保护。其行为并未违背《招标投标法》的相关规定，根据行刑衔接的原理，如果行为没有超出《招标投标法》的领域，就不会进入刑事领域，也就不构成刑事犯罪，不构成串通投标罪。

（四）不符合主体要件

首先，关于串通投标罪的主体是否限定为投标人或者招标人，理论界对此存在分歧，否定的观点认为参与串通投标的违法行为并在其中起到重要作用的都可为该罪的主体，[①]实践中也认可肯定的观点，即行为人不具备投标人或招标人身份的，不符合主体要件，不构成此罪。在王某宣、寇某清串通投标罪案[②]中，法院认为投标人寇某清为达到中标目的，向招标代理机构负责人王某宣告知其借用两家公司的资质进行投标并对其进行贿赂，最后对身为招标代理机构负责人的王某宣判处非国家工作人员受贿罪，而非串通投标罪。不具备投标人或招标人的主体要件，一般不构成串通投标罪，符合其他罪的构成要件可构成他罪。

其次，《刑法》对于投标人和招标人的具体范畴并未有明确的规定，根据《招标投标法》第 8 条的规定，“招标人是依照本法规定提出招标项目、进行招标的法人或者其他组织”。该法第 25 条第 1 款规定，“投标人是响应招标、参加投标竞争的法人或者其他组织”。《招标投标法》关于投标人和招标人的定义中并未将自然人包含其中，所以严格来说，自然人并不具备构成此罪的主体要件，如唐某某串通投标案，唐某某为获得某公路改造工程 A、B 段项目，通过挂靠 7 家公司顺利中标，唐某某实际承建项目。在该案审理中，有学者认为唐

① 参见顾彧：《串通投标行为构罪之实质性认定》，载《焦作大学学报》2021 年第 3 期。

② 参见山东省德州市中级人民法院刑事判决书，(2018) 鲁 14 刑终 121 号。

某某作为自然人，不符合《招标投标法》要求的投标人为法人或其他组织的身份，[①]不成立串通投标罪。

另外，对于招标代理机构是否可以成为串通投标罪的主体，理论界和实务界也存在争议。根据《招标投标法》第 13 条的规定，招标代理机构是依法设立，从事招标代理业务并提供相关服务的社会中介组织。争议的焦点主要在于招标代理机构实际上代理招标人从事招标业务，但是本身又非真正的招标人。有学者认为，招标代理机构虽然代理招标人进行招标事宜，但毕竟不是招标人，严格遵守罪刑法定原则，不宜对“招标人”做扩大解释，[②]但是在具体的司法实践中也有法院将招标代理机构认定为串通投标罪的犯罪主体。

案例四：

宇堃建设工程咨询有限责任公司、李某某串通投标案[③]

法院认为被告单位黑龙江省宇堃建设工程咨询有限责任公司作为招标代理机构，违反《招标投标法》的有关规定，在依法必须进行招标的工程建设项目中，以营利为目的，未能履行招标的相关程序，受招标人的指使，在未公开招标的情况下，帮助招标单位指定的投标人补办和完善招投标的相关材料。其行为损害国家、集体、公民的合法利益，情节严重，已构成单位串通投标罪。被告人李某某作为该单位招标代理项目的主要负责人和责任人，在明知违法的情况下，仍为单位谋取不正当利益，并直接领导、指使单位员工开展该项目的运作，其行为亦构成单位串通投标罪。公诉机关起诉认定被告单位黑龙江省宇堃建设工程咨询有限责任公司和被告人李某某犯串通投标罪的事实清楚，证据确实、充分，罪名成立，应予支持。案发后，被告单位能够主动上缴违法所得，可酌情从轻处罚。被告人李某某能够主动投案，并如实供述自己的罪行，

---

① 参见谢欣汝、蒋利清：《串通投标犯罪的司法适用困境及解决——以 H 省 Y 市 4 年来串通投标犯罪案件为样本》，载《湖南人文科技学院学报》2021 年第 3 期。

② 参见韩哲、裴王建：《关于串通投标罪的几个问题》，载《杭州商学院学报》2002 年第 4 期。

③ 参见黑龙江省绥化市北林区人民法院刑事判决书，(2016) 黑 1202 刑初 284 号。

系自首,同时李某某的犯罪行为对危害国家利益的结果不具有支配作用,仅起到辅助作用,并且其本人亦未在犯罪行为中直接受益,犯罪较轻,可以免除处罚。

笔者认为,不应当对于投标人和招标人做扩大解释,招标代理机构并不符合招标人的范畴,只是代理招标人从事招标业务,真正的主体应当为招标人,不具备投标人和招标人身份的行为主体,不符合串通投标罪的主体要件,从辩护角度来看,可以以行为人不具备串通投标罪的主体身份作为辩护事由。

(五)不符合"情节严重"的标准

串通投标罪的第一种行为模式要求其成立符合"情节严重"的标准,从危害程度的角度来看,串通投标罪规定的入罪门槛,是区分罪与非罪的关键。[①]司法解释为了规范司法人员在具体案件中对于此项认定的同一性,多采用数额标准,如违法所得数额在 10 万元以上,中标金额在 200 万元以上等标准。实践中比较常见的做法还有以直接经济损失数额的多少来界定情节严重大小,同时直接经济损失的数额也是统一司法实践中衡量标准尺度的重要方式之一。一般认为串通投标造成的直接经济损失的数额应当是在自由竞标的情况下形成的中标价格和串通行为导致的中标价格的差额,但因为在实际操作中,对于自由竞标情况下应当达到的中标价格认定困难。学界关于如何认定直接经济损失主要有两种观点:第一种是计算中标项目价值的减少额、应当减少而未减少的部分;第二种是以专业机构的专家鉴定意见作为认定直接损失数额的主要依据。[②] 笔者认为以专家的鉴定意见作为认定依据更具备科学性、客观性,且专家在认定损失数额的时候也会将第一种计算方式考量在内,但并非唯一标准。

---

① 参见杨莉英:《串通投标罪客观要件探析》,载《河北大学学报(哲学社会科学版)》2006 年第 3 期。

② 参见韩哲、裴王建:《关于串通投标罪的几个问题》,载《杭州商学院学报》2002 年第 4 期。

（六）情节显著轻微不成立犯罪

根据《刑法》第 13 条有关犯罪概念的规定，一切危害国家主权、领土完整和安全，分裂国家、颠覆人民民主专政的政权和推翻社会主义制度，破坏社会秩序和经济秩序，侵犯国有财产或者劳动群众集体所有的财产，侵犯公民私人所有的财产，侵犯公民的人身权利、民主权利和其他权利，以及其他危害社会的行为，依照法律应当受刑罚处罚的，都是犯罪，但是情节显著轻微危害不大的，不认为是犯罪。串通投标的辩护同样遵循此项规定。

2017 年 7 月，被告人陈某、崔某、吉某等人在获悉某市农村道路 9 个标段提档升级工程的招标信息后，通过杨某等中间人介绍，组织 A 公司等 11 家有资质的企业，各自派公司资料员统一制作商务标书串通投标，最终中标 2 个标段，涉案金额 3900 万余元。中标路段主要由陈某、刘某分包施工。工程于 2018 年年底竣工验收并投入使用。2018 年 6 月，公安机关以涉嫌串通投标罪对 A 公司等 11 家单位、陈某等 30 名参与人立案侦查。2020 年 2 月，该案移送检察机关审查起诉。检察机关经审查认为，A 公司、陈某等相互串通投标报价，涉嫌串通投标罪，但涉案单位和个人在共同犯罪中的地位和作用并不相同，应根据情节轻重作出区别处理。2020 年 5 月，检察机关对提出犯意、实际操作、有前科的陈某等 6 人提起公诉，对仅出借资质的 11 家串标单位和犯罪情节轻微的 24 名参与人作出不起诉决定。

此案中检察机关秉持着惩罚和保护并重的理念，对于串通投标的提议者、组织者、主要受益者以及职业陪标人、专业居间介绍者，依法从严惩处；对于没有犯罪前科、被动参与陪标、收取少量好处且具有从轻、减轻情节的，依法作不起诉处理，符合《刑法》第 13 条的规定，契合刑法惩罚犯罪和保护人权的基本理念。

第二节　提供虚假证明文件罪

一、理论基础

本部分主要对于提供虚假证明文件罪的基本理论层面的相关分析进行介绍，为第二大部分针对提供虚假证明文件罪的辩论技巧奠定理论基础。

提供虚假证明文件罪，是指承担资产评估、验资、验证、会计、审计、法律服务、保荐、安全评价、环境影响评价、环境监测等职责的中介组织的人员故意提供虚假证明文件，情节严重的行为。对于此项罪名概念的说明过于概括，难以应对现实生活中多变情形和司法实践的复杂状况。下面将从提供虚假证明文件罪的客体、主体、主观方面、客观方面入手对于本罪的犯罪构成进行具体的分析，为司法实践中对该罪的具体认定提供参考。

关于本罪保护的客体为何存在“单一客体说”和“复杂客体说”。“单一客体说”认为，本罪保护的客体为国家工商管理制度、国家对相关中介服务市场的管理秩序国家的金融管理秩序或者国家的市场经济秩序。“复杂客体说”认为，本罪保护的客体不仅只有一种而是包含多种法益，有些学者认为提供虚假证明文件罪的保护法益为国家对中介组织的管理秩序以及国家与公民的相关财产权益。[①] 笔者认为本罪的客体为复杂客体，保护的客体包含国家对中介组织的管理秩序和国家的市场经济秩序。原因在于本罪的目的在于维护中介组织证明文件的公信力，在脱离熟人社会之后，对于陌生人之间的诚信往往需要第三方的公信力来保证，同时也是维持市场经济秩序的必要要素。提供虚假的证明文件可能会导致公众失去信心，同时会给根据虚假文件行事的当事人带来损失。

---

① 参见侯圣博：《试论提供虚假证明文件罪及其立法完善》，载《辽宁师专学报（社会科学版）》2014 年第 5 期。

本罪的主体为特殊主体，是承担资产评估、验资、验证、会计、审计、法律服务、保荐、安全评价、环境影响评价、环境监测等职责的中介组织的人员。但是对于特殊人员是否必须具备相应的资质证书有所争议，笔者认为成立此罪并不要求相应的人员必须具备相应资质证书，而是应当以行为人是否具备相应的职责来确定是否符合身份，[①]即以实际情况来确认行为人是否具备相应的资质，是否承担相应的职责，如行为人虽然不具备相应的资质证书，却具备从事相关工作的能力且任职于相应的单位应当认定为具备本罪的主体身份，且根据《刑法》第231条的规定，单位也可以成为本罪的主体。

本罪的主观方面为故意，即行为人明知道自己的行为会导致什么样的后果，仍然希望或放任这种结果的发生，理论界关于提供虚假证明文件罪的主观方面为故意并无异议，其争议的焦点在于是仅直接故意可构成本罪还是直接故意和间接故意均可构成此罪。对于间接故意，从认识因素方面来看，是指行为人只对危害结果发生的可能性有认识，但不存在必然性认识；从意志因素方面说，是指行为人既不积极追求危害结果发生，也未采取有效措施避免危害结果发生，而是对其持放任态度，危害结果发生与否都不违背行为人的主观意志。[②] 笔者认为直接故意和间接故意皆可构成此罪。结合本罪的保护法益来看，放任该结果发生的意志同样侵犯了第三方中介机构的公信力，具备相关资质的人员同样未完全履行自己的职责。

本罪的客观方面要求行为人实施了提供虚假证明文件的行为，且造成了严重后果。对于“虚假文件”的具体分析可以参照本罪的第三部分的解读。对于严重后果的认定，根据《立案追诉标准（二）》第73条的规定，造成的严重后果主要包含以下几种情况：（1）给国家、公众或者其他投资者造成直接经济损失数额在50万元以上的。（2）违法所得数额在10万元以上的。（3）虚假

---

① 参见周光权：《刑法各论》（第4版），中国人民大学出版社2021年版，第363页。

② 参见侯圣博：《试论提供虚假证明文件罪及其立法完善》，载《辽宁师专学报（社会科学版）》2014年第5期。

证明文件虚构数额在100万元且占实际数额30%以上的。(4)虽未达到上述数额标准,但2年内因提供虚假证明文件,受过行政处罚2次以上,又提供虚假证明文件的。(5)其他情节严重的情形。由此可知,主要以造成损害的数额作为衡量造成后果的严重程度的标准。行为人提供虚假证明文件的行为和造成严重后果之间只有具备刑法意义上的因果关系,才可构成提供虚假证明文件罪。

二、辩护要点

(一)不符合提供虚假证明文件罪的主观要件

提供虚假证明文件罪的主观方面为故意,要求行为人明知提供虚假证明文件的后果,仍然希望或放任这种结果的发生,因而在具体犯罪中,如果相关的证据不足以认定行为人具备故意的主观方面,不能认定行为人符合提供虚假证明文件罪的构成要件,不成立此罪。

提供虚假证明文件罪和出具证明重大失实罪区分的关键在于证实行为人的主观方面是故意还是过失,提供虚假证明文件罪要求行为人认识到其出具的证明文件是虚假的。由于大多数证明文件的内容具有专业性,有时行为人由于疏忽大意、过于自信也会出具内容失实的证明文件。因此只有在出具证明文件的行为人具有欺诈心理,故意以编造、虚构、篡改、伪造等方式出具证明文件时,其对于证明文件的虚假才具有认识。仅由于行为人故意违反行业规定,就认为其对证明文件与事实不符的结果具有放任的心态是不合理的。实际上针对本罪,具备间接故意的行为人一般是中介组织的负责人、主管人员或者法定代表人,其已经知道出具证明文件的人员可能以欺诈心理出具虚假证明文件,但对其不加制止,而是放任其提供虚假证明文件。① 如果实践中不能认定行为人明知道所出具文件为虚假文件,则不能认定其主观存在故意,即使行为人的行为可能已经违背了相应的行为规范,仍不能认定构成提供虚假证

① 参见薛晶霞:《提供虚假证明文件罪适用问题研究》,北方工业大学2021年硕士学位论文。

明文件罪。如果可以认定其主观上为过失，且造成了重大后果，那么可能成立出具证明文件重大失实罪。

案例五：

何某出具证明文件重大失实案①

何某为A公司出具审计报告时，在未审核A公司财务资料真实性的情况下，仅凭A公司内部人员提供的财务数据就安排工作人员洪某制作审计报告，导致其报告数据与A公司真实的财务状况严重不符。A公司欺骗社会公众购买上市“原始股”，并造成直接经济损失200万余元。法院认为何某构成出具证明文件重大失实罪，理由有两个：首先，虚假审计报告的资料来源是由A公司提供，审计并未对此进行篡改；其次，现有证据难以证明何某明知虚假而提供，或足以认定其存在故意。本案中，法院认为行为人没有对其获得的数据进行恶意篡改，说明其主观上没有想要出具虚假证明文件的故意。而现有证据仅能证明何某违反了行业规范（未对A公司的财务资料进行原始凭证比对），但并不能证明其已经认识到或者可能认识到出具证明文件内容虚假，因此不认为何某构成故意。

此案中法院认为尽管何某仅凭A公司内部人员提供的财务数据就安排工作人员洪某制作审计报告，未审核资料真实性属于失职行为，故意违反了行业规范。但这不足以证明何某对于出具虚假证明文件持有希望或放任心态，即现有证据并不足以证明何某主观故意的心态。因此，不应当以此认为其构成提供虚假证明文件罪。

（二）不符合提供虚假证明文件罪的客观方面

提供虚假证明文件罪的客观方面要求实施了提供虚假证明文件的行为。

① 参见成都高新技术产业开发区人民法院刑事判决书，（2011）高新刑初字第51号。

其中比较重要的是对于“虚假”的认定，如果行为人提供的文件并不符合虚假的标准，如和实际的数额虽然存在误差，但是该差距没有达到重大失实数额标准，不符合提供虚假证明文件罪的客观方面，不成立此罪。

符合此罪的客观方面与否，最核心的问题在于对“虚假”证明文件的认定，在具体的实践中主要包含两种：“法律上的虚假”和“行业上的虚假”。其中“法律上的虚假”是指行为人提供的文件和实际情况不符合，有学者结合最高人民法院法函〔1996〕56 号（已废止）认为，法律上的“虚假验资报告”是指报告的内容或者结论与事实不符的验资报告。也有学者指出，所谓“虚假的证明文件”，从内容上看，既包括内容完全失实的证明文件，也包括主要内容虚假的证明文件。[①]“行业上的虚假”主要是指违背行业规范和标准，行业上的虚假与否和具体文件的真实与否并非完全一致，换言之，违背行业规范的证明文件并不一定违背实质的真实，符合行业规范的证明文件也并非完全符合事实。笔者认为，在具体的司法实践中应当以“法律上的真实”为主要判断标准，辅之以行业标准。

案例六：

崔某某提供虚假证明文件案[②]

法院认为，被告人崔某某最后一次对金都酒店的房产进行评估时未实地考察，而是根据房地产形势判断在原有评估报告的评估价值基础上增加价值作出具评估报告，其评估行为存在失实，但现有证据不能证实被告人崔某某所作的评估报告与被评估房产实际价值数额差距，因为案发时，贷款没有到期，损失没有客观发生，该差距是否达到重大失实数额标准，是否能够实际造成银行经济损失等问题存在认定损失的证据不足。程某向井湖支行第一轮贷款时即以同一房产进行抵押担保，其用于第一轮贷款的房地产价值评估报告并非

① 参见薛晶霞：《提供虚假证明文件罪适用问题研究》，北方工业大学 2021 年硕士学位论文。

② 参见安徽省铜陵市中级人民法院刑事判决书，(2016)皖 07 刑初 6 号。

中信评估公司崔某某所出具。证人汪某1的证言与崔某某的供述证明,程某于2012年委托中信评估公司对其房产进行抵押贷款价值评估时,崔某某认为程某提出的价值过高没有同意,而是从合肥将当时中信铜陵分公司的负责人朱某请到现场进行察看后,确定了房产评估价值,崔某某于2013年9月对同一房产所作的房产评估价值与之前两次评估价值基本一致。现有证据不能证明崔某某在本案中有故意提供虚假证明文件的行为。因而不构成提供虚假证明文件罪。

此案中法院通过对评估报告的内容和客观情况的对比发现,虽证明行为人所出具的评估报告和实际情况存在较大差距,满足重大失实标准,但其主观判断导致的评估误差并不能作为认定其主观方面存在故意的依据,因而不构成提供虚假证明文件罪。

(三)事实不清、证据不足,不构成此罪

认定行为人构成提供虚假证明文件罪,要求事实清楚、证据充分,综合案件事实和证据达到排除合理怀疑的程度。提供虚假证明文件罪中对于相关人员提供的文件是否达到"虚假"程度应当结合实际情况进行判断,对于评估报告和估价报告中比例和数额的认定应当以客观标准为实据,进行客观的全面评价。

案例七:

崔某某提供虚假证明文件案[①]

法院认为,首先,崔某某制作的估价报告中所选取的可比实例确实非实际成交案例,但根据当前房地产评估行业惯例,对房地产评估多采用向房产中介询价的方式确定可比实例的价格,因此涉案估价报告中选取的可比实例不能

---

① 参见安徽省高级人民法院刑事判决书,(2018)皖刑终12号。

排除系崔某某通过中介询价获取的，认定系崔某某故意提供虚假案例的证据不足。其次，涉案3份评估报告所对应的银行贷款均有抵押，案发时贷款均未到期，目前均在民事诉讼中，尚未终结；贷款时所适用的抵押限额都在六成左右，故能否造成银行直接经济损失尚不能确定。最后，为证实崔某某提供的估价报告虚构数额情节严重，公诉机关提供了永正评估公司对相应标的物所作的3份估价报告，但其报告存在如下问题：(1)永正评估公司对聚鑫公司某一大厦6套房屋和金都酒店三至六层评估时，选取的可比实例相比评估对象都较为偏远；对金都酒店三至六层和七层的两次评估中，选取的可比实例，有的房屋类型并非商业用房（办公用房或其他），有的大厦为司法拍卖房产，由于诸多因素，该房价格明显低于市场价。因此，永正评估公司选取的可比实例缺乏客观比对性。(2)永正评估公司在对金都酒店鉴定时，酒店装潢已经拆除，大厦的物业停止服务，评估师无法实地查看装潢和设备，故对金都酒店的装潢难以客观全面评价。(3)永正评估公司在涉案的几份评估报告中选取的房地产报酬率（与房地产价格成反比）均为7.5%，高于永正评估公司的其他评估案例(6%)，这也部分降低了评估对象的价格。由此可见，永正评估公司的3份估价报告未能客观真实地反映涉案房产的价值，故公诉机关以永正评估公司的估价报告来认定崔某某所作的估价报告虚构数额在100万元且占实际数额30%以上的证据不足。

案例八：

盛某提供虚假证明文件案[①]

法院认为提供虚假证明文件罪系故意犯罪，要求当事人故意出具虚假证明文件。在本起事实中，盛某供述其安排许某丈量，具体情况其没有去看，只是在评估单上签字。证人许某证明其将测量后的数据交于盛某，盛某做评估单，评估单上的数据和测量有出入，数据比量的时候多。阎某证明许某到测量

---

① 参见安徽省亳州市中级人民法院刑事判决书，(2020)皖16刑终45号。

地后只是转一圈画个图就走了，画图上的数与实际丈量的数字只多不少。现有证据无法证明虚增水泥路和下水涵管是许某测量造成，还是盛某故意虚增，认定本起事实盛某构成提供虚假证明文件罪证据不足。

以上两个案例证明行为人符合提供虚假证明文件罪的构成要件的事实不清，证据不足，具体包含证明行为人存在主观故意的证据不足，评估报告与损失后果之间的因果关系不明晰，证据链条不完整，不能认定行为人构成提供虚假证明文件罪。

第三节　出具证明文件重大失实罪

一、理论基础

本部分主要对于出具证明文件重大失实罪的基本理论层面的相关分析进行介绍，为第二大部分针对出具证明文件重大失实罪的辩论技巧奠定理论基础。

出具证明文件重大失实罪，是指承担资产评估、验资、验证、会计、审计、法律服务、保荐、安全评价、环境影响评价、环境监测等职责的中介组织的人员，严重不负责任，出具的证明文件有重大失实，造成严重后果的行为。本罪和提供虚假证明文件罪的主要区别在于两罪的主观方面不同，提供虚假证明文件罪的主观方面为故意，而本罪的主观方面为过失，下文将进行具体分析。

本罪的主观方面为过失，行为人对出具中介证明文件可能造成的严重后果没有预见，或者已经预见而轻信能够避免。本罪为过失犯罪，构成本罪要求造成严重后果，此处的严重后果是指因重大文件失实导致有关公司、企业遭受重大损失，或者导致公司、企业停产、破产等严重后果。[①] 本罪的主体为特殊

① 参见周光权：《刑法各论》(第4版)，中国人民大学出版社2021年版，第382—383页。

主体,行为人为资产评估、验资、验证、会计、审计、法律服务、保荐、安全评价、环境影响评价、环境监测等职责的专业人员,如公证人员,同时单位也可构成此罪。关于本罪犯罪客体的分析认识可以参照提供虚假证明文件罪的相关分析。

关于本罪的立案追诉标准,《立案追诉标准(二)》第 73 条规定:"承担资产评估、验资、验证、会计、审计、法律服务、保荐、安全评价、环境影响评价、环境监测等职责的中介组织的人员故意提供虚假证明文件,涉嫌下列情形之一的,应予立案追诉:(一)给国家、公众或者其他投资者造成直接经济损失数额在五十万元以上的;(二)违法所得数额在十万元以上的;(三)虚假证明文件虚构数额在一百万元以上且占实际数额百分之三十以上的;(四)虽未达到上述数额标准,但二年内因提供虚假证明文件受过二次以上行政处罚,又提供虚假证明文件的;(五)其他情节严重的情形。"

本罪的客观方面的分析主要集中在以下几点:一是对于"严重不负责任"的认定。关于何为"严重不负责任",有学者认为,所谓严重不负责任是指不经审核或不依法审核出具的证明文件。[①] 另有学者认为,严重不负责任是指公证员在对其出具的证明文件的工作,不负责任,致使其出具的证明文件内容与实际有重大出入。[②] 第一种观点重在强调行为人主观方面的过失心态,第二种观点主要强调行为人主观过失和造成严重后果之间的因果关系。笔者认为第二种观点更为合理,犯罪构成中的主观方面和客观方面存在内在的联系,体现了主客观相统一的原则。[③] 二是对于"严重后果"的认定,《立案追诉标准(二)》列举了一项严重后果,即给国家、公众或者其他投资者造成直接经济损失数额在 100 万元以上。《关于经济犯罪案件追诉标准的规定》(已废止)曾

① 参见侯国云主编:《刑法学》,中国政法大学出版社 2005 年版,第 453 页。

② 参见王作富主编:《刑法》,中国人民大学出版社 1999 年版,第 356 页。

③ 参见李兰英、雷堂:《论严重不负责任》,载《河北师范大学学报(哲学科学社会版)》2000 年第 4 期。

经还列举了一项严重后果即“造成恶劣影响”,[①]后改为概括性的表述,即“其他造成严重后果的情形”。“造成恶劣影响”的表述其实也为概括性的,具体实施起来仍然需要司法机关明确具体的适用标准,但改为“其他造成严重后果的情形”更加具有规范性。

实践中,因为矿业权的取得、流转过程中涉及多项证明文件的出具,相关人员为了获得证明文件,极有可能通过非法手段和具备资产评估、验资、验证、会计、审计、法律服务、保荐、安全评价、环境影响评价、环境监测等职责的中介组织的人员相互串通,以获取矿业权,符合本罪的构成要件的,该相关人员和具备相应资质的行为人成立共同犯罪。

二、辩护要点

(一)不符合主体要件

出具证明文件重大失实罪的构成要求犯罪主体具备资产评估、验资、验证、会计、审计、法律服务、保荐、安全评价、环境影响评价、环境监测等专业职责,关于行为人是否具备职责,主要有“形式说”和“实质说”。根据法条对于本罪主体的规定,从平义解释的视角来看,该项规定并未将“行为主体”限定为“具有审计资格的审计人员”,而是以一种针对工作性质的概括模式进行阐释。[②] 在具体的案件判断中应当以形式为主,结合行为人是否承担了实质的职责进行认定,即行为人具备其所从事相应业务的职业资格是对其有能力承担相应职责的形式要求,但如果行为人并不具备相应的资质,其接受了委托人的委托,也挂靠在相应组织且实际承担了相应的工作,应当认定行为人具备相应的资质。

---

① 参见高铭暄、马克昌主编:《刑法学》,北京大学出版社 2005 年版,第 26 页。

② 参见王耀彬:《社会审计人员出具证明文件重大失实罪的实质解读》,载《审计月刊》2021 年第 1 期。

案例九：

段某出具证明文件重大失实案①

被告人段某系未注册的审计师，受黄某某委托负责南方所在新宁县的业务，段某接到业务后负责收集、审核委托方提交的资料，并形成初步的工作底稿，再交由黄某某审核后最终出具相关的审计报告。本案中，争议的第一个焦点是段某可否被视为本罪中的“审计人员”。辩护人认为段某并非审计人员，其并不具备审计资格证，而湖南省邵阳市中级人民法院认为虽然段某并未取得相应的审计资格证，但其实质意义上从事了审计业务，是本罪的适当被告。

上述案例中就是从实质的角度判断行为人是否符合出具证明文件重大失实罪的主体要件，仅从形式上审查行为人是否持有相应的证件并不严谨。从辩论的角度来看，可以通过反证行为人承担资产评估、验资、验证、会计、审计、法律服务、保荐、安全评价、环境影响评价、环境监测等专业职责的证据不足，其并不符合形式和实质上的要件，从而证实行为人并不是承担相应职责的主体，不具备主体要件，从而不成立此罪。

（二）不符合“严重不负责任”

出具证明文件重大失实罪的客观方面要求行为人符合“严重不负责任”的条件，认定行为人是否严重不负责任主要可以参考行为人所从事行业的行业规范。例如下文案例十，其虽与矿业无关的提供虚假证明文件罪，但可以解释何为“严重不负责任”。其中行为人为会计师，应当遵照《注册会计师法》第14条规定的审计业务以及中国注册会计师协会依法拟定的注册会计师执业准则和规则。除参照行业规范外，还应当结合实质判断“严重不负责任”的行为和造成的“严重后果”之间是否具有刑法意义上的因果关系。就辩论角度

---

① 参见王耀彬：《社会审计人员出具证明文件重大失实罪的实质解读》，载《审计月刊》2021年第1期。

而言，除了可以对行为人不符合“严重不负责任”和未造成“严重后果”进行分别探讨，也可以通过切断两者之间的因果关系的角度证明行为人不符合本罪的成立要件。

案例十：

张某出具证明文件重大失实罪[①]

2006年，A市公安局对B公司涉嫌贷款诈骗2000万元进行立案侦查。在侦查的过程中，发现B公司增资2000万元的验资报告不实，银行存款回单是由某会计所事务所开具了银行询证函交由B公司向银行询证，而B公司伪造了银行印章，将盖有伪造的银行印章的回单交由某会计师事务所，承办验资的某会计师事务所在不知情的情况下依据伪造的银行回单出具了B公司增资2000万元的增资验资报告。A市公安局遂对某会计所事务所主任张某（验资报告的承办注册会计师）以涉嫌中介组织人员出具证明文件重大失实罪[②]实施刑事拘留。中国注册会计师执行《注册会计师法》第14条规定的审计业务，应当遵照执行中国注册会计师协会依法拟订的注册会计师执业准则、规则，对独立审计基本准则，具体准则与实务公告应当遵照执行，执业规范指南应当参照执行。换句话说，注册会计师张某有没有严重不负责任的行为，应以验资时的行业执业规范指南来评判。中注协拟订的《独立审计实务公告第1号——验资》（已废止，以下简称《验资公告》）经财政部批准于1996年1月1日起施行。《中国注册会计师执业规范指南第3号——验资（试行）》（已废止，以下简称《验资指南》）规定，以货币资金方式出资的，其一般审验程序应包括：(1)货币资金出资清单是否与经批准的合同、协议、章程的规定一致；(2)投资者认缴的投资款是否按规定如数、如期缴入被审验单位开立的银行

① 参见蔡建生、冯祥武：《一起中介组织人员出具证明文件重大失实罪之案例解析》，载《全国商情（经济理论研究）》2008年第10期。

② 目前，已取消中介组织人员出具证明文件重大失实罪罪名。

正式账户或临时账户;(3)收款单位是否为被审验单位;(4)缴款单位是否为被审验单位的投资者;(5)投入货币的是否符合合同、协议、章程的规定;(6)银行回单是否加盖收讫章或转讫章,必要时可向银行函证。

本案会计师事务所及注册会计师张某在为B公司增资2000万元进行验资时,充分注意到增资数额较大,作出了向银行询证的专业判断,已经尽了充分注意义务。由于当时的《验资公告》和《验资指南》没有明确向银行询证的方式、方法、程序等,在客观上造成了当时会计师事务所向银行询证方式的多样化,注册会计师将询证函交由B公司向银行询证,再由B公司提交给会计师事务所,是当时业内普遍的做法。尽管询证方式存在一定程度的混乱,这也是当时《验资指南》询证方式的规定欠缺所造成的局面。会计师事务所使用的银行询证函是中注协统一印发使用的格式文本,会计师事务所按本行业专用文本和习惯做法进行询证应当视为适当履行了注意的义务。

(三)不符合对“严重后果”的认定

本罪的主观方面为过失,构成犯罪要求造成严重后果,如果没有造成严重后果,则不能认定构成本罪,实践中对于“严重后果”的界定需要结合给国家、公众或第三人造成的损失等其他因素来具体考量。根据《立案追诉标准(二)》第73条的规定,给国家、公众或者其他投资者造成直接经济损失数额在100万元以上的属于严重后果,即包括直接经济损失和理性人在当时的情况下可以预计的间接损失数额。如果提供虚假文件的行为和造成的严重后果之间不存在法定的因果关系,或者造成的后果并不符合“严重后果”的标准,就不符合此罪的构成要件,不能构成此罪。所谓“情节严重”,主要是指多次提供虚假证明的;违法所得数额巨大的;造成国有资产严重流失的;给公司、公司股东、债权人及其利益人造成严重经济损失的;提供虚假证明给公司用于进行非法发行股票,低价折股、低价出售国有资产,虚假出资等违法犯罪活动的;造成恶劣影响的等。

案例十一：

盛某提供虚假证明文件案[①]

法院认为，提供虚假证明文件罪系故意犯罪，要求当事人故意出具虚假证明文件。在本起事实中，盛某供述其安排许某丈量，具体情况其没有去看，只是在评估单上签字。证人许某证明其将测量后的数据交于盛某，盛某做评估单，评估单上的数据和测量有出入，数据比量的时候多。阎某证明许某到测量地后只是转一圈画个图就走了，画图上的数与实际丈量的数字只多不少。现有证据无法证明虚增水泥路和下水涵管是许某测量造成，还是盛某故意虚增，认定本起事实盛某构成提供虚假证明文件罪证据不足。盛某严重不负责任，出具的证明文件重大失实，符合出具证明文件重大失实罪的犯罪特征，但因数额未达到入罪标准，故盛某不构成出具证明文件重大失实罪。综上所述，对盛某提出没有证据证明评估单是其故意提供的上诉理由及其辩护人所提认定该起事实系提供虚假证明文件证据不足的辩护意见予以采纳。

此案中，行为人出具的证明文件严重失实，将丈量的事情全部托付他人，未进行过实地测量就在评估单上签字，实施的行为已经符合出具证明文件重大失实罪的犯罪构成特征，但是因为数额并未达到入罪的标准，因而并不能认定行为人构成出具证明文件重大失实罪。

第四节　贪　污　罪

一、理论基础

贪污罪是指国家工作人员利用职务上的便利，侵吞、窃取、骗取或者以其

① 参见安徽省亳州市中级人民法院刑事判决书，(2020)皖16刑终45号。

他手段非法占有公共财物的行为。本部分从理论层面对于贪污罪的犯罪构成进行解构分析，为下面司法实践中具体案件的辩论奠定理论基础。

本罪的主体是特殊主体，即具备国家工作人员的身份才有可能成为本罪的主体。认定行为人是否具备国家工作人员的身份可以从行为人是否属于法律限定的四类人员进行判断，还可以结合行为人从事的具体行为进行判断，即是否从事公务，如果只是形式上具备国家工作人员的身份，但并未实际从事相应的公务，则不属于本罪的特殊主体范畴。

根据《刑法》第 93 条的规定，国家工作人员包括：(1)在国家机关中从事公务的人员，即在各级国家权力机关、监察机关、司法(审判、检察)机关、行政机关、军事机关中从事公务的人员；(2)在国有公司、企业、事业单位、人民团体中从事公务的人员；(3)国家机关、国有公司、企业、事业单位委派到非国有公司、企业、事业单位、社会团体中从事公务的人员；(4)其他依照法律从事公务的人员，包括在各政党中从事公务的人员，基层群众自治组织(居民委员会、村民委员会)中经手、管理财物的人员。基层群众自治组织从事的社区服务是为群众服务而并非为国家服务，只有从事救灾、抢险、扶贫等国家相关事业时才能成为贪污罪的主体。法律和司法解释采用法律拟制的方式对于国家工作人员的范围进行了扩大解释，除公众理解的一般意义上的公务员之外，还包括被委派的人员以及阶段性从事公务的基层群众自治组织的成员。

本罪的客体为复杂客体，保护的法益包括国家工作人员职务行为的廉洁性和公共财物的所有权。① 国家工作人员为了自身利益，以侵吞、窃取、骗取等手段侵占公共财物的行为显然侵犯了财物的所有权，另外因为国家工作人员身份的特殊性，其不良行为造成的社会影响和公众评价严重侵犯了国家工作人员职务的廉洁性。

本罪的客观方面为利用职务上的便利，侵吞、窃取、骗取或者以其他手段非法占有公共财物。比较具有争议的问题是对于利用职务上便利的认定、行

---

① 参见周光权：《刑法各论》(第 4 版)，中国人民大学出版社 2021 年版，第 534—535 页。

为手段的具体阐释以及行为对象的范围认定。

1. 利用职务上便利的认定

《检察院受理案件立案标准》(1999年9月16日)指出,贪污罪中的“利用职务上的便利”是指利用职务上主管、管理、经手公共财物的权力和方便条件。主管是指行为本人虽然不具体管理、经手公共财物,但是对公共财物有调拨、统筹、使用的决定权、决策权。管理,是指具有监守、保管、使用公共财物的职权。经手,是指具有领取、支出等经办公共财物的方便条件。利用工作关系、人际关系等形成的方便条件不属于利用职务上的便利,[①]如因为工作关系而熟悉作案环境,认识工作人员方便进入犯案场所而实施相应犯罪的,不属于真正利用职务上的便利,未对国家工作人员的职务廉洁性造成侵害。

2. 行为手段

本罪的行为手段主要包含侵吞、窃取、骗取或者以其他手段。侵吞是指行为人将自己管理或经手的公共财物非法转归自己或者他人所有的行为;窃取是指将自己管理、使用的公共财物以秘密窃取手段转归自己所有的行为;骗取是指采取虚构事实、隐瞒真相的方法占有公共财物的行为;其他手段是指除上述三个手段外,侵吞、窃取和骗取相当的手段。利用公款收获利息,将公款支付给别人又以收取回扣的方式索回等方式皆属于非法手段。[②]

3. 行为对象

本罪的行为对象为公共财物,根据《刑法》第91条的规定,公共财产是指下列财产:(1)国有财产;(2)劳动群众集体所有的财产;(3)用于扶贫和其他公益事业的社会捐助或者专项基金的财产;(4)在国家机关、国有公司、企业、集体企业和人民团体管理、使用或者运输中的私人财产,以公共财产论。

对于没有经济价值的财产能否成为本罪的行为对象存在争议,有学者认为没有交易上的经济价值的财物可以成为本罪的主体,例如,国有金融机构工

---

① 参见周光权:《刑法各论》(第4版),中国人民大学出版社2021年版,第535页。
② 参见周光权:《刑法各论》(第4版),中国人民大学出版社2021年版,第536页。

作人员误将收缴来的假币当作真币而利用职务上的便利从而占为己有的，仍然可以成立贪污罪未遂。[①] 笔者认为没有经济价值的财物可以成为贪污罪的行为对象，但需在行为人没有认识到其所非法侵吞的财物不具备经济价值的情况下，如行为人已经认识到其所占有的财物不具备经济价值，则不应当认为其具备贪污财物的主观故意，因而不能成立贪污罪。

本罪的主观方面为故意且具有非法占有公共财物的目的。行为人应当认识到其占有财物的公共性且具有取得非法财物的故意，占有财物的故意是指将财物所有权完全转归自己所有，如果只是暂时借用、挪用公共财物，不具有非法占有的目的，符合挪用公款罪要件的，可以成立挪用公款罪。

二、辩护要点

（一）不符合贪污罪的主体要件

根据相关法律的规定，贪污罪的主体应当具备国家工作人员的身份。实践中，有很多案例因为犯罪主体本身不满足国家工作人员的主体要件而最终被判无罪。例如，在董某贪污案[②]中，法院认为上诉人董某得到的110,800元款项，是其身为普通村民参与购买样板房之后，退房得到的合理补偿，是合法所得，其当时并未担任该村村民委员会主任一职，不属于《刑法》第93条第2款规定的“其他依照法律从事公务的人员”，不是贪污罪的主体。在吕某某贪污案[③]中，法院认为被告人吕某某系贵州师范学校教师，其与贵州广告公司系聘用关系，并不具备受委托管理、经营国有财产的资格，不符合贪污罪犯罪主体的资格。

---

① 参见周光权：《刑法各论》（第4版），中国人民大学出版社2021年版，第535页。

② 参见河北省秦皇岛市中级人民法院刑事判决书，(2014)秦刑终字第143号。

③ 参见贵州省贵阳市云岩区人民法院刑事判决书，(2015)云刑再初字第2号。

案例十二：

董某贪污案[①]

法院认为上诉人董某得到的110,800元款项，是其身为普通村民参与购买样板房之后，退房得到的合理补偿，是合法所得，其当时并未担任该村村民委员会主任一职，不属于《刑法》第93条第2款规定的“其他依照法律从事公务的人员”，不是贪污罪的主体。虽然其父亲董某1在上诉人董某担任该村村民委员会主任期间，购买剩余2套样板房中的一套，但与其他购房村民按同样的标准支付了购房款，故公诉机认定董某利用职务便利，在未退还拆迁安置费的情况下，以其父董某1的名义购买一套样板房，构成贪污罪的指控不成立。上诉人董某及其辩护人提出的上诉理由及辩护意见与查明事实相符，予以采纳。

案例十三：

李某、陈某贪污案[②]

法院认为贪污罪是指国家工作人员利用职务上的便利，侵吞、窃取、骗取或者以其他手段非法占有公共财物，即被告人的身份应为“国家工作人员”。刑法所称国家工作人员是指在国家机关中从事公务的人员。在国有公司、企业、事业单位、人民团体中从事公务的人员和国家机关、国有企业、企业、事业单位委派到非国有公司、企业、事业单位、社会团体从事公务的人员，以及其他依照法律从事公务的人员，以国家工作人员论。六被告人系东某村两委会成员，不是国家工作人员，公诉机关指控六被告人实施的用借款预发奖金，其超出正定镇党委政府审批额度的部分未予退还的行为，不符合全国人民代表大会常务委员会关于《刑法》第93条第2款的解释规定的七种情形，六被告人

① 参见河北省秦皇岛市中级人民法院刑事判决书，(2014)秦刑终字第143号。
② 参见河北省石家庄市藁城区人民法院刑事判决书，(2018)冀0109刑初21号。

不属于上述规定的“国家工作人员”的范围，不符合贪污罪的主体要件，应宣告六被告人无罪。对于被告人李某、陈某、黄某、胡某、赵某、张某的无罪的辩解意见以及被告人李某的辩护人辩称的李某不构成贪污罪，不符合贪污罪的主体要件的辩护意见，经查证均属实，予以采纳。

上述案例中，对行为主体不构成贪污罪的论证皆是以行为主体的身份不符合为切入点，具体辩论观点有：证实行为人为国家工作人员的证据不足，虽然行使管理职权但不具备国家工作人员身份以及收获财物的期间并不具备国家工作人员身份。

（二）不具备非法占有的目的

贪污罪的主观方面为故意，且要求具备非法占有的目的，如不具备非法占有的意图，则可能构成挪用公款罪，而非贪污罪。实践中，该问题主要考察的是基于什么样的思想作出的行为。例如，郭某某贪污案①中提道：“本案的焦点问题是被告人郭某某是否利用其职务便利，非法占有公共财物。被告人郭某某的行为是在什么思想意识支配下所为？镇领导是否安排被告人郭某某等人用增加征地面积取得的资金解决征地中的难题，同时用于支付被告人郭某某的劳动报酬。对这个问题，有关证人在纪检委和检察院及庭审中的证言不尽一致，但综合证人证言，均能够基本证实是镇政府领导决定以增加征地面积取得资金的方式解决征地中存在的问题及被告人郭某某的劳动报酬问题。”本案就是一个十分典型的通过各项证据对被告人的主观思想进行探究的例子。又如，刘某某贪污案二审刑事判决书中谈道：“其主观上用此款给职工旅游的动机和目的明显，没有贪污的主观故意，缺乏贪污罪的构成要件。”

① 参见陕西省渭南市富平县人民法院刑事判决书，(2015)富平刑初字第00074号。

案例十四：

刘某某贪污案[1]

法院认为上诉人刘某某违反财务制度，采用假发票从单位财务套取资金的方法，将513,000元转至其个人账户，并提取现金500,000元后，对本公司部分职工说明维修锅炉节余了部分资金，打算用于组织本公司职工旅游的事实清楚，证据确实、充分，足以认定。其主观上用此款给职工旅游的动机和目的明显，没有贪污的主观故意，缺乏贪污罪的构成要件，故原审认定上诉人刘某某主观上明显具有贪污故意的事实不清，证据不足，定案理由不能成立。上诉人及辩护人提出其不构成贪污犯罪的理由与事实相符，予以采纳。检察机关认为上诉人刘某某构成贪污罪的检察意见不能成立，不予采纳。541,000元中28,000元没有证据证明系上诉人刘某某非法所得，应返还其本人。

上述所列该类案件中，探究被告人的动机也是具有意义的，通过对于动机的分析可以帮助法官认定被告人是否具有贪污的犯罪故意。如案例十四刘某某贪污案二审刑事判决书中谈道："其主观上用此款给职工旅游的动机和目的明显，没有贪污的主观故意，缺乏贪污罪的构成要件。"主观具有故意为贪污罪的构成要件，不具备主观故意的辩论证明可以参照实践中的认定标准。

（三）不满足定罪数额要件

《贪污贿赂案件解释》第1条规定："贪污或者受贿数额在三万元以上不满二十万元的，应当认定为刑法第三百八十三条第一款规定的'数额较大'，依法判处三年以下有期徒刑或者拘役，并处罚金。贪污数额在一万元以上不满三万元，具有下列情形之一的，应当认定为刑法第三百八十三条第一款规定的'其他较重情节'，依法判处三年以下有期徒刑或者拘役，并处罚金：（一）贪污救灾、抢险、防汛、优抚、扶贫、移民、救济、防疫、社会捐助等特定款物的；

---

① 参见青海省果洛藏族自治州中级人民法院刑事判决书，（2015）果刑终字第4号。

（二）曾因贪污、受贿、挪用公款受过党纪、行政处分的；（三）曾因故意犯罪受过刑事追究的；（四）赃款赃物用于非法活动的；（五）拒不交待赃款赃物去向或者拒不配合追缴工作，致使无法追缴的；（六）造成恶劣影响或者其他严重后果的。受贿数额在一万元以上不满三万元，具有前款第二项至第六项规定的情形之一，或者具有下列情形之一的，应当认定为刑法第三百八十三条第一款规定的'其他较重情节'，依法判处三年以下有期徒刑或者拘役，并处罚金：（一）多次索贿的；（二）为他人谋取不正当利益，致使公共财产、国家和人民利益遭受损失的；（三）为他人谋取职务提拔、调整的。"

因此，在贪污罪的辩护过程中，通过对贪污钱款的金额加以分析同样可能获得突破。贪污罪的起刑点为 3 万元，如果贪污款的数额不足 3 万元，未达到定罪的起点数额，且不构成贪污罪，符合《刑法》第 13 条的规定，显著轻微危害不大，不认定为犯罪。

案例十五：

关某甲贪污案①

法院认为，公诉机关指控被告人关某甲利用职务上的便利，侵吞公款人民币 14,500 元，根据现有法律规定，被告人的侵吞公款数额未达到贪污犯罪的定罪起点数额，且无其他法律追究刑事责任的情节，指控被告人关某甲贪污的罪名不能成立。

在贪污罪的辩护过程中，通过对贪污钱款的金额加以分析同样可能获得突破，这也是实践中法官比较认同的认定被告人无罪的辩护理由。

（四）不能认定为利用职务上的便利

一般认为，贪污罪的前提是利用职务上的便利，具体包括四种情形：

① 参见黑龙江省呼玛县人民法院刑事判决书，（2015）呼刑初字第 49 号。

(1)利用主管公共财物的便利;(2)利用管理公共财物的便利;(3)经营公共财物的便利;(4)利用经手公共财物的便利。[①] 在司法实践中,杨某某贪污案刑事判决书对利用职务便利的解读是:“所谓利用职务上的便利是指行为人利用其职责范围内主管、经手、管理公共财产的职权所形成的便利条件,假借执行职务的形式非法占有公共财物。”此解读与理论上的观点较为一致。

案例十六:

杨某某贪污案[②]

法院认为贪污罪是指国家工作人员利用职务上的便利,侵吞、窃取、骗取或者以其他手段非法占有公共财物的行为。所谓利用职务上的便利是指行为人利用其职责范围内主管、经手、管理公共财产的职权所形成的便利条件,假借执行职务的形式非法占有公共财物。被告人杨某某作为三角城村村委主任,其职责范围是三角城村的村务工作,三角城村易地扶贫搬迁项目是由海晏县扶贫开发局申报项目、海晏县建设局具体实施,被告人杨某某对该项目的立项及实施没有管理、经手分配该项目房的权力。故不能认定被告人杨某某利用职务上的便利以其子名义多分一套项目房,被告人杨某某之子杨某1在镇政府下文后才实际与杨某某分户,分配到一套项目房,这个中间杨某某并没有利用其职务的便利,因为根据镇政府的文件,为分房而分户的村民共有30户,并非杨某某一人,公诉机关指控其利用职务上的便利的证据明显不足,故对公诉机关的指控不予支持。

从上述案例可以看出,具体实践中法官认定是否利用了职务上的便利会结合行为人是否利用了职务上的便利以及对相应的事物是否达到了管理、支配的程度,如果仅是通过协商等与职务无关的方式获得利益很明显不符合“利用职务上的便利”,而如果对事物的管理未达到支配程度,则需要结合案

① 参见陈兴良:《口授刑法学》(第2版),中国人民大学出版社2017年版,第405—406页。

② 参见青海省晏县人民法院刑事判决书,(2016)青2223刑初13号。

情具体认定。总体而言,对于被告人是否利用职务上的便利可以从被告人是否具有相应权力等因素判断。

(五)该行为系单位犯罪,被告人并非主要负责人

此项辩点是针对行为已经构成贪污罪的前提下,对于不属于主要负责任的行为人的定罪处罚的具体情况。牛某 2 贪污罪审判监督刑事判决书给出了一个较好的解答。

案例十七:

牛某 2 等贪污案[①]

法院认为燕山车间违反国家规定,以单位名义将国有资产集体私分给个人,数额较大,该单位的行为侵犯了国有财产的所有权和国家的廉政建设制度。原审认定被告人牛某 2 犯贪污罪适用法律错误,北京铁路运输检察院再审期间指控原审被告人牛某 2 共同贪污人民币 19 万元的理由不成立。经查,原审被告人牛某 2 的供述和同案人陈某某、唐某某的陈述,及证人牛某 1 等人证言均证实,燕山车间这次私分行为是单位集体决定的,私分截留工程款的范围涉及车间班子成员和中层干部及部分职工,因此,上述行为并非燕山车间少数几个人暗中私分国有资产,该行为是以单位的名义,将国有资产集体私分给个人,是单位犯罪,依法应当追究作为车间直接负责的主管人员和其他责任人员的刑事责任。同案人陈某某、唐某某的供述,证人牛某 1 等人的证言及书证岗位职责、干部履责说明书,证明牛某 2 案发时系燕山车间副主任,牛某 2 对燕山车间的账外工程款无支配权和决定权,其是在车间领导的授意下开立账户、支取钱款,在单位私分国有资产过程中,虽然参与了分钱,但其分得的钱款与车间直接负责的主管人员陈某某、唐某某有明显区别,故其不是车间直接负责的主管人员,也不属于其他责任人员。因此,不应追究牛某 2 的刑事责任。

---

① 参见北京铁路运输法院刑事判决书,(2013)京铁刑再初字第 120 号。

（六）主观恶意性不大，情节显著轻微，不认为是犯罪

根据《刑法》的规定，“情节显著轻微危害不大的，不认为是犯罪”以及“犯罪情节轻微不需要判处刑罚的，可以免予刑事处罚”。但是法律并未规定清晰的判断标准，在司法实践中需要事实认定者即法官结合具体的案件情况对是否符合情节轻微作出判断，法官在对该问题进行认定时，一般会根据贪污行为的情节，行为人的主观恶性，是否有自首、坦白等情节进行判断。

例如，在下文案例十八中，法官作出情节显著轻微的理由是：“根据公司章程规定，申诉人李某甲、陈某某、原审被告人肖某某与吴某某、聂某某等人通过公司管理层研究，给每人发放2万多元奖金，虽然在处理财物上采取做假账套取资金不当，但主观恶意性不大，情节显著轻微，可不认为是犯罪。”

案例十八：

李某甲、邓某、陈某某、肖某某、吴某某、聂某某贪污案[1]

法院再审认为，涟钢大同工贸总公司1992年由涟钢家委会申请注册成立，工商登记为集体所有制企业。虽然涟钢家委会设立公司时登记的公司注册资金系虚假出资，公司实际经营所需资金系公司从业人员李某甲等人以“借款”“集资款”名义从职工及社会关系人中筹集，但公司经营盈利后对以“借款”“集资款”名义筹集的资金均已还本付息。实际上，主办单位和主要经营者对公司均未投入。根据《国家工商行政管理局关于核定企业经济性质有关问题的答复》（工商企字〔1996〕第262号，已废止）的规定：“经审查原登记为全民或集体所有制的企业，主办单位实际未出资，企业的法定代表人和主要经营者也未投入，而主要靠贷款、借款和政策扶持等开展经营的，原核定的企业经济性质不变。这类企业歇业或被吊销执照，其资产和债权债务应按有关全民所有制企业或集体所有制企业的法律、法规和政策处理。”因此，涟钢大

---

① 参见娄底市中级人民法院刑事判决书，（2013）娄中刑再终字第1号。

同工贸总公司应认定为集体所有制企业，申诉人李某甲、陈某某提出涟钢大同工贸总公司所有制是私营经济性质的意见，理由不成立，不予采纳。本案申诉人的涉案行为发生于1993年、1994年，当时，国家鼓励兴办企业，但尚处于"摸着石头过河"的探索期，对企业性质界定及企业经营规制的法律法规并不十分完善，且涟钢大同工贸总公司的公司章程中规定"从业人员的工资标准和奖励方式，根据企业效益的好坏和本人贡献的大小区别对待，上不封顶、下不保底，体现多劳多得的社会主义分配原则"。因此，在涟钢大同工贸总公司经营盈利情况下，公司从业人员适当获取奖励是可以的。根据公司章程规定，申诉人李某甲、陈某某、原审被告人肖某某与吴某某、聂某某等人通过公司管理层研究，给每人发放2万多元奖金，虽然在处理财物上采取做假账套取资金不当，但主观恶意性不大，情节显著轻微，可不认为是犯罪，可以宣告申诉人李某甲、陈某某、原审被告人肖某某无罪。

（七）不符合贪污罪的对象要素

贪污罪的对象主要是公共财物或是国有财物。公共财物主要包括：国有财产，劳动群众集体所有财产，用于扶贫和其他公益事业的社会捐助或者专项基金的财产，国家机关、国有公司、企业、集体企业和人民团体管理、使用或者运输中的私人财产。国有财产是指国家所有的财产，包括国家机关、国有公司、企业、事业单位、人民团体拥有的财产，以及国家机关、国有公司、企业、事业单位在合资企业、股份制企业中的财产。[①]

案例十九：

卢某贪污案[②]

贪污罪的犯罪对象是公共财产。《刑法》第91条明确规定，公共财产是

① 参见陈兴良：《口授刑法学》（第2版），中国人民大学出版社2017年版，第412—413页。

② 参见广西壮族自治区田东县人民法院刑事判决书，（2015）东刑初字第146号。

指下列财产:(1)国有财产;(2)劳动群众集体所有的财产;(3)用于扶贫和其他公益事业的社会捐助或者专项基金的财产;(4)在国家机关、国有公司、企业、集体企业和人民团体管理、使用或者运输中的私人财产,以公共财产论。本案的公告费,是由收养人按实际缴纳,理应直接交给报社,被告人卢某为了方便群众办理登记才私自收下转交给报社。本案的收养人让被告人卢某代为缴纳公告费而给予其财物,是基于委托关系而交给卢某个人保管的财物,本质上属于收养人的私人财产。在案的证人田东县民政局的出纳施某、会计周某2均证实,公告费是按实际缴纳,不用上缴财政,所以局里对这部分收费没有做入账处理,涉案的公告费并没有进入到田东县民政局的公家账号,不属于《刑法》规定的"在国家机关、国有公司、企业、集体企业和人民团体管理、使用或者运输中的私人财产",不应以公共财产论处。

上述案例对贪污罪的对象进行了比较详尽的分析。"贪污罪的犯罪对象是公共财产。《刑法》第91条明确规定了公共财产的范围。本案的公告费,是由收养人按实际缴纳,理应直接交给报社,被告人卢某为了方便群众办理登记才私自收下转交给报社。本案的收养人让被告人卢某代为缴纳公告费而给予其财物,是基于委托关系而交给卢某个人保管的财物,本质上属于收养人的私人财产。"

(八)事实不清、证据不足,不能构成此罪

就辩论技巧而言,此项论点的意义在于通过"事实不清、证据不足"的概括性话语增加论证的逻辑完整性和严密性,形成"总分"或"分总"的话语体系。另外,在一些显而易见或是非关键问题且难以言语的问题上,通过"事实不清、证据不足"的说法,也可以起到兜底或过渡的作用。但必须要注意的是,无论是律师或是法官,如果仅通过"事实不清、证据不足"便试图达致论证显然是不严谨的,特别是在要件事实的证明中更是如此,随着加强判决书说理性工作的不断深入,类似模糊的说法可能更加难以单独成为理由。

案例二十：

孙一某、孙二某贪污案[①]

法院认为，被告人孙一某身为村民小组长，在天津宝坻区经济开发区管委会征用宝坻区牛道口镇×××村土地过程中，协助镇政府地上物清点小组进行地上物清点工作，负责联系本小队村民，帮助辨认本小队村民被征收土地的地界。但是，根据现有证据查明的事实是在清点其兄被告人孙二某家被征收土地地上物时，由于事先孙二某委托孙一某代为参与地上物的清点，清点时孙二某及家人亦未到场，清点小组工作人员便根据孙一某辨认的地界对孙二某家的地上物进行了清点，孙一某在清点后通过电话征求了孙二某的意见，孙二某表示无异议后，孙一某代表孙二某在地上附着物调查确认表上签上孙二某妻子的名字，清点小组亦许可了孙一某的此次代理行为，并按照此清点结果予以登记确认。可见，孙二某家被征收土地地上物的清点和确认均是由清点小组完成的。对结果亦应由清点小组负主要责任。公诉机关指控二被告人构成贪污罪而向本院提交的指控证据不能证明被告人孙一某指认了孙二某家的地界，亦不能证明清点小组多清点了孙二某家被征收土地上的杨树是由于多指认地界造成的。虽然公诉机关提供的证据表明，孙一某在侦查阶段曾供称其在地上物清点前与孙二某有过通谋，孙二某要求其为孙二某家多清点地上物，但孙二某的供述一直予以否认，孙一某在开庭审理中亦推翻了这一供述，使孙一某的这一供述缺乏佐证，不能认定。因此，天津市宝坻区人民检察院指控被告人孙一某在协助人民政府征收土地的过程中，利用职务上的便利，伙同其兄被告人孙二某共同骗取国家补偿款的行为构成贪污罪，证据不足，指控的犯罪不能成立。

在使用因“事实不清、证据不足”的辩点时，最好配合其他论证或是与其他辩点配合使用。在司法实践中，如上述案例证明行为人符合贪污罪构成要

① 参见天津市宝坻区人民法院刑事判决书，(2014)宝刑初字第196号。

件的证据并不能达到排除合理怀疑的程度，证据之间不能相互印证等也是证实行为人不符合贪污罪的重要依据。

（九）取证程序不符合法律规定

该辩点主要考察是否具有非法取证的情况。我国2018年《刑事诉讼法》对非法证据排除做了详细的规定：（1）排除范围，包括言词证据和实物证据（第56条）。（2）排除程序（第57条、第58条第2款）。（3）证明责任，包括申请排除者的初步证明责任（第58条）和检察院的证据合法性证明责任（第59条）。（4）证明标准（第60条），经法庭审理，确认或不能排除存在《刑事诉讼法》第54条规定的以非法方法收集证据情形的，对有关证据应当予以排除，这意味着，对非法取证的事实认定有两个证明标准：一是优势证据标准，即对法官审查判断来说，只要"不能排除"非法取证的可能性，或者非法取证的可能性大于不可能性，有关证据就应当予以排除；二是确信无疑标准，即对检察院来说，对证据收集合法性的证明要达到排除合理怀疑的程度，否则，有关证据将会被法官排除。（5）排除方法（第56条）：对非法取得的言词证据予以绝对排除；对非法取得的物证、书证采用相对排除办法，即达到严重影响司法公正的程度，且不能补正或作出合理解释的，才予以排除。①

案例二十一：

肖某贪污案②

二审审理查明，原审判决认定被告人肖某于1983年4月借单位付运费之机套出现金后将其中600元据为己有。据证人张某某证实，此款是经公司严格核算后开出支票，由于找不到落户单位户头，求肖某帮忙套现。据此，肖某没有参与运费核算及开具支票，不具备多转运费非法占有的主观故意。客观

① 参见张保生主编：《证据法学》（第3版），中国政法大学出版社2018年版，第334页。
② 参见黑龙江省哈尔滨市中级人民法院刑事判决书，（2014）哈刑再终字第7号。

上,3652.35 元运费款套现后,该款性质已发生变化,由公款转变成个人债款,600 余元被落户单位扣留为手续费,2000 元给付赵某某,另 1000 元为黄某某砂款,存放在郝某某处并被其所用,郝某某及妻子姜某某均当庭证实,应予采信。原审判决认定被告人肖某将单位 24,000 块红砖(价值 1320 元)送给刘某某,属贪污行为。原审庭审已经证实,当时刘某某想让肖某帮助买便宜砖,肖某将新建公司 40,000 块红砖票子交给刘某某,说让其先拉着,以后再算。同时证明,肖某与刘某某之间没有债务关系;也没有证据证明,双方协商以转顶借款(肖某曾向刘某某的亲属借款人民币 2000 元)的事实。虽然双方后来未就该 24,000 块砖进行结算,但就此认定肖某具有贪污故意,证据不足。原审判决认定被告人肖某贪污 600 元建筑材料款一事,证人郝某某在原一审、申诉复查、再审中均否认在肖某处购买过 600 元红砖、沙子、水泥等材料。综上所述,原审认定被告人肖某犯贪污罪,取证程序不符合法律规定,且与证人证实的事实相悖,本案现有证据不能证实肖某犯贪污罪。

(十)构成私分国有资产罪而非贪污罪

私分国有资产罪是经集体研究决定将国有资产私分给本单位的有关人员,私分国有资产罪虽然具有贪污罪的特征,但贪污罪是秘密进行的,而私分国有资产罪是经过集体研究决定的。对二罪之间的区别一般包括三点:(1)是否以单位名义私分给个人;(2)是否具有公开性;(3)是否具有广泛性。之所以单独提出此辩点,主要在于私分国有资产罪与贪污罪的起刑点和量刑均有不同,通过将贪污罪转化为私分国有资产罪,可能实现无罪辩护。

案例二十二:

刘某某私分国有资产案[①]

惠山农药厂系国有企业,其经过厂领导讨论决定,违反有关规定,在上级

① 参见中华人民共和国最高人民法院刑事审判第一庭、第二庭:《刑事审判参考》总第 19 辑,法律出版社 2001 年版,第 122 号案例。

核定的奖金数额之外，又以单位名义，从小金库中支出资金，账外发放承租集团奖金，将国有资产集体私分给个人，其发放范围是承租集团的所有成员，系一定规模、一定范围内的所有人，刘某某及其他厂领导仅分得一小部分，上述特征符合私分国有资产罪的特征，构成私分国有资产罪。原审判决对该项事实以贪污罪定性不当，应予纠正。

第五节 受贿罪

一、理论基础

受贿罪是指国家工作人员利用职务上的便利，索取他人财物，或者非法收受他人财物，为他人谋取利益的行为。[①] 本部分综合法律法规的规定以及学界的相关理论争议具体分析受贿罪的构成要件，为下面针对具体案例中的辩护要点奠定理论基础。

本罪为身份犯，犯罪主体应当具备国家工作人员的身份。但是不具备国家工作人员的身份，帮助具备身份的国家工作人员实施受贿行为的，以受贿罪的共犯处理。关于国家工作人员的具体范围可以参照上述贪污罪的分析。

关于受贿罪的保护法益，主要有三种学说：一是国家工作人员职务的不可收买性学说，认为国家工作人员接受了对价利益而放弃公务行为的职责，使公务行为的公正性受到怀疑。[②] 二是职务行为的不公正性，即收受贿赂以后必须不正当行使职权的行为才成立受贿罪，仅收受贿赂而不作为的行为不构成本罪。三是信赖保护说，认为受贿罪侵害了职务行为的公正性和社会对此种公正的信赖感。[③] 如斡旋受贿行为，斡旋受贿的行为人并不具备现实的职权，

---

① 参见曲新久主编：《刑法学》（第5版），中国政法大学出版社2016年版，第595—600页。

② 参见［日］平野龙一：《刑法概说》，东京大学出版会1997年版，第294页。转引自张明楷：《刑法学》（第3版），法律出版社2007年版，第871页。

③ 参见［日］山中敬一：《刑法各论》（第3版），东京成文堂2015年版，第834页。

职务行为的不可收买性没有受到侵害,但是收受贿赂的行为仍然侵害了公众对于此类职务从业人员的信赖感。笔者认为以上三种学说皆有其合理之处,但是第二种学说认为收受不正当利益之后必须实施为他人谋取利益的行为并不符合本罪的惩罚目的,仅索取或者收受财物的行为已经侵犯了职务行为的廉洁性、公正性以及公众对此的信赖感,因而未实施为他人谋取利益的行为并非不构成受贿罪的理由之一。

本罪的行为对象不仅包括有形财物,还包括其他无形的物质性利益,如迁移户口、上学指标、提升职务、债务免除等。[①] 如果对法律规定做严格解释,本罪的行为对象将被限定为财物,但是这种解释并不能完全囊括一般人对于受贿罪行为对象范围的理解,对于受贿罪财物的范围可以通过扩大解释,将其他可以估量计算的无形的财产性利益也纳入本罪的行为对象。但是,无形的、非财产性利益并不是本罪的行为对象,如性贿赂并非受贿罪的行为对象,性贿赂一般发生在比较隐秘的情况下,比较难以查处,且难以用金钱来衡量性贿赂的价值额度,难以确定数额是否达到构成本罪的额度以及量刑的幅度。

本罪的客观方面是指行为人利用职务上的便利,索取他人财物,或者非法收受他人财物,为他人谋取利益的行为。主要包含两种类型的实行行为:一是利用职务上的便利,主动索取他人财物;二是虽然没有主动索取财物,但是行贿人看中了其职权所能带来的利益,主动向受贿人给付财物以谋取不正当的利益。这两种类型的行为,行为人皆利用了职务上的便利,但第二种类型的行为并不必然要求受贿人实际上实施了为他人谋取利益的行为,收受财物后假意答应或者默许也符合受贿罪的构成要件。

1. 利用职务上的便利

利用职务上的便利包含直接利用职务上的便利和间接利用职务上的便利两种表现形式,直接利用职务上的便利是指利用本人职权范围内的权力所形成的便利条件,包括本人主管、决定、负责的各项事务;间接利用职务上的便利

---

① 参见周光权:《刑法各论》(第4版),中国人民大学出版社2021年版,第554页。

即斡旋受贿。根据《刑法》第388条的规定，国家工作人员利用本人职权或者地位形成的便利条件，通过其他国家工作人员职务上的行为，为请托人谋取不正当利益，索取请托人财物或者收受请托人财物的，以受贿论处。斡旋受贿是指行为人没有利用本人职权范围内的权力，但是因为本人所处理的职务对其他国家工作人员的职务可以产生一定的制约作用，通过这种制约作用，主动索取财物或者接受行贿人财物，为请托人谋取利益的，属于斡旋受贿。[①]

2. 非法收受他人财物的认定

对于第二种行为类型，根据有关司法解释，属于收受财物的行为有下述几种：(1)国家工作人员通过赌博或者接受别人为其赌博提供资金的形式受贿的，依照受贿罪的规定追究刑事责任；[②](2)国家工作人员利用职务上的便利为请托人谋取利益，以明显低于市场的价格向请托人购买房屋、汽车等物品，以明显高于市场的价格向请托人出售房屋、汽车等物品收受请托人财物的，以其他交易形式非法收受请托人财物的，以受贿罪论处；(3)国家工作人员利用职务上的便利为请托人谋取利益，收受请托人提供的干股，以受贿罪论处；(4)国家工作人员利用职务上的便利为请托人谋取利益，由请托人出资，"合作"开办公司或者进行其他"合作"投资的，以受贿罪论处；(5)国家工作人员利用职务上的便利为请托人谋取利益，以委托请托人投资证券、期货或者其他委托理财的名义，未实际出资却获取"收益"，或者虽然实际出资，但获取"收益"明显高于出资应得的收益的，以受贿罪论处；(6)国家工作人员利用职务上的便利为请托人谋取利益，要求或者接受请托人以给特定关系人安排工作机会为名，使特定关系人不实际工作却获得所谓报酬的，以受贿罪论处；(7)国家工作人员利用职务上的便利为请托人谋取利益，收受请托人房屋、汽车等物品，虽然未变更权属登记或者借用他人名义办理权属变更登记的，不影

① 参见周光权：《刑法各论》(第4版)，中国人民大学出版社2021年版，第554页。

② 参见《最高人民法院、最高人民检察院关于办理赌博刑事案件具体应用法律若干问题的解释》。

响受贿的认定。[①]

本罪的主观方面为故意,要求行为人对于收受财物的事实有认识,如果自己的配偶或者亲属代为收取财物,而行为人对此并不知情,行为人不符合主观方面具备故意的认识,不成立受贿罪。根据《贪污贿赂案件解释》第 16 条第 2 款的规定,特定关系人索取、收受他人财物,国家工作人员知道后未退还或者未上交的,应当认定国家工作人员具有受贿故意。所以,如果国家工作人员在特定关系人收取财物之前或者之时并不知情的,但在事后知情后并未退还或未上交的,应当认定其默许了特定关系人的行为,应当认定为具备受贿故意。另外,本罪的主观方面还要求行为人对自己索取财物或者收受财物,为他人谋取利益的不法性有认识。如果行为人并未意识到自己谋取的利益为非法的,侵犯了国家工作人员职务的廉洁性,而以为是合法的报酬,不应当认定为具有受贿故意。

二、辩护要点

(一)不具备“国家工作人员”的主体要件

最高人民检察院在《受贿、侵占、挪用资金犯罪通知》第 1 条中规定:所谓“国家工作人员”,是指:(1)国家机关工作人员,即在国家权力机关、各级行政机关、各级司法机关和军队工作的人员;(2)在国家各类事业机构中的工作人员;(3)国有企业中的管理工作人员;(4)公司、企业中由政府主管部门任命或委派的管理人员;(5)国有企业委派到参股、合营公司、企业中行使管理职责的人员;(6)其他依法从事公务的人员。最高人民法院在《受贿、侵占、挪用刑事案件解释》第 4 条第 2 款中规定:“《决定》第十二条所说的国家工作人员,是指在国有公司、企业或者其他公司、企业中行使管理职权,并具有国家工作人员身份的人员,包括受国有公司、国有企业委派或者聘请,作为国有公司、国有企业代表,在中外合资、合作、股份制公司、企业中,行使管理职权,并具有国

① 参见周光权:《刑法各论》(第 4 版),中国人民大学出版社 2021 年版,第 555—556 页。

家工作人员身份的人员。”所谓从事公务，主要是指从事管理职能。根据最高人民法院《全国法院审理经济犯罪案件工作座谈会议纪要》规定，“其他依照法律从事公务的人员”应当具有两个特征：一是在特定条件下行使国家管理职能；二是依照法律规定从事公务。该纪要同时规定从事公务，是指代表国家机关、国有公司、企业、事业单位、人民团体等履行组织、领导、监督、管理等职责。公务主要表现为与职权相联系的公共事务以及监督、管理国有财产的职务活动。

案例二十三：

左某等受贿、贪污、挪用公款案①

上诉人邓某某及原审被告人左某虽然是罗定市食品集团公司的副总经理，有管理职权，但两人均不具有国家工作人员身份，不符合上述关于国家工作人员条件的规定，不能认定为国家工作人员。故两人在1997年《刑法》实施之前即于1995年至1996年收受生猪回扣款的行为，因其主体不是国家工作人员，不符合受贿罪的主体要求，不能认定为受贿罪。

此案中对于“国家工作人员”的认定要注意刑法的溯及力，如在慕某受贿案中，慕某于2012年2月调任临湖水利管理中心站站长，不再担任高公镇农综站站长，已经不具备在涡阳县“小麦高产攻关示范活动”中利用职务便利在为他人谋取利益的条件，其在2012年至2013年因帮助巨星公司、金禾公司销售配方肥，收受巨星公司刘某、金禾公司贾某34，934.5元现金的行为，既不符合斡旋受贿的构成要件，也不符合利用影响力受贿的构成要件，不构成受贿罪。另外，在对行为人的身份认定中，也应结合实质上是否有组织、领导、监督、管理等职责来综合认定。

① 参见中华人民共和国最高人民法院刑事审判第一庭、第二庭：《刑事审判参考》总第27辑，法律出版社2002年版，第195号案例。

（二）不满足数额较大的起点

《贪污贿赂案件解释》第1条规定："贪污或者受贿数额在三万元以上不满二十万元的，应当认定为刑法第三百八十三条第一款规定的'数额较大'，依法判处三年以下有期徒刑或者拘役，并处罚金……受贿数额在一万元以上不满三万元，具有前款第二项至第六项规定的情形之一，或者具有下列情形之一的，应当认定为刑法第三百八十三条第一款规定的'其他较重情节'，依法判处三年以下有期徒刑或者拘役，并处罚金：（一）多次索贿的；（二）为他人谋取不正当利益，致使公共财产、国家和人民利益遭受损失的；（三）为他人谋取职务提拔、调整的。"

案例二十四：

宋某某受贿案[①]

法院认为被告人宋某某在任泰来监狱入监集训监区监区长期间，利用职务上的便利条件，谋取不正当利益，收受犯人好处费22,800元的事实清楚，证据确实、充分。但根据《贪污贿赂刑事案件解释》第1条第1款的规定，此数额没有达到受贿犯罪的立案标准。关于公诉机关起诉书的第1～7起及第9起，受贿数额50,000元的指控。除第9起5000元的指控外，公诉机关所提供的证据仅证实了钱款交到王某某手里的经过，在王某某将45,000元的钱款交到宋某某手里的关键环节，仅有王某某的证实，无其他证据予以佐证。关于第9起5000元的指控，也仅有于某1证实，无其他证据佐证。关于该50,000元的指控，被告人宋某某均予以否认。因此，公诉机关关于该50,000元的指控，其所提交的证据不能形成完整的证据链，其指控的事实不清，证据不足，本院不予认定。被告人宋某某的辩护人关于依法认定宋某某无罪的辩护意见，予以采纳。

---

① 参见黑龙江省泰来县人民法院刑事判决书，（2015）泰刑初字第193号。

从上述案例可以看出,如被告人的受贿金额并未达到数额较大的起点,则可以作为证明被告人无罪的有力辩护事由。被告人收受犯人好处费 22,800 元事实清楚,证据确实、充分;但此数额没有达到受贿犯罪的立案标准。最终被告人被认定为无罪。

(三)不能认定利用职务便利

此项要点和贪污罪中的第五项要点类似,受贿罪的成立要求被告人利用手中的权力为拥有金钱者谋取利益。《贪污贿赂案件解释》第 13 条规定,具有下列情形之一的,应当认定为"为他人谋取利益",构成犯罪的,应当依照《刑法》关于受贿犯罪的规定定罪处罚:(1)实际或者承诺为他人谋取利益的;(2)明知他人有具体请托事项的;(3)履职时未被请托,但事后基于该履职事由收受他人财物的。同时,国家工作人员索取、收受具有上下级关系的下属或者具有行政管理关系的被管理人员的财物价值 3 万元以上,可能影响职权行使的,视为承诺为他人谋取利益。该解释明确了"为他人谋取利益"的情形,对于该辩点的运用具有重要意义。

(四)属于合理的报酬、往来或民事行为

构成本罪要求收受他人财物,为他人谋取非法利益,所以有必要区分有关财物的性质。在刑法理论中,对于受贿罪的对象给予了扩大解释,即除了金钱、物品、财产凭证外,还包括财产性的利益。所谓财产性利益,是指他人所提供的能够得到经济利益的某种交易机会或其他一些利益。[①]

案例二十五:

蒲某受贿案[②]

法院认为关于公诉机关指控蒲某五次向宋某某索贿 80 万元的定性问题,

① 参见陈兴良:《口授刑法学》(第 2 版),中国人民大学出版社 2017 年版,第 465—466 页。

② 参见山西省忻州市中级人民法院刑事判决书,(2017)晋 0923 刑初 85 号。

结合蒲某供述与宋某某证言，双方在借款时及借款后未有行贿、受贿的意思表示，宋某某从未向蒲荣明确免除这 80 万元的债务或放弃债权的意思表示，双方之间从未形成明确的行贿、受贿合意，借款也无法转化为贿赂款。蒲某与宋某某之间没有任何职务上的便利可以利用，宋某某也未要求蒲某利用职务上的便利为其谋取利益。蒲某与宋某某就 80 万元的借款通过第三人即宋某某雇用的财务人员转账给蒲某指定的其弟蒲某 1，具有真实的借款意思表示和行为。虽然双方无书面形式的借款合同或借据，但法律并未禁止自然人之间以口头形式订立借款合同，故应认定蒲某与宋某某之间借款关系成立。蒲宋二人供、证均为借款，在此期间又几次催要，因故未还，蒲某在主、客观上均不具备利用职务之便非法收受他人财物的故意和行为，公诉机关指控被告人蒲某以借为名向宋某某索贿 80 万元证据不足，不予认定。

司法实践中对于财物的界定，如上述案例蒲某受贿案刑事判决书中将财物界定为借款。就辩护人而言，说明被指认款项的合法来源是十分有必要的，如借款合同、买卖合同等。如果当事人之间往来的款项等财物，属于上述的合理的报酬等民事范畴的，不是非法利益范畴的，不构成本罪。

（五）不符合收受财物等利益要件

成立受贿罪，要求具有国家工作人员身份，利用职务上的便利，索取他人财物，或者非法收受他人财物，为他人谋取利益的行为。在客观方面要求行为人实施了非法收受他人财物等利益的行为，如果行为人没有实施相关的行为或者现有的证据无法证实行为人实施了“索取他人财物”和“非法收受他人财物”，不能认定行为人成立受贿罪。其中，前者主要是索贿行为，既包括明示索取，也包括默示索取。如果把受贿行为理解为一种“权钱交易”，那么其中必然包括一种双向互动。一方面，拥有金钱者通过向拥有权力者提供金钱，以满足自身的利益；另一方面，拥有权力者利用手中的权力为拥有金钱者谋取利益,并获得金钱。[1]

案例二十六:

邸某权受贿案[2]

在行贿人刘某1的供认中对行贿上诉人邸某权有两种不同的陈述,第一种陈述是:2012年六七月的一天下午,刘某1、刘某2在酒店的茶座与邸某权见面,由刘某2给邸某权2万元见面礼,并约定每销售一台玉米收获机给2000元好处费;2013年1月、2013年七八月,韩某1两次开车拉着刘某1在忻州高速路口与邸某权见面,刘某1两次上了邸某权的车后分别给了邸某权15万元、20万元;2014年1月快过年,司机王某某开车拉着刘某1在忻州高速路口与邸某权见面,刘某1上了邸某权的车后给了邸某权20万元。第二种陈述首先源于一份回忆性的交代材料;其次源于复核性的讯问笔录,该陈述是:2012年6月给了邸某权2万元,并约定每销售一台玉米收获机给2000元好处费;2013年7月、2014年春节在忻州高速路口邸某权车上分别给了邸某权12万元、15万元。刘某1在讯问笔录中称述:之所以承诺每销售一台玉米收获机给邸某权2000元好处费,是因为邸某权分管农机补贴工作;忻州的种植、收获环境特殊,如果能够在忻州推广使用,那么在全国、全省都可以推广使用,所以我们选择忻州作为主要推广区来提高产品的适应性能和技术水平。根据刘某1对邸某权权力的认知、忻州销售市场的认知及每台2000元好处费的承诺,结合2012年至2013年共销售302台信联牌玉米收获机的实际情况及刘某1公司建立各县局及经销商经销费备忘录的事实分析,可以看出刘某1未按照承诺支付60.4万元好处费的陈述不符合常情常理,且从本案现有证据来看,上诉人邸某权除帮助信联公司重新启动了忻府区农业机械化服务中心涉及该公司的农机补贴外,再无其他帮助信联公司的事实,刘某1的陈述因一份

① 参见陈兴良:《口授刑法学》(第2版),中国人民大学出版社2017年版,第463—465页。
② 参见山西省忻州市中级人民法院刑事判决书,(2015)忻中刑终字第368号。

回忆性的交代材料突然由57万元的指认变成29万元的指认，该陈述不稳定，真实性难以认定；本案现有证据李某某、韩某2的情况说明及2014年5月13日刘某1的交代材料证实，刘某1给农机部门相关人员好处费从油泵账内提取，在油泵账上作记载，后该油泵账被刘某1撕毁，导致刘某1行贿他人的旁证毁损，致使受贿款项来源不明，本案除扣押上诉人邸某权之妻黄某213万元购买的大众汽车一辆外，受贿款去向再无其他证据印证，致使受贿款去向不明。

综合上述情况，导致原公诉机关指控上诉人邸某权受贿12万元、15万元犯罪事实的证据存疑，根据疑罪从无原则，抗诉机关所提抗诉意见不予采纳。原审法院根据上诉人邸某权的犯罪事实、犯罪性质、情节和对于社会的危害程度所作出的判决，定罪及适用法律正确，但二审期间《贪污贿赂案件解释》施行，致量刑标准发生变化，依法予以改判。上诉人（原审被告人）邸某权在担任忻州市农业机械发展中心纪检组长期间，利用职务上的便利收受他人贿赂2万元，为他人谋取利益，但其受贿行为不符合《贪污贿赂案件解释》第1条之规定，根据罪刑法定原则，上诉人邸某权的行为不构成犯罪，上诉人（原审被告人）邸某权无罪的上诉理由及辩护人所提合理的辩护意见，依法予以采纳。

本辩点在使用时可以将各个款项切开分析，即对每一笔款项的来源和去向均进行详细分析，对每一笔款项的证据均进行剖析，详细审查各个款项是否有足够的证据做支撑，即使无法做到全案无罪，也可以实现认定受贿数额的减少，进而达到有效辩护。例如，邸某权受贿罪二审刑事判决书中只认定了2万元的受贿金额，而其余数十万元均因证据不足而未被认定，而2万元尚未达到受贿罪的起刑点，从而使被告人获得了无罪判决。

（六）犯罪情节显著轻微，不构成此罪

此项要点和串通投标罪的第五项辩护要点类似。

案例二十七：

王某1受贿案[①]

本院认为，被告人王某、王某1身为国家工作人员，利用职务上的便利，非法收受他人财物，为他人谋取利益，其行为已构成受贿罪，公诉机关指控被告人所犯罪名成立，应予惩处。唯指控数额应予变更。被告人王某、王某1在接受调查期间如实供述了侦查机关掌握的犯罪线索所针对的事实，还能如实供述侦查机关未掌握的同种罪行，均可从轻处罚，其已退赔违法所得，可以酌情从轻处罚。考虑被告人王某、王某1犯罪情节轻微，不需要判处刑罚，可以免予刑事处罚。

第六节　行　贿　罪

一、理论基础

根据《刑法》第389条的规定，行贿罪是指为谋取不正当利益，给予国家工作人员以财物的行为。

本罪保护的法益是国家工作人员职务行为的公正性和社会对公正性的信赖感。[②] 通过给予财物的方式，利用国家工作人员职务上的便利，谋取不正当的利益，会影响公众对于国家工作人员的评价和信赖。行贿行为和受贿行为之间为对合关系，[③]行贿人不需具备特殊身份，但是其行为从外部对国家机关工作人员的职务廉洁性造成了侵害，同样其谋取不法利益和给予国家工作人员财物的行为也侵害了公众对国家工作人员的信赖感。

---

① 参见陕西省宝鸡市金台区人民法院刑事判决书，(2014)金刑初字第00155号。

② 参见周光权：《刑法各论》(第4版)，中国人民大学出版社2021年版，第563页。

③ 参见周光权：《刑法各论》(第4版)，中国人民大学出版社2021年版，第564页。

本罪的客观方面为行为人为谋取不正当利益，给予国家工作人员财物。客观方面的要点包含两项：一是谋取不正当利益；二是给予国家工作人员财物。

1.“不正当利益”的认定

行贿罪的成立要求行贿人谋取的为不正当的利益，根据《行贿案件解释》第 12 条的规定，行贿犯罪中的“谋取不正当利益”，是指行贿人谋取的利益违反法律、法规、规章、政策规定，或者要求国家工作人员违反法律、法规、规章、政策、行业规范的规定，为自己提供帮助或者方便条件。违背公平、公正原则，在经济、组织人事管理等活动中，谋取竞争优势的，应当认定为“谋取不正当利益”。在司法实践中，行为人谋取的下列利益属于不正当利益：任何情况下法律都禁止得到的利益，如偷税、走私得到的利益；具备某些特定条件才可得到的利益，而行为人通过不正当的手段排除其他竞争对手，获得该利益；依法应当履行的义务通过不正当的手段被减免，如通过行贿被减免税务、债务。①

行为人谋取不正当利益的认定并不必然以实际谋取到不正当利益、行贿人向受贿人明示所要谋取的不正当利益、受贿人着手为行贿人谋取不正当利益为构成要件，但行为人对于其所要谋取的利益的不正当性应当有所认识。

2. 给予财物的表现形式

给予财物是指行贿人主动提供财物的行为，给予财物和接受财物之间为对向行为，但是受贿人是否接受财物并不影响行贿罪的成立，行为人已经在着手实施给付财物的行为，但被给予财物的人员拒收财物的，仍然成立行贿罪，但为未遂。已经将财物给付给相关人员的，构成行贿罪既遂。另外，行贿的财物应当达到一定数额才可成立。根据《行贿案件解释》第 1 条的规定，为谋取不正当利益，向国家工作人员行贿，数额在 1 万元以上的，应当依照行贿罪追究刑事责任。

---

① 参见周光权：《刑法各论》（第 4 版），中国人民大学出版社 2021 年版，第 564 页。

本罪的主观方面为故意,且具有谋取不正当利益的目的。[①] 行为人应当对所谋求利益的非法性和不正当性有所认识。在获得采矿权的过程中,行为人有可能为了获取相应的资格,给予具备权限的国家工作人员以财物以达到自己的目的,同时符合矿业权其他相关犯罪构成要件的,应当数罪并罚。

二、辩护要点

(一)不符合行贿罪的主观要件

行贿罪的成立要求行为人给予国家工作人员财物以谋取不正当利益,如行为人因被胁迫而给予财物,不符合行贿罪的主观要件,行为人并不具备行贿的故意,而是排斥犯罪结果的发生,此种情况下行为人被胁迫、勒索给予财物的,没有谋取不正当利益的,不应当以行贿罪论处。

案例二十八:

周某行贿案[②]

被告人周某的辩护人倪某某当庭提出如下辩护意见:一、被告人周某在本案中没有从国家工作人员处谋取不正当利益的主观目的,也无从国家工作人员处谋取不正当利益的客观行为;二、被告人周某系受他人之托而向国家工作人员打听项目资金的下达情况,并未给自己谋利;三、被告人周某无前科劣迹,其行为没有造成危害后果,且能如实供述涉案事实。综上所述,请求对被告人周某宣告无罪。

被告人周某虽然实施了为了他人请托事项而向国家工作人员行贿的行为,但现有证据尚不足以证明“被告人周某从受贿人处谋取的利益违反法律、法规、规章、政策的规定”,亦不足以证明“被告人周某实施了要求国家工作人员违反法律、法规、规章、政策、行业规范的规定,为自己提供帮助或者便利条

---

① 参见曲新久主编:《刑法学》(第5版),中国政法大学出版社2016年版,第602页。

② 参见北京市西城区人民法院刑事判决书,(2013)西刑初字第656号。

件的行为”。北京市西城区人民检察院指控被告人周某犯行贿罪的证据不足，指控的犯罪不能成立。被告人周某的辩解及其辩护人提出的三点辩护意见，本院予以采信和采纳。

具体司法实践中对于行为人是否具备主观故意，可以从案情入手具体分析，如周某行贿案，行为人主观上不具备从国家工作人员处谋取不正当利益的主观目的，客观上也没有实施从国家工作人员处谋取不正当利益的客观行为，结合主客观方面综合判断行为人是否符合犯罪要件。

（二）不符合行贿罪的数额标准

根据《贪污贿赂案件解释》第 7 条的规定：为谋取不正当利益，向国家工作人员行贿，数额在 3 万元以上的，应当依照《刑法》第 390 条的规定以行贿罪追究刑事责任。行贿数额在 1 万元以上不满 3 万元，具有下列情形之一的，应当依照《刑法》第 390 条的规定以行贿罪追究刑事责任：(1)向 3 人以上行贿的；(2)将违法所得用于行贿的；(3)通过行贿谋取职务提拔、调整的；(4)向负有食品、药品、安全生产、环境保护等监督管理职责的国家工作人员行贿，实施非法活动的；(5)向司法工作人员行贿，影响司法公正的；(6)造成经济损失数额在 50 万元以上不满 100 万元的。

所以如果行为人为了谋求不正当利益，实施了向国家工作人员给付财物的行为，但是财物的价值总和并未达到 3 万元的立案标准且不满足《贪污贿赂案件解释》第 7 条第 2 款规定的其他具体情况，不应为认定为构成行贿罪。

案例二十九：

鲍某行贿案①

法院认为原判决认定事实清楚，证据确实充分，但因在本院审理期间

① 参见江苏省扬州市中级人民法院刑事判决书，(2015)扬刑二终字第 00116 号。

《刑法》及相关司法解释对认定构成行贿犯罪的数额进行了调整，上诉人行贿的数额未达到《刑法》所规定的追诉标准，故依法对其宣告无罪。

（三）事实不清、证据不足

此项要点可以参考提供虚假证明文件罪的第三项和贪污罪的第九项要点的相关分析。

案例三十：

程某某贪污案[①]

法院认为原判认定上诉人程某某为获得审计报告向潘某某行贿 8 万元，仅有程某某供述，没有其他证据印证；为获取审计报告，上诉人程某某送给审计人员吴某某 5 万元，系被索贿，但在案证据不能证明程某某谋取了不正当利益，其行为不符合行贿罪的构成要件，原判认定上诉人程某某犯行贿罪的事实不清、证据不足。

案例三十一：

严某某挪用资金案[②]

法院认为公诉机关以被告人严某某为谋取不正当的利益，给予公司、企业的工作人员以财物，数额巨大，应当以向非国家工作人员行贿罪定罪指控。从审理查明的事实来看，本案尚存诸多事实无法查清，且存在程序问题：(1)2010 年 6 月 12 日、24 日中铁四局集团公司两次转款 65 万元到蒙某某管理的项目部银行账户上，中铁四局与该项目部是否有业务往来？没有相应的证据证实。(2)公诉机关以蒙某某提供的结算付款明细为主要证据，但该明细上均无被告人严某某和刘某某等人的签字认可，且明细反映的应付款与公诉机关提交

① 参见贵州省黔南布依族苗族自治州中级人民法院刑事判决书，(2014)黔南刑二终字第 94 号。
② 参见湖北省公安县人民法院刑事判决书，(2015)鄂公安刑初字第 00061 号。

的银行转款凭证不能完全吻合。(3)公诉机关认为被告人严某某在工程施工过程中,因资金周转不灵等原因,影响了工程进度,北京地基公司准备收回该工程的施工权,严某某不想放弃承包到手的工程,请求刘某某不要收回对这个工程的承包,并私下对刘某某承诺工程完工后,将工程利润的一半分给刘某某。但刘某某以公司和自有设备为该工程出人力、物力参与工程施工的事实客观存在,公司投入的人力、物力及刘某某本人投入的人力、物力,公诉机关提交的证据难以分清。(4)公诉机关在第一次指控中以蒙某某的笔记本记账、笔录和银行转款认定,被告人行贿40万元。但第二次开庭所列证据显示是55.5万元,公诉机关以结算清单及相关汇款凭条证实,应付刘某某162.5万元,实际支付218万元,多付刘某某55.5万元,来印证其指控40万元行贿。对于该指控,本院分别于2014年9月11日、11月19日二次公开开庭进行了审理。庭审中公诉机关以本案需要补充侦查为由二次申请延期审理。(5)2015年1月16日,公诉机关以因本案的事实、证据发生变化,有证据证明有新的犯罪事实为由,对该指控进行撤诉。2015年2月27日公诉机关在事实、证据、罪名、适用法律没有发生任何变化的情况下,以原有证据变更指控被告人严某某向非国家工作人员行贿金额为55万元的指控,因该指控程序明显存在瑕疵,此项指控依法应予退回,且被告人严某某与刘某某均当庭供述、辩解二人之间有借款行为,该工程虽属于北京地基公司承接,但实际施工系被告人严某某,工程项目部并没有完整的财务账目。综上所述,本院不予认定公诉机关对被告人严某某犯向非国家工作人员行贿55万元的指控。

综合分析上述案例可以发现,在具体司法实践中对于“事实不清、证据不足”的认定要注重关键证据是否存在前后矛盾,有无其他证据相印证,是否存在程序问题等瑕疵,另外还需综合考量全案的证据是否组成完整的证据链条,达到了排除合理怀疑的程度,否则不能认定行为人构成了行贿罪。

第七节　对单位行贿罪

一、理论基础

对单位行贿罪是指个人或单位为谋取不正当利益,给予国家机关、国有公司、企业、事业单位、人民团体以财物或者在经济往来中,违反国家规定,给予各种名义的回扣、手续费的行为。本罪保护的法益为国家机关、国有公司、企业、事业单位、人民团体的不可收买性和公正性。行为人通过贿赂收买国家机关、国有公司、企业、事业单位、人民团体,使其丧失原则,行不公正之事,扰乱了国家机关的正常管理秩序,严重妨害了国家机关、国有公司、企业、事业单位、人民团体的正常活动。①

本罪的客观方面和行贿罪的客观方面有相似之处,但是两罪的区别在于行贿罪的行为对象为国家机关工作人员或者与国家工作人员密切相关的第三人,而对单位行贿罪的行为对象为国家机关、国有公司、企业、事业单位、人民团体。

本罪的主观方面为故意,且具有谋取不正当利益的目的,行为人应当认识到自己谋取的为不正当利益,至于何为不正当利益,可以参照行贿罪部分对于“不正当利益”的分析,与行贿罪不同的是,对单位行贿罪的行贿人应当认识到其行贿的行为对象是国家机关、国有公司、企业、事业单位、人民团体,否则不具备单位行贿罪的主观故意,可能成立对个人的行贿罪。

二、辩护要点

(一)不符合对单位行贿的对象条件

行贿的对象必须是国家机关、国有公司、企业、事业单位、人民团体,向非

---

① 参见周光权:《刑法各论》(第4版),中国人民大学出版社2021年版,第566页。

国家机关、国有公司、企业、事业单位、人民团体给予财物的，不能构成对单位行贿罪。所以成立本罪要求行为对象必须符合属于上述所列范畴，如果只是给予财物给国家机关、国有公司、企业、事业单位、人民团体中的某个人，构成对该个人的行贿罪，而不成立对单位行贿罪。具体司法实践中相关证据如果不能证实行贿对象的要件，只能证实行贿利益归属于个人而非单位的话，不成立对单位行贿罪，可能成立行贿罪。

（二）不是对单位行贿的实施主体

对单位行贿的主体应当是具体实施行贿行为的主体，如果行贿行为并非本人或本单位实施，而该单位只是因为并购、合并等程序继受其他主体的地位的话，并非对单位行贿的实施主体，不成立此罪，具体可参考下述案例。

案例三十二：

淮南矿务局机动车辆检测维修中心
及被告人倪某对单位行贿案[①]

淮南矿务局机动车辆检测中心虽是某某矿山机械维修检测有限公司的中方投资人和清算后的债权债务的继受主体，但与某某矿山机械维修检测有限公司是不同的公司法人，不是本案对单位行贿的犯罪行为实施主体，故淮南矿务局机动车辆检测中心无罪。

在矿业相关犯罪中，行为人为了获取相应许可、文件，可能会实施行贿行为，在辩护时除了上述提到的行贿的对象之外，还可以考虑如下两点内容：(1)是否谋取不正当利益？关于这一问题，已在分析行贿罪时进行了讨论；(2)给予财物行为是否主动？如果是被动给予财物，如敲诈勒索等，同样可以进行无罪辩护。

---

① 参见安徽省淮南市谢家集区人民法院刑事判决书，(2016)皖0404刑初276号。

第八节　介绍贿赂罪

一、理论基础

介绍贿赂罪是指在行贿人和国家工作人员之间引见、沟通、撮合，促使行贿和受贿得以实现，情节严重的行为。介绍贿赂罪在主观方面为故意，即明知是在为受贿人或者行贿人牵线效劳，促成贿赂交易。本罪在客观方面表现为行为人在行贿人和受贿人之间实施沟通、撮合，促使行贿与受贿得以实现的行为。为行贿受贿双方“穿针引线”，促使双方相识相通，代为联络，甚至传递贿赂物品，帮助双方完成行贿、受贿的行为。此外，构成介绍贿赂罪还必须具备情节严重的条件。

介绍贿赂罪的犯罪主体为一般主体，凡年满16周岁、具有刑事责任能力，实施了介绍贿赂行为的人，都可成为本罪主体，包括国家工作人员。本罪的主体通常为三种人：一是与行贿人有密切关系的人，如行贿人的亲属、朋友、同学、同事等；二是与受贿人有密切关系的人，如领导的秘书、司机等下属工作人员；三是与行贿人、受贿人都熟悉的人，如介绍同学向自己的直接上级领导行贿。①

介绍贿赂的行为是行贿和受贿之间的中介，其介绍的对象应当和行贿罪及受贿罪的对象保持一致，这也就意味着，当行为人向不具有国家工作人员身份的自然人或单位介绍贿赂时，不构成此罪。介绍贿赂行为实施的同时必须伴有“行贿”及“受贿”行为，不具有独立性。介绍贿赂行为与“行贿”“受贿”行为存在因果关系。

---

① 参见余成强：《介绍贿赂罪的几点思考》，载《西南大学学报（社会科学版）》2011年S1期。

二、辩护要点

(一)情节不严重

介绍贿赂罪的构成要件要求具备“情节严重”要件,是否情节严重应当综合主、客观的因素共同考量,介绍贿赂行为,只有情节严重的才构成犯罪。根据《检察院受理案件立案标准》的规定,介绍贿赂的涉嫌下列情形之一的,应予立案:(1)介绍个人向国家工作人员行贿,数额在2万元以上的;介绍单位向国家工作人员行贿,数额在20万元以上的;(2)介绍贿赂数额不满上述标准,但具有下列情形之一的:

①为使行贿人获取非法利益而介绍贿赂的;

②3次以上或者为3人以上介绍贿赂的;

③向党政领导、司法工作人员、行政执法人员介绍贿赂的;

④致使国家或者社会利益遭受重大损失的

如果只是口头表明引荐,并没有具体实施撮合行为,或者已经使行贿、受贿双方见面,由于某种原因,贿赂行为未进行的,均不能构成介绍贿赂罪。

(二)不具备介绍贿赂的故意、未实施介绍贿赂行为

本罪的主观方面为直接故意,行为人明知自己在撮合行贿、受贿行为而故意为之。一般都具有从中谋取私利的目的,对于出自亲友关系,或者其他非物质利益的考虑,自愿介绍贿赂的,一般不影响本罪的成立。但不具备主观方面的故意,或者现有证据不能证明行为人具备介绍贿赂的故意的,不构成此罪。介绍行贿罪的行为人是负责联系行贿方和受贿方,负责“穿针引线”,按照双方意图行为的,如果只是负责协助一方、提供帮助,只能构成行贿罪或受贿罪的共犯,不成立介绍行贿罪。

如在丛某介绍贿赂罪案[①]中,被告人丛某介绍张某、关某与马某认识,是

① 参见吉林省农安县人民法院刑事判决书,(2017)吉0122刑再1号。

受关某所托，为张某办理社会保险，且张某、关某于2013年1月17日到马某办公室交给马某的3.6万元系让马交保险费，有收条内容佐证，无其他证据证明系贿赂款，故无法认定是贿赂款；另现有证据不能证明原审被告人丛某向马某明示让张某前去行贿，或授意张某向马某行贿。整个过程表明其主要目的是缴费办理社保。因此，原审被告人丛某主观上不具有介绍贿赂的故意，客观上没有实施介绍贿赂的行为，不符合介绍贿赂罪的构成要件。原审公诉机关指控丛某犯介绍贿赂罪，证据不足，原审判决认定的事实和适用的法律错误，应予撤销。

（三）已过诉讼时效不再追诉

根据《刑法》第87条的规定，犯罪经过下列期限不再追诉：(1)法定最高刑为不满5年有期徒刑的，经过5年；(2)法定最高刑为5年以上不满10年有期徒刑的，经过10年；(3)法定最高刑为10年以上有期徒刑的，经过15年；(4)法定最高刑为无期徒刑、死刑的，经过20年。如果20年以后认为必须追诉的，须报请最高人民检察院核准。在人民检察院、公安机关、国家安全机关立案侦查或者在人民法院受理案件以后，逃避侦查或者审判的，不受追诉期限的限制。被害人在追诉期限内提出控告，人民法院、人民检察院、公安机关应当立案而不予立案的，不受追诉期限的限制。

《刑法》第89条规定：追诉期限从犯罪之日起计算；犯罪行为有连续或者继续状态的，从犯罪行为终了之日起计算。在追诉期限以内又犯罪的，前罪追诉的期限从犯后罪之日起计算。

案例三十三：

孙某某介绍贿赂案[①]

周某具有国家工作人员身份，上诉人孙某某向周某介绍贿赂，其行为触犯

① 参见孙某某介绍贿赂案，载《最高人民法院公报》2002年第6期。

了1979年《刑法》第185条第3款的规定,构成介绍贿赂罪,应当处3年以下有期徒刑或者拘役。其在介绍贿赂过程中分得的5万元,是违法所得。

无论是根据1979年《刑法》第76条的规定,还是根据修订后《刑法》第四章第八节的规定,法定最高刑为不满5年有期徒刑的犯罪,经过5年都不再追诉。1979年《刑法》第77条还规定:"在人民法院、人民检察院、公安机关采取强制措施以后,逃避侦查或者审判的,不受追诉期限的限制。"其第78条规定:"追诉期限从犯罪之日起计算;犯罪行为有连续或者继续状态的,从犯罪行为终了之日起计算。在追诉期限以内又犯罪的,前罪追诉的期限从犯后罪之日起计算。"上诉人孙某某于1994年6月犯介绍贿赂罪,至2001年6月21日被拘留。其间,孙某某没有被采取过任何强制措施,也没有重新犯罪。根据1979年《刑法》,介绍贿赂罪的5年追诉期限已过,依法不能再追究其刑事责任。但是其违法所得,应当依法追缴。

第九节 单位行贿罪

一、理论基础

单位行贿罪是指单位为谋取不正当利益,给予国家工作人员财物,或者在经济往来中,违反国家规定,给予国家工作人员各种名义的回扣、手续费,情节严重的行为。所谓"情节严重",是指行贿数额较大;行贿手段恶劣;造成的后果较为严重;等等。[①] 本罪的保护法益、对不正当利益的认定以及对给予财物的表现形式的分析可以参照行贿罪部分的分析。本罪和行贿罪的主要区别在于犯罪主体,本罪的犯罪主体要求必须为单位,自然人实施给予国家工作人员财物以谋取不正当利益的,符合行贿罪的要件,可成立行贿罪而非单位行贿罪,下面将从辩论角度对此项要点进行具体分析。

---

① 参见曲新久主编:《刑法学》(第5版),中国政法大学出版社2016年版,第603页。

二、辩护要点

(一)不符合主体要件

成立单位行贿罪,要求行为的主体为具备法人资格的单位,个人独资企业、合伙企业等不具备法人资格,不能成为本罪的主体,如在酉阳土家族苗族自治县中天医院、覃某单位行贿罪案①中,公诉机关指控被告人覃某的犯罪事实成立,但指控被告单位酉阳土家族苗族自治县中天医院、被告人覃某犯单位行贿罪的理由不成立。经查,被告单位酉阳土家族苗族自治县中天医院为个人独资企业,不具备企业法人资格,故不构成单位犯罪的主体,该行为应定为个人犯罪,以行贿罪定罪处罚。不符合单位行贿罪的主体要件,不成构成本罪。

案例三十四:

陈某某行贿案②

法院认为被告人陈某某作为被告单位湖南恒凯公司的股东和直接负责的主管人员,为被告单位湖南恒凯公司谋取不正当利益而向国家工作人员行贿,湖南恒凯公司于2007年3月27日依法注册成立,历经多次变更,最后的股东变更为湖南福天兴业投资集团有限公司、王某、罗某2等股东,原行贿事实发生时的股东已全部发生变化,且因行贿所取得的非法利益均已被原股东个人所拥有,故本案应以行贿罪论,被告人陈某某的行为构成行贿罪,被告单位湖南恒凯公司不构成单位行贿罪。

实践中对于行为主体的认定,还需结合其他要素,如不当利益的归属、行贿的名义、行贿决定的作出者。对于本单位的从业人员,在其职责范围内实施

---

① 参见重庆市酉阳土家苗族自治县人民法院刑事判决书,(2015)酉法刑初字第00036号。

② 参见湖南省张家界市慈利县人民法院刑事判决书,(2016)湘0821刑初13号。

的，为本单位谋取利益的行为，均应认定为单位行为。因为对于单位从业人员，为本单位谋取不正当利益而实施违法犯罪行为，如果单位没有制定预防制度或实施必要的防范措施，以防止他们实施这些行为，在法律规定单位犯罪的前提下，单位就应承担刑事责任。因此，只要本单位的工作人员是在其职权范围内，为本单位谋取不正当利益而向有关国家工作人员行贿的，就应当属于单位行为，可以单位行贿罪论处。

（二）不符合行贿的数额标准

《贪污贿赂案件解释》第 7 条规定，为谋取不正当利益，向国家工作人员行贿，数额在 3 万元以上的，应当依照《刑法》第 390 条的规定以行贿罪追究刑事责任。行贿数额在 1 万元以上不满 3 万元，具有下列情形之一的，应当依照《刑法》第 390 条的规定以行贿罪追究刑事责任：（1）向 3 人以上行贿的；（2）将违法所得用于行贿的；（3）通过行贿谋取职务提拔、调整的；（4）向负有食品、药品、安全生产、环境保护等监督管理职责的国家工作人员行贿，实施非法活动的；（5）向司法工作人员行贿，影响司法公正的；（6）造成经济损失数额在 50 万元以上不满 100 万元的。该解释第 8 条规定，犯行贿罪，具有下列情形之一的，应当认定为《刑法》第 390 条第 1 款规定的“情节严重”：（1）行贿数额在 100 万元以上不满 500 万元的；（2）行贿数额在 50 万元以上不满 100 万元，并具有该解释第 7 条第 2 款第 1 项至第 5 项规定的情形之一的；（3）其他严重的情节。为谋取不正当利益，向国家工作人员行贿，造成经济损失数额在 100 万元以上不满 500 万元的，应当认定为《刑法》第 390 条第 1 款规定的“使国家利益遭受重大损失”。该解释第 9 条规定，犯行贿罪，具有下列情形之一的，应当认定为《刑法》第 390 条第 1 款规定的“情节特别严重”：（1）行贿数额在 500 万元以上的；（2）行贿数额在 250 万元以上不满 500 万元，并具有该解释第 7 条第 2 款第 1 项至第 5 项规定的情形之一的；（3）其他特别严重的情节。为谋取不正当利益，向国家工作人员行贿，造成经济损失数额在 500 万元以上的，应当认定为《刑法》第 390 条第 1 款规定的“使国家利益遭受特别重大损失”。该解释第 10 条规定,《刑法》第 388 条之一规定的利用影响力受贿罪的定罪量刑适用标准,参照该解释关于受贿罪的规定执行。《刑法》第 390 条之一规定的对有影响力的人行贿罪的定罪量刑适用标准,参照该解释关于行贿罪的规定执行。单位对有影响力的人行贿数额在 20 万元以上的,应当依照《刑法》第 390 条之一的规定以对有影响力的人行贿罪追究刑事责任。

根据以上规定,单位行贿涉嫌下列情节之一的,应予定罪:(1)单位行贿数额在 20 万元以上的;(2)单位为谋取不正当利益而行贿,数额在 10 万元以上不满 20 万元,且具有下列情形之一的:①为谋取非法利益而行贿的;②向 3 人以上行贿的;③向党政领导、司法工作人员、行政执法人员行贿的;④致使国家或者社会利益遭受重大损失的。

案例三十五:

武汉市华宝织染有限责任公司、罗某 1 单位行贿案[①]

上诉人华宝公司、罗某 1、罗某 2、罗某 3 还向何某行贿人民币 1.2 万元的行为,该行贿数额未达到构罪标准,不构成犯罪。

所以在司法实践中,如果单位因矿业相关事业,需要行贿的,但是数额并未达到法条规定的最低标准且不具备相应的严重情形的,不满足单位行贿罪的构成要件,不能认定为构成单位行贿罪。

(三)事实不清、证据不足

此项要点可以参考提供虚假证明文件罪的第三项和贪污罪的第九项要点的相关分析。

---

① 参见湖北省武汉市中级人民法院刑事判决书,(2017)鄂 01 刑终 1407 号。

案例三十六：

武汉市华宝织染有限责任公司、罗某1单位行贿案[①]

经查，原审判决认定华宝公司为获取2012年度国家淘汰落后产能奖励资金，向彭某某行贿人民币12万元事实的证据，有证人罗某、吴某的证言，上诉人罗某2、罗某3、罗某1的供述以及上诉人彭某某在纪委所作的两份询问笔录。但上述证据存在以下问题：(1)彭某某交代其收受上述单位行贿12万元的两份询问笔录系刑事犯罪立案前，在纪委“两规”期间所作，上述笔录不符合刑事诉讼证据种类，不能作为诉讼证据使用。(2)罗某3在侦查阶段曾供述其听罗某1、罗某2说向彭某某行贿12万元，该供述属于传闻证据，对此，其在审判阶段又予以否认；而罗某1从未供述过向彭某某行贿12万元的相关事实；罗某2在侦查阶段供述向彭某某行贿12万元，在审判阶段又予以否认。(3)证人罗某、吴某的证言均不能证明华宝公司向彭某某行贿12万元的事实。综上，认定华宝公司、罗某1、罗某2、罗某3向彭某某行贿人民币12万元的事实，仅有罗某2在侦查阶段的供述笔录证明，原判决据此认定华宝公司、罗某1、罗某2、罗某3均构成单位行贿罪以及彭某某收受上述12万元构成受贿罪，证据不足。

综合上述案例可知，在司法实践中，对于“事实不清、证据不足”的认定，首先，应当考量证据本身的证据能力，即是否符合法定的证据种类。其次，还要考虑证据是否有关联性，证据的来源是否合法，是否违背了相应的程序降低了证明力或者不能作为证据使用，证据之间是否可以相互印证。最后，应当综合全案的证据进行判断。

(四)行贿决定并非单位作出，行贿利益并非归属单位

单位行贿罪和行贿罪的主体并不一致，行贿罪的主体为个人，单位行贿罪

① 参见湖北省武汉市中级人民法院刑事判决书，(2017)鄂01刑终1407号。

的主体为单位,即成立单位行贿罪要求作出行贿决定的主体为单位且行贿利益应当归属单位。如果单位的行贿决定并非领导层决定,也不是由公司提供资金而为该公司获取非法商业利益,不能成立单位行贿罪;满足行贿罪构成要件的,个别人员可以成立行贿罪。

案例三十七:

邓某1犯行贿罪案①

被告人邓某1违反公司营销管理规定,以个人药品销售提成的劳务报酬向邓某2、杨某某、范某进行商业行贿行为,既不是由公司领导决定,也不是由公司提供资金而为该公司获取非法商业利益,据此,公诉机关指控被告单位南部县药业有限责任公司犯单位行贿罪的事实及罪名不能成立,本院不予支持。

案例三十八:

天津市某某公司、马某某单位行贿案②

经查,天津市某某公司的经营范围为再生物资回收,与被告人马某某因被索贿而获取的工程承揽并无业务关联。另外,从本案查明的事实来看,从工程的承揽到工程款的领取及对王某1的行贿均是被告人马某某的个人行为,本案证据显示不出被告人马某某系为天津市某某公司负责人。另外,本案亦无相关证据证实被告人马某某因工程承揽所获利益及行贿所用支出归于或出自天津市某某公司的资金。

构成单位行贿罪而非行贿罪的重要区分点在于对行贿决定作出者的认定,在具体实践中可以重点关注决策程序、收款账户、财物使用途径等相关证据进行综合判断。

---

① 参见四川省南部县人民法院刑事判决书,(2016)川1321刑初166号。

② 参见天津市西青区人民法院刑事判决书,(2016)津0111刑初93号。

（五）不符合谋取不正当利益

对于此项要点的分析可以参照行贿罪的第 2 项规则。

案例三十九：

深圳市亚某某电子有限公司单位行贿案①

针对上诉人田某及辩护人所提本案是否涉及谋取不正当利益以及田某是否被勒索而给付他人财物的意见，结合事实和法律，本院裁断如下：

是否谋取不正当利益是认定单位行贿罪的主要因素，本案中，因为时过境迁，当事人供述不全，对于亚某某公司租赁厂房的全过程已无法查清，亚某某公司究竟是和姜某某谈妥了租房事宜（包括厂房地点、给予好处费）后再向高新办申请入园？还是直接向高新办申请入园后由高新办指定所租赁的厂房？虽然田某和卢某某在侦查阶段的供述称因为高新区厂房紧张、不给钱就租不到，但田某在庭审时推翻了以往供述。因此，本院只能依照书证证明内容的先后顺序来认定案件事实。根据相关书证，高新办于 2007 年 7 月 25 日就批复同意亚某某公司入园并确定备案地址为南区 R3B2、R3BF2，亚某某公司在将近一个月后（8 月 21 日）才和高新区公司签订了租房合同。根据以上证据并结合姜某某的以往供述，可知姜某某并未在亚某某公司入园事宜上提供帮助，亚某某公司入园是由自身实力和政府批复决定的。而且政府部门同意亚某某公司入园在前，亚某某公司与南山科技园签订租房合同在后，亦可判定姜某某并未为亚某某公司谋取任何不正当利益，也不能认为亚某某公司就此谋取到竞争优势。考虑姜某某向多家入园企业索贿的事实，本院更有理由相信姜某某系利用自身在高新区管理公司从事租赁管理的职务便利向入园企业索要钱财，而入园企业为了更顺利地入园，同意给付姜某某钱款。综上所述，不能认为姜某某为包括亚某某公司在内的入园企业谋取了不正当利益。

---

① 参见广东省深圳市中级人民法院刑事判决书，（2015）深中法刑二终字第 766 号。

上述案例中法院结合相关的证据进行分析,行为人取得利益并非通过不正当的手段,其获得利益的方式是通过正当渠道凭借自身实力进行竞争获得的,并未通过行贿获得任何不正当的利益,且对方存在索贿的事实,也不能认定行为人主观存在故意,因此不构成单位行贿罪。

第三章　矿业开发过程中犯罪的辩护要点

我国矿产资源法明确规定禁止无证勘探和开采矿产资源。矿业公司在勘察许可证或者采矿许可证到期后，依旧进行开采或者越界进行开采的，可能涉及非法采矿罪、破坏性采矿罪。本章的盗窃罪，则主要指的是盗采矿产资源的行为。

第一节　非法采矿罪

一、理论基础

非法采矿罪，是指违反矿产资源法的规定，未取得采矿许可证擅自采矿，擅自进入国家规划矿区、对国民经济具有重要价值的矿区和他人矿区范围采矿，或者擅自开采国家规定实行保护性开采的特定矿种，情节严重的行为。要获得采矿许可证，获得采矿权，根据《矿产资源法实施细则》第 6 条的规定，采矿权，是指在依法取得的采矿许可证规定的范围内，开采矿产资源和获得所开采的矿产品的权利。取得采矿许可证的单位或者个人称为采矿权人。有学者将采矿权定义为：排他性的占有和利用权、开采权、矿山建筑权、辅助建筑权以及矿产品的所有权和经营权。①《矿产资源法实施细则》就采矿权的取得、开采和权利内容等方面进行了比较笼统却全面的规定，而江平教授是从采矿权

① 参见江平主编：《中国矿业权法律制度研究》，中国政法大学出版社 1991 年版，第 286—289 页。

利具体包含的内容层面对采矿权进行规定,结合这两种概念可以对采矿权有比较全面的了解。从不同层面进行剖析,均有其合理性。《矿产资源法实施细则》第30条同样明确了采矿权人的具体权利内容。采矿权是采矿许可证规定的范围内进行开采相应资源的权利,且采矿权人取得采矿许可证后也应当依照相关法律法规的规定及采矿许可证限定的范围合理行使自己的权利。

关于非法采矿的罪名确定,学界认为此罪的罪名设定主要包含以下四种:擅自开采矿产资源罪或者无证擅自开采矿产资源罪;破坏矿产资源罪;违法采矿罪;非法采矿罪。擅自开采矿产资源罪是从客观方面角度进行罪名定义,过于片面,破坏矿产资源罪罪名涵盖的范围过于广泛,不能准确体现出本罪的实质内容,不利于司法实践中的具体认定。违法采矿罪和非法采矿罪除了字眼上的区别并无本质区别,最高人民法院1997年12月9日通过《关于执行〈中华人民共和国刑法〉确定罪名的规定》(已修改)最终确定以非法采矿罪作为本罪的罪名,一定程度上解决了学界关于罪名设定的争议,另外为了加强本罪在具体司法实践中的适用性。2003年最高人民法院通过了《审理非法采矿、破坏性采矿案件解释》进一步明确了非法采矿罪、破坏性采矿罪的具体概念、定罪数额标准等,2016年重新制定了该司法解释。2005年国土资源部印发关于《矿产资源破坏鉴定规定》的通知明确了非法采矿和破坏性采矿案件中对于造成矿产资源破坏价值鉴定的具体程序。矿产资源已经日益被国家和公众关注和重视,而矿产资源被破坏的价值也是认定非法采矿行为是否达到“情节严重”的重要因素。

根据《开采登记管理办法》及《矿产资源法实施细则》的规定,国家对矿产资源的勘查、开采实行许可证制度。勘查矿产资源,必须依法申请登记,领取勘查许可证,取得探矿权;在我国开采矿产资源,必须依法申请登记,经批准颁发采矿许可证。根据《刑法》第343条第1款对非法采矿罪概念的规定,在我国地域范围内,开采矿产资源的前提条件是获得采矿许可证,如果并未取得采矿许可证就擅自开采,构成非法采矿罪。

为明确本罪的具体适用,需要清晰界定本罪保护的具体法益是什么。

"法益是国家与社会所认定应以国家的强制力,予以保护的社会共同生活上不可或缺之生活利益与基本价值。"[①]刑法各论中不同的罪名各有其保护法益,彼此联系形成严密的刑事法网,共同维护与国家、社会及个人息息相关的利益。保护的法益即为本罪的客体,而理论界关于本罪的客体究竟为何存在争议,主要包括"单一客体说"和"复杂客体说"。"单一客体说"认为本罪的客体为国家的矿产资源保护制度;[②]"复杂客体说"认为本罪的客体不仅包含矿产资源保护制度,还包括社会经济管理秩序,国家对矿产资源开采、生产的管理制度以及国家对矿产资源的所有权。[③] 根据我国《宪法》第 6 条的规定,矿产资源属国家所有,其他人对矿产资源进行开采应当通过合法的程序,获得国家的允许,而非法采矿的行为人违背国家规定的许可制度,对矿产资源进行开采,侵犯了国家对矿产资源的所有权,且非法采矿罪在《刑法》条文中的妨害社会管理秩序罪一章中,其保护客体中当然包含社会管理秩序,就本罪自身的独特客体而言,有关矿产资源的开采、生产等管理方面的制度设立的目的也是在于保护矿产资源,因而多个学说之间其实存在互通性,相较而言,"复杂客体说"更具合理性。

本罪的主观方面为故意,即行为人明知自己的行为会导致矿产资源制度被严重破坏的后果,仍然希望或放任该结果的发生。本罪的主体为一般主体,可以为自然人,也可以是单位。关于本罪主观方面的争议为本罪主观方面是仅仅包含直接故意还是包含直接故意和间接故意。持前者观点的学者认为,非法采矿罪必须由直接故意构成,间接故意和过失不能成立此罪。[④] 持后者观点的学者认为:"本罪的主观方面出于故意,包括直接故意和间接故意"。[⑤]

---

① 林山田:《论刑法上之利益》,载《刑事法杂志(台湾)》第 2 期(1978 年)。

② 参见高铭暄、马克昌主编:《刑法学》(第 6 版),北京大学出版社、高等教育出版社 2014 年版,第 581 页。

③ 参见谢雄伟:《非法采矿罪若干问题研究》,载《中国矿业大学学报(社会科学版)》2003 年第 3 期。

④ 参见孟庆华:《关于非法采矿罪的几个构成要件问题探讨》,载《淮北煤炭师范学院学报(哲学社会科学版)》2003 年第 6 期。

⑤ 参见曾粤兴主编:《新刑法通论》,法律出版社 1997 年版,第 484 页。

两种观点的争议之处在于间接故意能否成立非法采矿罪。行为人明知自己的行为会发生危害社会的结果，这是构成犯罪故意的认识因素，是一切故意犯罪在主观方面必须具备的特征。① 非法采矿的行为人认识到自己的行为会产生损害国家对矿产资源的所有权及开发、管理、保护的秩序的后果，因为一旦实施非法采矿的行为，必然会对上述权益造成损害，而对造成损害价值的数额并不必然要求有精确的认识，笔者认为行为人对于损害结果的意志因素中可以持放任态度，而认识因素中应当认识到自己非法采矿行为的非法性，因而主观方面可以为间接故意。

本罪的客观方面包含三种主要的行为类型，将在下文具体阐释分析。2011 年 5 月 1 日之前的《刑法》第 343 条第 1 款规定，“经责令停止开采后拒不停止开采，造成矿产资源破坏的”是非法采矿罪的构成要件之一。但在之后又将“经责令停止开采后拒不停止开采”删除，原因在于，若保留此项要件会产生是非法采矿罪客观方面三种行为类型的共同要件还是仅为“擅自开采国家规定实行保护性开采的特定矿种”的构成要件的争议。删除此项一定程度上缓解了上述争议，且将违反矿产资源法规定的这项违法性要件包含进去，但对于法条修改前的行为仍应当遵守法的溯及力原则，严格适用从旧兼从轻原则。

（一）对违反“矿产资源法的规定”的认定

根据《刑法》第 343 条对于非法采矿罪的定义，应将“违反矿产资源法的规定”认定为非法采矿罪的违法性要件，并作为非法采矿三种行为类型的共同前置要件。此项违法性要件体现出本罪的行政从属性，非法采矿罪的构成通常是以违反行政法规的规定为前提。所谓行政从属性，是指行政法规的规定或者行政命令等是构成犯罪的要件之一。② 非法采矿罪的行政从属性在一

① 参见高铭暄、马克昌主编：《刑法学》，北京大学出版社、高等教育出版社 2000 年版，第 110 页。
② 参见张晓玮：《论非法采矿罪》，中国政法大学 2010 年硕士学位论文。

定程度上体现了刑法的谦抑性，刑法作为调整社会关系的最后一道防线，具备惩罚性、稳定性、最后性的特征，非法采矿罪入刑的原因在于国家和公众对矿产资源的日益重视，也在于矿业相关行政法规不足以解决矿业权和矿业资源相关纠纷。对于此处的矿产资源法应当做广义解释，如果做狭义解释，将此处的矿产资源法仅仅解释为《矿产资源法》，将会纵容犯罪人嫌疑人侵犯矿产资源，也不符合本罪的立法目的，而如水资源同时具备水资源和矿产资源的双重属性，在勘查时要适用的是《矿产资源法》及相关行政法规，而在开发、利用时却要从它水资源的属性出发，适用《水法》以及相关行政法规。[①] 所以应当认定此处"违反矿产资源法的规定"不仅包含《矿产资源法》，还包括《水法》《开采登记管理办法》《矿产资源法实施细则》《矿产资源勘查区块登记管理办法》等法律、行政法规有关矿产资源开发、利用、保护和管理的规定。[②] 其中开发、利用是指根据矿产资源自身的特点以及按照可持续发展的基本原则，通过采用勘探、冶炼、制造等一系列工程技术措施，将矿产资源中的有用物质提炼或提纯为一定形式的产品，为人类生存、发展服务的一切活动。保护、管理是指为使矿产资源得到充分的开发利用，最大限度地减少其损失和浪费，国土资源行政主管部门对矿产资源在积累、储备、消耗过程中所实施的监督和管理。[③] 违背矿产资源在开发、利用、保护和管理整个过程中的相关法律应当被认定为非法采矿罪中的"违反矿产资源法的规定"。

案例一：

何某等非法采矿案[④]

经审理查明：2016 年 8 月，被告人何某向被告人杜某某借款 300 余万元。

---

① 参见王瑜鹏：《非法采矿犯罪行为司法认定研究——以张某、李某非法采矿案为例》，吉林大学 2017 年硕士学位论文。

② 参见周光权：《刑法各论》（第 4 版），中国人民大学出版社 2021 年版，第 501 页。

③ 参见王瑜鹏：《非法采矿犯罪行为司法认定研究——以张某、李某非法采矿案为例》，吉林大学 2017 年硕士学位论文。

④ 参见重庆市江津区人民法院刑事判决书，(2019) 渝 0116 刑初 305 号。

2017 年 3 月，为了结债务，被告人杜某某、何某共谋利用长江航道码头清淤工程，在清淤过程中抽采河砂贩卖牟利，以充抵借款。2017 年 7 月 3 日，长江重庆航道局向航源公司下发任务书，令其择机完成木洞航道基地的清淤作业。2017 年 7 月 11 日，长江重庆航道局向航源公司下发《关于木洞水道木洞镇航道码头水域清淤作业有关航道通航条件技术问题的意见》，明确清淤作业时间以海事部门正式颁发的水上施工许可证为准。2017 年 8 月，被告人何某通过私人关系从航源公司获取清淤作业任务书等手续，并安排租用船舶、办理相关审批手续、雇佣工人等筹备工作。2017 年 9 月上旬，被告人杜某某、张某确定由“世丰 5 号”吸砂船负责木洞江北航道处航道基地的清淤采砂。2017 年 9 月中旬至 10 月 8 日，被告人杜某某、何某明知未取得航道、海事和水务部门手续且水务部门的手续办不下来，被告人张某明知清淤手续不齐全、清淤性采砂作业不合法，为获取高额利润，擅自使用“世丰 5 号”吸砂船在重庆市巴南区木洞镇洗布石长江水域采砂共计 5500 余吨，并贩卖给多艘运砂船，销售金额共计 215, 800 元，其中，被告人何某、杜某某共同获取 128, 300 元，被告人张某获取 87, 500 元。法院审理认为，被告人何某、杜某某、张某违反矿产资源法的规定，未取得采砂许可证擅自采砂，开采的矿产品价值为 215, 800 元，属情节严重，其行为构成非法采矿罪。

此案中被告人的非法采砂行为侵犯了砂资源的所有权和国家的砂资源管理制度，在未持有采砂许可证的情况下，擅自开采砂石资源，并且以获得的资源出售牟利，所采砂石符合《矿产资源法实施细则》关于矿产资源分类细目以及新矿种的相关规定，且在办理了部分的整治航道采砂手续后明知事后无法补办的情况下仍然开采砂石资源，违反了《矿产资源法》《水法》等法律法规关于矿产资源开发、利用、保护和管理的规定。

（二）非法采矿的行为类型

根据《刑法》第 343 条第 1 款的规定及《办理非法采矿、破坏性采矿案件解释》第 2 条的规定，非法采矿的行为类型主要包括以下三种。

1. 未取得采矿许可证擅自采矿，情节严重的行为。根据《审理非法采矿、破坏性采矿案件解释》的规定，未取得采矿许可证擅自采矿的行为具体包括以下情形：无采矿许可证开采矿产资源的；采矿许可证被依法暂扣期间；被注销、吊销后继续开采矿产资源的；超越采矿许可证规定的矿区范围开采的；未按采矿许可证规定的矿种（共生、伴生矿种除外）开采矿产资源的；其他未取得采矿许可证开采矿产资源的情形。2007 年 2 月最高人民法院和最高人民检察院发布的《关于办理危害矿山生产安全刑事案件具体应用法律若干问题的解释》（已废止）第 8 条第 1 款中规定，“采矿许可证被依法暂扣期间擅自开采的”同样属于无证开采的行为。

2. 擅自进入国家规划矿区、对国民经济具有重要价值的矿区和他人矿区范围采矿，情节严重的行为。“国家规划矿区”是指在一定期间内，根据国民经济建设长期需要和资源分布情况，经国务院或者国务院有关主管部门依法定程序审查、批准，确定列入国家矿产资源开发长期或中期规划的矿区以及作为老矿区后备资源基地的矿区。对于此矿区的规划应当根据国家矿产资源规划和建设规划的总体要求，符合可持续发展原则。国家规划矿区的审查确定程序非常严格，国务院地质矿产主管部门在计划行政部门的指导下，根据社会发展和国民经济中长期规划，组织国务院相关主管部门以及省级人民政府编制国家规划矿区，报请国务院批准后实行。

“对国民经济具有重要价值的矿区”是指经济价值重大或者经济效益很高，对国家经济的全局性、战略性有重要影响的矿区。[①] 对国民经济具有重要价值的矿区是经过勘查后具有较好开发前景的矿产资源保护区域，尚未进入开采阶段，属于“未雨绸缪”的矿产资源区，例如，青海的察尔汗盐湖就是其中

---

① 参见高铭暄、马克昌主编：《刑法学》（第 6 版），北京大学出版社、高等教育出版社 2014 年版，第 582 页。

的典型代表。①

3. 擅自开采国家规定实行保护性开采的特定矿种(如石油、天然气等),情节严重的行为。② “国家规定实行保护性开采的特定矿种”是指黄金、锡、锑、离子型稀土矿产。此项行为类型是从矿产资源的种类角度对于特定矿种的保护。对这些稀缺、贵重的矿种,我国实行有计划的勘查开采管理活动,对科学合理利用矿产资源起到了促进作用,也能够维护该类矿产品全球市场供需平衡,进而实现资源的可持续发展。③ 为了保护我国优势矿产资源,国家对保护性开采的特定矿种实行有计划的开采,在没有得到国务院有关部门的批准之前,不得进行采矿活动。有计划的开采是指国家根据国民经济的需要以及高新技术发展的需要,综合考虑矿产资源的稀缺、贵重程度来确定的,由国务院主管部门根据国家计划批准开采的某些特定矿产资源种类。

其中第一种行为类型和第二、三种行为类型之间为并列关系或包容关系,学界存在争议,主张“并列说”的理由在于此三种行为类型独立成立犯罪,社会危害性由轻到重排列。④ 有学者认为第二、三种行为针对的是有采矿许可证的滥采滥挖行为,对国家规划矿区、对国民经济具有重要价值的矿区、国家规定实行保护性开采的特定矿种进行开采同样需要采矿许可证,与开采其他矿产资源没有不同。如果没有采矿许可证而对国家规划矿区、对国民经济具有重要价值的矿区和他人矿区或对国家规定实行保护性开采的特定矿种进行开采同样属于第一种行为规定的无证开采的范畴,那么《刑法》对第二、三种行为在罪状中再次重复表述则毫无意义。对国家规划矿区、对国民经济具有重要价值的矿区和国家规定实行保护性开采的特定矿种进行非法开采造成的危害结果确实要比非矿区和一般矿种要严重。但是刑法在量刑上对后两种行

---

① 参见王瑜鹏:《非法采矿犯罪行为司法认定研究——以张某、李某非法采矿案为例》,吉林大学2017年硕士学位论文。

② 参见周光权:《刑法各论》(第4版),中国人民大学出版社2021年版,第501页。

③ 参见粤瞰:《此“特定矿种”非彼“特定矿种”》,载《中国矿业报》2015年2月28日,A04版。

④ 参见谢雄伟:《非法采矿罪的立法完善研究》,载《中国地质大学学报(社会科学版)》2004年第6期。

为没有特殊的规定，并没有将后两种行为作为加重的犯罪构成，可见三种行为是一种并列关系。①

认同“包容说”的学者认为，第一种情形为总括性，可以独立成立犯罪，又同时包含其他两种行为类型。② 笔者赞同第二种观点，非法采矿客观方面的三种行为类型之间为包容关系，依据《办理非法采矿、破坏性采矿案件解释》第 2 条的规定，未取得采矿许可证的具体内容主要包含以下几个方面：无采矿许可证而开采矿产资源的；采矿许可证被注销、吊销后仍然开采的；超越采矿许可证规定的矿区范围、矿种进行开采的；其他未取得采矿许可证开采矿产资源的情形。从平意解释来看，“擅自”有“不允许而为之”的含义，后两种行为类型也是违背了开采相关矿业资源的规定，且后两种规定的目的主要在于强调对于国家规划矿区等具有重要价值矿区以及国家实行保护性开采的矿种的重点保护。《开采登记管理办法》明确规定了矿产种类、申请程序、采矿权的取得方式等具体内容，未按照相关规定取得采矿许可证而擅自开采的，符合非法采矿罪的构成要件，应当依法惩处。

（三）对“情节严重”的认定

“情节严重”为非法采矿罪的结果要件，但是对于“情节严重”的内涵理解和具体适用，存在不同学说和争议。

1.“情节严重”的理论争议

根据《刑法》第 343 条第 1 款的规定，非法采矿罪的构成要求符合“情节严重”的构成要件。但是学界对于“情节严重”的具体解释存在不同的理解。“构成要件要素说”认为情节严重为非法采矿罪的构成要件要素；“客观处罚条件说”认为情节严重并不是对违法性提出的要求，而是对行为是否构成犯罪提出的刑事可罚性的要求，是一种规范评价；“违法构成要件要素说”认为

① 参见张晓玮：《论非法采矿罪》，中国政法大学 2010 年硕士学位论文。

② 参见张明楷：《刑法学》（下），法律出版社 1997 年版，第 517 页。

情节严重是违法构成要件要素，意味着只有行为人对情节严重具有故意或过失才对行为人追究责任；“整体的构成要件说”认为情节是否严重必须以法定的罪行要素和罪过要素为基础，而又以超越、超过法定罪行要素和罪过要素做整体性、综合性的判断。作为危害行为构成犯罪的必要条件的情节严重，是一个整体性的构成要件，需要进行综合判断。情节严重，属于综合性构成要件而非单一的构成要素，需要在行为符合已有明确规定的构成要件的基础上，结合一个或多个分则条文，综合判断是否构成情节严重。最后一种观点较为合理，犯罪是主客观相统一进行判断的概念，应在进行客观阶层、主观阶层判断之后再综合判断情节是否严重，进而决定是否追究刑事责任。

2. “情节严重”的理解适用

根据《办理非法采矿、破坏性采矿案件解释》第 3 条的规定，从破坏矿产资源的价值判断层面以及多次非法开矿的、经责令后仍不悔改的主观恶意层面，对“情节严重的具体适用情形”进行了具体规定，主要包含以下几种：开采的矿产品价值或者造成矿产资源被破坏的价值在 10 万元至 30 万元以上的；多次非法采矿，具体可解释为 2 年内曾因非法采矿受过 2 次以上行政处罚，又实施非法采矿行为的；经责令停止开采后拒不停止的；造成生态环境严重损害的。其中，开采的矿产品价值或者造成矿产资源被破坏的价值在 10 万元至 30 万元以上的和造成生态环境严重损害的是从造成损害结果的角度进行评价，多次非法采矿和经责令停止开采后拒不停止的是对行为人的主观恶性进行评价。

对于破坏矿产资源的实际价值如何断定，国土资源部印发的《矿产资源破坏鉴定规定》第 6 条规定：“……非法采矿破坏的矿产资源价值，包括采出的矿产品价值和按照科学合理的开采方法应该采出但因矿床破坏已难以采出的矿产资源折算的价值……”对于破坏矿产资源的价值要通过专业人员进行鉴定破坏矿产资源的部分按照正常合理的方式进行开发可以创造的价值，而鉴定机构应当作出中立、客观、权威、公正的鉴定意见。

根据《办理非法采矿、破坏性采矿案件解释》第 13 条的规定，非法开采的矿产品价值,根据销赃数额认定;无销赃数额,销赃数额难以查证,或者根据销赃数额认定明显不合理的,根据矿产品价格和数量认定。矿产品价值难以确定的,依据下列机构出具的报告,结合其他证据作出认定:(1)价格认证机构出具的报告;(2)省级以上人民政府国土资源、水行政、海洋等主管部门出具的报告;(3)国务院水行政主管部门在国家确定的重要江河、湖泊设立的流域管理机构出具的报告。

矿产资源的价值首先根据销赃数额进行认定,如销赃数额难以认定,根据矿产品价格和数量认定,其中矿产品资源的价值包括采出的矿产品价值和按照科学合理的开采方法应该采出但因矿床破坏已难以采出的矿产资源折算的价值。如矿产品价格和数量也难以认定,可以结合价格认证机构,省级以上人民政府国土资源、水行政、海洋等主管部门,国务院水行政主管部门在国家确定的重要江河、湖泊设立的流域管理机构等专业机构出具的报告来认定。

如张某、李某非法采矿案,张某为非法采矿而成立某矿产资源公司,该公司于 2009 年取得矿产资源勘查许可证,具有在甲区域 12.07 平方公里范围内对铅锌矿予以探矿的权利。2009 年 9 月至 2010 年 1 月,张某与他人合伙在探矿许可范围内“以采代探”开采铁矿资源,在此期间先后两次受过行政处罚。2011 年 1 月,李某与张某达成合作采矿意向,二人分工负责,共同在甲区域内开采铁矿资源。2011 年 3 月,李某开始在甲区域内采取“扒山皮”的方式露天开采铁矿石。2011 年 4 月,国土部门、林业部门先后对张某、李某的非法采矿行为予以行政罚款并责令停止违法开采行为,张某先后安排矿山工作人员顶名接受处罚,并未停止非法采矿行为。至 2011 年年底,张某、李某共销售铁粉 10,000 余吨,获利约 1000 万元。经地质勘测某大队实测,涉案地区铁矿石采出量为 16 万吨,铁矿石 TFe 平均品位 10.46%。经省国土资源厅鉴定,张某、李某非法采矿造成矿产资源破坏量为 16 万吨,矿产资源破坏价值总额为 400 万元。

查办上述案件的国土部门委托地质勘测某大队对涉案铁矿石的采出量进行实地测量,并委托价格评估机构根据铁矿石的品位情况对铁矿石的市场单价进行鉴证,后该国土部门将上述材料呈报省国土资源厅,省国土资源厅进行审查认为实测技术方法科学,数据准确,铁矿石单价合理后,由省国土资源厅进行确认并出具正式的鉴定意见,形成了法官据以定案的重要证据。[①] 该案中严格按照了上述顺序对矿产资源价值进行认定。

二、辩护要点

(一)不符合"经责令停止开采后拒不停止的"的构成要件

"经责令停止开采后拒不停止的"在2011年5月1日之前属于构成非法采矿罪的构成要件,到2011年5月1日《刑法修正案(八)》实施之后,"经责令停止开采后拒不停止开采,造成矿产资源破坏的"构成要件被删除。在发现相关人员有非法采矿行为时,不能直接认定为刑事犯罪中的非法采矿罪,而是应当通过行政程序责令停止开采,而行为人拒不停止的,才符合"情节严重"的要件,从而符合非法采矿罪的构成要件。

在笔者代理的鲁某某、方某、刘某某、秦某某犯非法采矿罪案中,被诉的超采行为存在多个疑点。

案例二:

鲁某某、方某、刘某某、秦某某犯非法采矿案[②]

起诉书中指控,被告所在小南山公司持有的采矿许可证许可采矿权人自2006年1月至2009年1月的生产规模为10.00万吨/年,开采深度由5米至85米标高;自2009年2月10日起生产规模为90.00万吨/年,开采深度由-28米至85米标高。在被告人鲁某某实际经营管理期间,被告人刘某某、方某、秦某某超越许可证规定的矿区范围采用炸药爆破等方式超深开采矿石。经生态环境部南京环境科学研究所评估:2008年2月至2013年4月小南山公

---

① 参见王瑜鹏:《非法采矿犯罪行为司法认定研究——以张某、李某非法采矿案为例》,吉林大学2017年硕士学位论文。

② 安徽省马鞍山市中级人民法院刑事判决书,(2021)皖05刑终85号。

司越界开采矿体围岩56.10万吨;越界开采磁铁矿矿石88.57万吨,TFe平均品位31.29%,其中工业品位磁铁矿矿石77.83万吨,TFe平均品位32.41%,低品位磁铁矿矿石10.74万吨,TFe平均品位23.18%。经江苏华东基础地质勘查有限公司鉴定:小南山矿区4处非法采矿围岩既有可作为宕渣用普通建筑石料的矿产资源,也存在可作为混凝土用碎石和机制砂用石料的矿产资源。经马鞍山市价格认证中心认定:涉案财产的价格为人民币108,373,233元。

检察院认为,被告人鲁某某、方某、刘某某、秦某某伙同他人违反矿产资源法的规定,超越采矿许可证规定的矿区范围开采矿产资源,其中被告人鲁某某涉及数额计人民币108,373,233元,情节特别严重,其行为触犯了《刑法》第343条第1款之规定,犯罪事实清楚,证据确实、充分,应当以非法采矿罪追究刑事责任。

笔者在辩护过程中发现,因为历史原因,小南山公司越界超采的主体不明确、时间段不明确、数量不明确,因此无法确定就是鲁某某在实际管理小南山公司期间越界开采的。

根据2011年5月1日之前的《刑法》第343条第1款的规定,“经责令停止开采后拒不停止开采,造成矿产资源破坏的”是非法采矿罪的构成要件之一。2003年5月29日发布的《审理非法采矿、破坏性采矿案件解释》第1条,2008年6月25日《立案追诉标准(一)》第68条第1款均是如此规定的。直到2011年5月1日《刑法修正案(八)》施行之后,“经责令停止开采后拒不停止开采,造成矿产资源破坏的”构成要件才被删除。而本案被诉的超采行为时间含2011年5月1日之前,根据上述规定,只要被告人在2011年5月1日之前未接到相关部门的责令停止开采,不管是否存在超采行为,在2011年5月1日之前的行为均不应构成非法采矿罪。尽管在案证据里有部分被告人的供述和证人证言,以及2010年10月12日的1份《责令停止矿产资源违法行为通知书》,但卷中并没有该通知书的送达回证,或有签收记录,无法证明该通知书已送达被告人或小南山公司。因此,2011年5月1日之前的行为均不应构成非法采矿罪。

此处涉及的法学原理为刑法的溯及力,我国的刑事立法和司法严格坚持从旧兼从轻原则,新法原则上不溯及既往,但是新法不认为是犯罪的或者处罚较轻的,应当适用新法。此处行为人的行为因为不符合旧法规定的"经责令停止开采后拒不停止开采,造成矿产资源破坏的"是非法采矿罪的构成要件之一,而旧法规定较新法而言更加轻微,应当适用旧法的规定。

(二)证据不足的认定

我国《刑事诉讼法》第 51 条规定:"公诉案件中被告人有罪的举证责任由人民检察院承担,自诉案件中被告人有罪的举证责任由自诉人承担。"证明主体需要履行提供充分证据的责任,否则将承担不利后果。这是证明主体无法提出足以证明被告人有罪的证据的最简单、最典型情况,也就是直观上明显可见的证据缺乏。案件中的证据可以分为直接证据和间接证据,直接证据是指"那种所包含的事实信息足以证明案件主要事实成立或者不成立的证据"①,其包含了丰富的事实信息,只要直接证据的载体和信息真实可靠,办案人员就可以凭这些证据完成对案件事实的证明。间接证据则"没有包含如此丰富的事实信息,单靠某一间接证据,最终能够证明案件主要事实的环节或片段,而既不能直接证明案件主要事实的成立,也不能证明案件主要事实的不成立。办案人员获取的任何一个间接证据,都只是相当于获得了案件主要事实的一个链条或环节而已。要完成整个司法证明过程,办案人员除了要获得足够数量的间接证据,还必须根据各个间接证据所提供的事实信息,来进行逻辑推理,使各个间接证据所提供的事实信息能够环环相扣,形成一个较为完整的证据事实的锁链或证据体系"②。实践中有的案例证据不足,即直接证据缺乏,间接证据无法达到证明标准,而无法形成完整的证据链条。

---

① 陈瑞华:《刑事证据法》(第 3 版),北京大学出版社 2018 年版,第 106 页。
② 陈瑞华:《刑事证据法》(第 3 版),北京大学出版社 2018 年版,第 106 页。

矿产资源属于国家所有，由国务院行使国家对矿产资源的所有权，开采矿产资源应当取得相应的行政许可，必须依法申请，经批准取得探矿权、采矿权，并登记。根据《刑事诉讼法》第200条的规定，认定被告人有罪的证据必须达到犯罪事实清楚，证据确实、充分的证明标准，依据证据得出的结论具有唯一性和排他性，排除其他合理怀疑。

案例三：

王某某等五人非法采矿案①

在王某某等五人非法采矿案中，有关开采量、开采范围、开采的矿石品种等方面的证人证言存在相互矛盾。核查报告的鉴定程序违法、报告编写人未在鉴定报告上签字，鉴定人在出具报告时不具备相应的资质，且没有参与现场的调查程序。因而该鉴定意见不能作为定案的证据，现有证据得出的结论不具有唯一性和排他性，不能排除合理怀疑。故认定五上诉人王某、刘某某、田某某、张某某、金某某既非经研山矿同意，亦违反国家矿产资源法规定，属于未取得采矿许可证擅自采矿行为及以合法形式为掩盖，超量开采矿产资源的事实不清、证据不足，现有证据不足以证实五人实施了非法采矿的行为。

案例四：

通化尊正实业有限公司、曲某某非法采矿案②

通化尊正实业有限公司、曲某某非法采矿案中关于破坏矿产资源土方量和价值的两份鉴定，主要依据为2009年11月作出的江源县金石矿业有限责任公司的《吉林省抚松县大方铁矿西段详细调查报告》，但该详细报告的合法性存疑。首先，《吉林省抚松县大方铁矿西段详细调查报告》是民事诉讼中，由本案的利害关系人乾源矿业开发有限公司委托江源金石矿业有限责任公司

---

① 参见唐山市中级人民法院刑事判决书，(2016)冀02刑终547号。

② 参见吉林省抚松县人民法院刑事判决书，(2018)吉0621刑初76号。

所作，并非由侦查机关委托相关部门作出的。其次，该报告是中国建筑工业勘查中心吉林总队作出破坏资产资源土方量勘测报告和吉林国地矿业权评估有限公司作出资源损失估价报告的重要依据。控方无法提供该详细调查报告的编写人王某某、张某某、朱某某矿产资源调查、勘测资质证书，亦无法联系到编写人，无法通知其出庭作证。

案例五：

王某某、胡某某非法采矿案[①]

在王某某、胡某某非法采矿案中，在计算的被告人胡某某、张某某破坏矿产资源价值177,361元中未将他人开采的矿产资源价值予以剔除，属于认定事实不清。湖南省自然资源厅出具的“衡阳县渣江镇沐林村油库砖厂开采点非法开采瓦用页岩破坏矿产资源价值的鉴定意见”鉴定程序有瑕疵，鉴定方法不科学，不符合《刑事诉讼法》第147条第1款的规定：“鉴定人进行鉴定后，应当写出鉴定意见，并且签名。”故认定三被告人胡某某、张某某、王某某非法采矿造成矿产资源破坏的价值数额177,361元属于事实不清，证据不足，根据存疑时有利于被告人的原则，三被告人不构成非法采矿罪。

案例六：

邱某某非法采矿案[②]

本案中指控所依据的证据主要存在三个方面的问题：首先，指控的非法采矿区的图纸、电子数据来源不明，其真实性无法确定，不能作为认定相关事实的依据；在案鉴定意见对宝马矿业越界开采矿产资源的价值的鉴定程序和计算结果存在明显问题，不能以此作为认定宝马矿业非法采矿情节的依据；公诉机关指控矿业公司非法采矿的期间为2008年至2016年12月3日，2016年

---

① 参见湖南省衡阳县人民法院刑事判决书，(2020)湘0421刑再审1号。

② 内蒙古自治区赤峰市松山区人民法院刑事判决书，(2017)内0404刑初438号。

12 月 3 日为事故发生,证据不足。

对于本案价值的认定,公诉人出示了价格鉴定、调查报告、内蒙古自治区国土资源厅的越界开采造成煤炭资源破坏价值鉴定报告,作为支持非法采矿罪的指控依据。根据《最高人民法院〈关于适用中华人民共和国刑事诉讼法〉的解释》的审查标准,辩护人发现:本案的鉴定意见不同程度地均存在鉴定主体不具有适格资质、鉴定程序不符合专业技术规范、鉴定方法错误、鉴定内容认定的基本事实错误、鉴定意见形式不完备等问题,不能作为认定相关事实的依据。详见对鉴定意见及所依据图纸的质证意见。2012 年《最高人民法院〈关于适用中华人民共和国刑事诉讼法〉的解释》(已废止)第 85 条(现为第 98 条)规定:鉴定机构不具备法定资质、鉴定人不具备法定资质,不具有相关专业技术或者职称、鉴定程序违反规定的、鉴定过程和方法不符合相关专业的规范要求的;鉴定文书缺少签名、盖章的——鉴定意见具有上述所列情形之一的,不得作为定案的依据。结合本案,内蒙古国土资源厅作出的价格鉴定报告因存在鉴定机构不具备法定资质、鉴定人不具备法定资质,不具有相关专业技术或者职称、鉴定程序违反规定的、鉴定过程和方法不符合相关专业的规范要求的;鉴定文书缺少签名、盖章的等情形,不能作为认定相关事实的依据。

对于越界开采的时间,首先,根据刘某 1、牛某某证实,2008 年、2009 年左右虽然出界但是没有采煤。其次,吕某某证实是 2012 年开始越界的,后来又表示是 2008 年的时候越界的,当时的矿长是高某某。牛某某证实是 2012 年年底 2013 年年初开始越界开采的。最后,马某某证实 2014 年 3 月,自己任矿长期间,向刘某 2 请示过越界的事情。根据上述的证据,各被告人对于越界开采的时候供述并不一致,同时我们结合采矿前要布置巷道等客观的情况,结合刘某 3、荆某的证言,我们注意到,至少在 2010 年前是不存在越界开采的。因此,公诉机关指控的越界开采的时间明显错误,此方面的证据严重不足。

综合以上案例,根据刑事诉讼法的基本理论,刑事诉讼证据必须是审判、检察、侦查人员等依照法定的程序收集并审查核实,能够证明案件真实情况的材料,必须符合《刑事诉讼法》第48条明确规定的8种证据种类,即物证,书证,证人证言,被害人陈述,犯罪嫌疑人、被告人供述和辩解,鉴定意见,勘验、检查、辨认、侦查实验等笔录,视听资料,电子数据。刑事诉讼证据应当是客观事实和表现形式的统一。

首先需要满足法定的合法要件,如鉴定意见是指公安司法机关为了解决案件中的某些专门性问题,指派或聘请具有这方面专门知识的人,经过鉴定后出具的意见。鉴定人应当在出具鉴定意见时具备相应的资质,在接受公安司法机关指派或委托后作出。鉴定报告应当由鉴定人签字,鉴定开始之前,鉴定人应当签署承诺书。承诺书中应当载明鉴定人保持客观、公正、诚实地进行鉴定,保证出庭作证等义务。证据如不能满足自身应当具备的合法要件,不能作为定案的依据。

鉴定意见的审查在非法采矿罪中尤其需要重视,因为几乎每个非法采矿案件中都会有鉴定意见,并且鉴定意见也是一项非常核心的证据,这就必然要求辩护律师对鉴定意见进行认真仔细的审查,进而进行精准辩护,切断证据链条。对鉴定意见的审查可以从以下几个方面进行:第一,鉴定机构主体身份。例如,鉴定事项是否超出鉴定机构业务范围、技术条件,是否存在应当回避及职业禁止等情形,鉴定机构是否具有法定资质,鉴定人是否具备专业技术职称,资质证书是否在有效期限内等。第二,鉴定程序是否符合法律及有关规定,鉴定程序的启动是否符合国土资源部《矿产资源破坏鉴定规定》等。第三,鉴定依据是否客观、有效。特别是在越界开采的案件中,开采前的测绘图和开采后的勘察图的形成时间与指控的犯罪行为的时间跨度是否匹配,能否客观、真实地反映有无越界开采的情形及越界开采的量等。第四,鉴定的过程和方法是否符合相关专业技术规范。具体包括引用的专业技术规范是否适用于鉴定事项,以及引用的专业技术规范是否失效,是否被新的技术规范替代。[1]

---

① 参见宋向红律师团队:《非法采矿罪辩护要点》,载微信公众号"法务与实辩"2022年4月19日。

在笔者代理的鲁某某、方某、刘某某、秦某某犯非法采矿罪案中则涉及了鉴定意见的排除问题。该案中涉及的《资源损失量评估报告》的出具单位是生态环境部南京环境科学研究所,其单位资质是环境损害方面的鉴定,并没有涉矿专业领域的从业资格;编制人员也都不具备编写固体矿产资源储量报告的专业背景和专业能力。出具《资源储量分割估算报告》的单位江苏华东八一四地球物理勘查有限公司,也无固体矿产勘查资质,仅有液体矿产勘查、水工环地调查、地球物理勘查,亦无涉矿专业背景,编写人员也都不具备编写固体矿产资源储量报告的专业背景和专业能力。出具《价格认定结论书》的马鞍山市价格认证中心也不具备矿产资源储量价值评估和矿资评估专业能力。从这一方面就可以否定鉴定意见的效力,进而使相关鉴定意见所认定案件事实的证据不足,从而实现对证据链条的切断。

(三)未达到"情节严重"标准

根据《刑法》第 343 条第 1 款的规定,非法采矿罪的构成要求符合"情节严重"的构成要件。如果实施的违法行为只达到情节轻微的程度,综合主客观的因素,不符合"情节严重"的构成要件,不能认定构成非法采矿罪。具体司法实践中对于"情节严重"的认定通常结合行为人造成的矿产资源价值损害数额、通过非法开采行为的获利数额以及其他具体情节进行认定。

案例七:

邱某某非法采矿案①

起诉书认定,本案中,宝马矿业存在非法采矿行为,且事故发生在"宝马矿业借回撤越界区域内设备名义违法组织生产"的过程之中,但是宝马矿业越界采矿不是瓦斯爆炸事故发生的直接原因,不能以此认定越界开采性质严重。重大责任事故主要是没有完全按照安全生产的要求进行生产而发生的事

① 内蒙古自治区赤峰市松山区人民法院刑事判决书,(2017)内 0404 刑初 438 号。

故,无论是宝马矿业在界内开采还是在界外开采,只要不按照安全生产要求进行生产都有可能发生重大事故。换言之,本案瓦斯爆炸事故发生的原因是现场工人的违章作业和分管领导的失职失察,这与宝马矿业公司的非法采矿行为不具有刑法意义上的直接因果关系。即便宝马矿业公司不进入元宝山煤矿进行非法生产,瓦斯爆炸事故同样极有可能会发生。刑法理论通说对因果关系的判断采取的是"若无前者,则无后者"的条件公式,即如果没有行为人的违法行为,危害结果便不会发生,则行为与结果之间具有因果关系;反之则不具有因果关系。

本案中,尽管宝马矿业公司存在越界采矿的违法行为,但即便宝马矿业公司合法采矿,事故仍很有可能发生,非法采矿不是事故发生的原因,现有证据也无法证明非法采矿行为显著增大了事故发生的风险,并导致事故发生。因此,即便邱某某等人对宝马矿业公司的非法采矿行为知情乃至默许,其也无须因明知、默许宝马矿业公司的非法采矿行为而对瓦斯爆炸事故承担责任。基于上文论述,从在案宝马矿业设置的安全生产规章、规程,到公司较为健全的安全生产负责人员配备,再到日常安全生产管理落实制度情况,都可让作为上级公司领导的邱某某有理由相信下级公司直接负责安全生产的相关人员已经尽到了职责。

案例八:

通化尊正实业有限公司、曲某某非法采矿案①

在通化尊正实业有限公司、曲某某非法采矿案中,被告人有关非法采矿罪的指控是否符合"经责令停止开采后拒不停止开采"的前置程序存疑,达不到"情节严重"的认定标准,不构成非法采矿罪。首先,抚松县国土局向大方铁矿下达的责令停止矿产资源违法行为通知书 5 张送达回证复印件,其中不在指控区间的 2003 年到 2005 年签收人是"曲某某",2006 年到 2007 年签收人

① 参见吉林省抚松县人民法院刑事判决书,(2018)吉 0621 刑初 76 号。

为“滕某某”。曲某某不认可其签字且无法做字迹司法鉴定，抚松县国土局对大方铁矿的行政处罚原始案卷丢失，无法明确作出责令停止违法行为是针对“越界开采”不是无证开采，与起诉书所控的越界开采不符。

在司法实践中，构成非法采矿罪需要符合“情节严重”的要件，包括在后果上或在情节上存在严重情节，如果非法采矿行为和严重后果之间虽然存在一定的关联，但是并不具备法律上的直接因果关系，不能认定是该行为导致的严重后果，不符合“情节严重”的要件。另外，2011 年 5 月 1 日之前的非法采矿罪的构成要求具备“经责令停止开采后拒不停止开采，造成矿产资源破坏的”的要件，根据从旧兼从轻的原则，2011 年 5 月 1 日之前的非法采矿行为不符合该要件的，也不应当认定为符合“情节严重”的要件。

在某 8 被告人危险作业罪案件中，法院查明，2021 年 12 月 5 日晚，赵某伙同王某 1、但某、何某、王某 2、魏某、聂某、许某潜入湖北省十堰市郧阳区鲍峡镇云盖寺绿松石矿区。在未取得采矿许可及相关安全生产许可、资质，且明知云盖寺绿松石矿洞内存在巨大安全隐患的情况下，赵某等 8 人仍然冒着风险从云盖寺绿松石矿“拐枣树”洞口进入矿洞内非法开采绿松石。2021 年 12 月 5 日 23 时许，他们被云盖寺绿松石矿山公园稽查队查获，当场查获价值约 2 万元的绿松石，原矿石 7925 克。[①] 经过承办检察官的分析，认为该 8 名犯罪嫌疑人的行为违反矿产资源法，非法采矿，但未达到情节严重的程度，不构成非法采矿罪；8 名犯罪嫌疑人的行为违反有关安全管理的规定，在有重大安全隐患且具有发生重大伤亡事故或其他严重后果的现实危险的绿松石矿区进行非法作业，构成危险作业罪。

依照《办理非法采矿、破坏性采矿案件解释》第 3 条的规定，实施非法采矿行为，具有下列情形之一的，应当认定为“情节严重”：（1）开采的矿产品价值或者造成矿产资源破坏的价值在 10 万元至 30 万元以上的；（2）在国家规

① 参见蒋长顺、李敬昌：《打击危险作业犯罪行为　筑牢安全生产防线》，载《检察日报》2022 年 12 月 6 日，第 7 版。

划矿区、对国民经济具有重要价值的矿区采矿，开采国家规定实行保护性开采的特定矿种，或者在禁采区、禁采期内采矿，开采的矿产品价值或者造成矿产资源破坏的价值在5万元至15万元以上的；(3)2年内曾因非法采矿受过2次以上行政处罚，又实施非法采矿行为的；(4)造成生态环境严重损害的；(5)其他情节严重的情形。实施非法采矿行为，具有下列情形之一的，应当认定为“情节特别严重”：(1)数额达到前款第1项、第2项规定标准5倍以上的；(2)造成生态环境特别严重损害的；(3)其他情节特别严重的情形。

除了上述法律规定，有关“情节严重”在犯罪理体系中的地位，理论界存在两种不同观点，即构成要件要素说和违法构成要件要素说。实际上，犯罪是主客观相统一进行判断的概念，应在进行客观阶层、主观阶层判断之后再综合判断情节是否严重，进而决定是否构成犯罪，律师在辩护工作过程中应当注意遵循此逻辑。

(四)不满足犯罪数额的起点

《办理非法采矿、破坏性采矿案件解释》第13条第1款规定：“非法开采的矿产品价值，根据销赃数额认定；无销赃数额，销赃数额难以查证，或者根据销赃数额认定明显不合理的，根据矿产品价格和数量认定。”2017年4月，最高人民检察院、公安部联合印发《关于公安机关管辖刑事案件立案追诉标准的规定(一)的补充规定》对上述内容再次予以明确。各地法院在结合各地具体情形的基础上，根据各省的经济发展状况进行了具体的规定。《湖南省高级人民法院、湖南省人民检察院关于办理非法采矿、破坏性采矿刑事案件执行具体数额标准的规定》(湘高法发〔2019〕18号)、江苏省高级人民法院、江苏省人民检察院关于印发《关于我省执行非法采矿、破坏性采矿“情节严重”、“造成矿产资源严重破坏”标准的意见》的通知(苏高法〔2017〕126号，2017年7月13日)和重庆市高级人民法院、重庆市人民检察院关于确定重庆市非法采矿、破坏性采矿刑事案件数额标准的意见(渝高法〔2018〕22号，2018年2月7日)均明确了非法开采的矿产品价值或者造成矿产资源破坏的价值在10

万元以上;在国家规划矿区、对国民经济具有重要价值的矿区开采,开采国家规定实行保护性开采的特定矿种,或者在禁采区、禁采期内采矿,开采的矿产品价值或者造成矿产资源破坏的价值在 5 万元以上,为《刑法》第 343 条第 1 款规定的“情节严重”。《四川省高级人民法院、四川省人民检察院关于我省非法采矿罪、破坏性采矿罪具体数额执行标准的通知》(川高法〔2018〕101 号)中明确实施非法采矿行为,开采的矿产品价值或者造成矿场资源破坏的价值在 15 万元以上的,应当认定为《刑法》第 343 条第 1 款规定的“情节严重”。在国家规划矿区、对国民经济具有重要价值的矿区采矿,开采国家规定实行保护性开采的特定矿种,或者在禁采区、禁采期内采矿,开采的矿产品价值或者造成矿产资源破坏的价值在 70 万元以上的,应当认定为《刑法》第 343 条第 1 款规定的“情节严重”。

在邱某某非法采矿案中,在宝马矿业本身存在明确销售记录的情况下,以不准确的依据对采出量进行估算的鉴定数额显然不具有可采性。尽管在《办理非法采矿、破坏性采矿案件解释》颁布前各地国土资源鉴定部门对价值鉴定存在规定,但是基于法律效力的基本原则,在刑事司法程序中应当优先适用新颁布的刑事司法解释的相关规定。因此,无论是法律依据的效力还是从有利于当事人的角度出发,对于宝马矿业非法采矿的实际采出量的认定数量应大幅降低,不能以鉴定意见数额作为认定依据。根据上述法律法规及司法解释的规定,有销赃记录的按照销赃记录来计算非法采矿的数额,在本案中宝马矿业在具有完整销售记录的情况下,不应再以鉴定所估算的数额来认定犯罪数额。况且,根据庭审查明的情况,目前已经处于无法鉴定的状态,那么以存在重大问题的估算数额来认定犯罪数额,明显缺乏法律依据。

实践中非法采矿案件的矿产品价格认定有其应当注意的问题。在价格认定程序上,根据价格认定的有关规定,办案机关委托价格认证机构对非法开采的矿产品价格进行认定的,应出具价格认定协助书。价格认证机构应当按照办案机关所在的行政区域,分级受理价格认定。价格认定人员应当在办案机关的协助和参加下,对价格认定对象进行实物查验、核实或者勘验,必要时要求办案机关通知非法采矿涉案当事人到场。对重大、疑难的价格认定事项，价格认证机构认为必要或者办案机关提出申请，价格认证机构可以通过听证、座谈会等方式，听取办案机关、相关当事人、专家对价格认定事项的意见。价格认证机构出具价格认定结论后，办案机关对价格认定结论有异议的，可在收到价格认定结论之日起60日内，向上一级价格认证机构提出复核。

涉案当事人对价格认定结论有异议的，可以向办案机关提出复核申请，由办案机关按程序提出复核。在非法采矿刑事案件中，矿产品价格认定程序中应注意的问题包括：有的价格认证机构在实物查验、现场勘验时未核实清楚有关事实，也未要求办案机关通知涉案当事人现场指认，导致有关事实认定不清；有的价格认定事项中存在疑难复杂以及争议较大的问题，但价格认证机构未听取办案机关、相关当事人、专家的意见；有的价格认定结论出具后，办案机关未及时通知相关当事人，剥夺和影响了当事人行使申请复核以及重新认定、补充认定的权利等。

在价格认定对象上，应注意对象为案涉当事人非法采出的矿产品，在非法采出的矿产品已经灭失不能作为认定标的时，应当将在非法开采区域同一矿层取样的矿石作为认定标的；或者以和非法采出的矿产品具有相同或者相似质量特征的矿石作为认定标的，而不能随意以周边区域他人采出的矿产品作为价格认定的标的。涉案矿产品中存在不同化学成分、工业类型、品级等质量特征的，应对非法采出的矿产品进行分类，分别开展价格认定。价格认定对象应为行为人非法采出的原矿，而非经选矿或其他加工过程后的矿石，亦非经过长途运输、二次交易后的矿产品。

在价格认定的基准日方面，有的案件中非法开采矿产品发生的时间分散，例如，开采行为分别发生在一年的多个月份，办案机关未根据开采或者销售数量分别认定同一年中不同月份的矿产品价格，而是笼统地要求价格认证机构按照年度或者多个年度的平均矿产品价格进行认定，导致价格认定结论不准确，特别是在矿产品价格波动较大时会导致价格认定结果严重失实。有的案件中由于非法采矿发生时间久远，查证非法开采时间难度较大，办案机关在未深入调查取证的情况下，向价格认证机构提供了不准确的基准日。①

（五）具有行政违法性不一定构成刑事犯罪

非法采矿行政违法是行为人承担行政责任直接且唯一的依据，因此未依照行政法规定取得采矿许可的行为具有行政违法性。实践当中未取得采矿许可证的认定标准包括：（1）无许可证，是指未取得采矿许可证擅自开采的行为，主要针对的是"自始未取得"的情形。《办理非法采矿、破坏性采矿案件解释》第4条、第5条还对河砂、海砂的开采作出进一步规定。（2）许可证被注销、吊销、撤销。采矿权人要停办、关闭矿山的，需要在完成《矿产资源法实施细则》中所规定的一系列程序性工作后，进行证照的注销。吊销采矿许可证是行政机关针对严重违反法律规定的开采行为作出的一种行政处罚。主要处罚的行为是，《矿产资源法》第40条规定的超越批准的矿区范围采矿，经责令后拒不退回本矿区范围内开采，造成矿产资源破坏的行为；《矿产资源法》第42条规定的违反规定将探矿权、采矿权倒卖牟利的行为；《矿产资源法》第44条规定的采取破坏性的开采方法开采矿产资源的行为等。根据《矿产资源法》第47条的规定，如果负责矿产资源勘查、开采监督管理工作的国家工作人员和其他有关国家工作人员徇私舞弊、滥用职权或者玩忽职守，违反《矿产资源法》的规定批准勘查、开采矿产资源和颁发勘查许可证、采矿许可证，那么，不仅相关行为将受到行政处分甚至刑事处罚，上级人民政府地质矿产主管部门还有权撤销违法颁发的勘查许可证和采矿许可证。（3）超越许可证规定的矿区范围或者开采范围。所谓"越界开采"，是指采矿权人擅自超出采矿许可证规定的矿区范围（含平面范围和开采深度）开采矿产资源的行为。《矿产资源法》第40条规定，超越批准的矿区范围采矿的，则会责令退回本矿区范围、赔偿损失、没收越界开采的矿产品和违法所得，同时可一并处以罚款。拒

---

① 参见吴永高、冼春雷：《非法采矿罪辩护要点之七：矿产品价格认定》，载微信公众号"金诚同达"2023年2月7日。

不退回本矿区范围开采，造成矿产资源破坏的，将会被吊销采矿许可证，以非法采矿罪论处。(4)超出许可证规定的矿种的(共生、伴生矿种除外)。采矿许可证规定了可开采的矿种信息，在规定矿种以外开采的，属于超范围采矿，将会认定为“未取得采矿许可证”的行为。但要重点关注的是，许可证规定的矿种如果属于共生矿或伴生矿，则可能不构成非法采矿罪。(5)其他未取得许可证的情形，如超量开采、许可证过期后进行采矿等。

非法采矿刑事犯罪的刑事违法评价具有独立性，行为具有行政违法性并不必然构成刑事犯罪。非法采矿犯罪基于环境法益保护的需要，与非法采矿行政违法在法秩序的侵害方面具有本质不同。非法采矿罪对自然法益进行独立保护，其不是单纯地对行政秩序的违反或者对国家矿产所有权的侵害，而是具备了自身固有的刑事违法性。因此，非法采矿罪的司法认定不能是在行政违法要素上简单叠加加重要素，而要将行政违法性置于犯罪构成要件系统中进行整体判断。依赖于行政行为的行政违法性判断不应直接决定行为的刑事性质。非法采矿罪的认定应当弱化行政权的影响，并对排除行政违法性的事由予以明确：在出罪要素方面，对行为行政违法性判断所依据的具体行政行为的层级、形式和程序进行实质判断，并进行必要限制；在入罪要素方面，将违反地方政府或者治理工作领导小组等发布的公告与非法采矿罪“情节严重”的认定紧密结合，防止将矿产资源行政违法对刑事惩治的影响不当扩大。①

对于超期采矿行为，主要存在两种情形：一是采矿许可证载明的日期已过。由于行为不具备行政许可的时间条件，此种情形应当进行刑事处理。二是采矿许可证载明的日期未过但行政主管部门作出超期行政处罚。由于采矿许可属于一般授权，行政主管部门的行政行为属于特别处理，此种情形应当依据行政处罚的内容确定行为是否具有违法性，并作出刑事判断。对于仅获得探矿许可的行为认定问题，在探矿权向采矿权过渡期间，如在取得探矿权后履

① 参见侯艳芳：《非法采矿罪司法认定的疑难问题》，载《人民法院报》2022年12月8日，第5版。

行申请采矿权手续的过程中发生的开采行为不宜进行刑事司法认定。原因在于,尽管探矿权和采矿权作为矿业权兼具民事和行政的双重属性,但依法取得相应的采矿权是探矿权人的一项重要民事权利,此项权利的民事属性具有主导性。因此,在矿产资源所有权没有实质性受损的情形下,不应因探矿权向采矿权过渡期间尚未取得采矿许可而追究采矿行为的刑事责任。对于在探矿权向采矿权过渡期间发生的开采行为,应当落实少捕慎诉慎押的刑事司法政策,并运用合规等方式督促涉案矿产企业作出合规承诺、积极整改。[①]

(六)许可证被暂扣期间进行的采矿行为

《最高人民法院、最高人民检察院关于办理危害矿山生产安全刑事案件具体应用法律若干问题的解释》(已废止)第 8 条规定,在采矿许可证被依法暂扣期间擅自开采的,视为非法采矿罪规定的“未取得采矿许可证擅自采矿”。但是,该条司法解释已经废止,现行有效的《办理非法采矿、破坏性采矿案件解释》中并未将这种行为纳入“未取得采矿许可证”的行为。从法律体系的角度来看,采矿许可证被暂扣期间采矿不应当认定为未取得许可证的情形。《关于预防煤矿生产安全事故的特别规定》第 8 ~ 11 条中规定,存在重大安全生产隐患和行为的煤矿,会被责令停产整顿,行政部门将对其暂扣采矿许可证。仅是暂扣许可证就认定其“未取得许可证”,略显不妥。而且,停产整顿、暂扣许可证的目的是保障安全生产,非法采矿罪所保护的则是矿产资源,因此将暂扣许可证期间采矿认定为非法采矿罪并不符合法律的规范目的。因此,我们认为采矿许可证被暂扣期间仍进行采矿的行为不宜认定为“未取得许可证”。[②]

---

① 参见侯艳芳:《非法采矿罪司法认定的疑难问题》,载《人民法院报》2022 年 12 月 8 日,第 5 版。

② 参见李波、邱悦:《非法采矿罪“未取得采矿许可证”的认定》,载微信公众号“京都律师”2022 年 6 月 17 日。

(七)开采物不属于“矿产资源”

在采矿作业中,并非所有采出的岩石都是矿产资源,符合矿产资源标准的称为“矿石”,不符合矿产资源标准的称为“废石”。所以在非法采矿刑事案件中,界定开采的对象属于“矿石”还是“废石”,是区分非法采矿罪与非罪以及据以定罪量刑的重要标准。在实践中,应从矿产资源概念的内涵和外延出发,根据矿产资源管理法律法规及行业规范,并结合司法鉴定意见、行政主管机关意见等,对具体案件中开采作业对象是否属于“矿产资源”作出准确认定。

在非法采矿刑事案件中,界定开采对象是否属于“矿产资源”,应从以下三个方面进行综合判断:第一,“矿产资源”须是天然形成的。《矿产资源法实施细则》规定,矿产资源是指由地质作用形成的,具有利用价值的,呈固态、液态、气态的自然资源。其中,天然性是矿产资源的重要特征,只有天然形成的物质才有可能是矿产,经过后天加工、提炼等方式形成的物质不属于是矿产资源。第二,“矿产资源”须在国家规定的矿种范围内。《矿产资源法实施细则》规定,矿产资源的矿种和分类见该细则所附《矿产资源分类细目》,新发现的矿种由国务院地质矿产主管部门报国务院批准后公布。《矿产资源分类细目》将矿产资源分为四大类,分别是能源矿产(煤、煤成气、石煤等 11 种)、金属矿产(铁、锰、铬等 59 种)、非金属矿产(金刚石、石墨、磷等 92 种)和水气矿产(地下水、矿泉水、二氧化碳气等 6 种)。截至 2022 年,经国务院公布的矿种已有 173 个。因此,作为非法采矿罪的犯罪对象,必须在国家规定的 173 个矿种范围内。第三,“矿产资源”应具备开发利用价值。“矿产资源”是一个专有概念,判断涉案物质是否属于矿产资源,不是仅依据该物质的组成成分中是否包含矿物质进行判断,而是需要满足产出形式、数量和质量可以预期最终开采是技术上可行、经济上合理的,具备开发利用价值。《矿产资源法实施细则》中，将“具有利用价值”作为认定矿产资源的一项标准。①

（八）不构成法律意义上的“越界开采”

我国刑法将越界开采作为非法采矿罪的一种重要表现形式予以处罚，法律规定的越界开采违法行为有以下三种形态：一是擅自超越许可证规定的矿区范围或者开采范围开采矿产资源的行为；二是擅自进入国家规划矿区、对国民经济具有重要价值的矿区开采矿产资源的行为；三是擅自进入他人矿区范围开采矿产资源的行为。但实践中也有一些行为在能否构成“越界开采”的问题上存在争议。

例如，假设 A 公司拥有某煤矿采矿权，矿区范围标高为 -1500 米至 -500 米。按照经评审备案的矿产资源储量报告，以及经审查的矿产资源开发利用方案，矿区范围内允许开采的煤层由上至下为 1 号、2 号、3 号煤层，开采深度为 -1100 米至 -500 米。A 公司在开采作业过程中，擅自将开采范围延伸至 -1300 米。根据矿产资源管理法律法规及《刑法》《办理非法采矿、破坏性采矿案件解释》的规定，非法采矿罪所规制的越界开采行为是擅自超越许可证规定的矿区范围开采矿产资源的行为。A 公司的开采范围虽然超出了经矿产资源主管部门审批的煤层范围和开采设计范围，但未超出采矿许可证规定的矿区范围，不构成法律意义上的越界开采。A 公司作为煤矿采矿权人，其有权开采的矿产资源种类为煤炭，A 公司在矿区范围内 -1100 米标高以下的开采行为是否构成非法采矿，需要根据该范围内的矿产资源赋存情况进行判断：如果矿区范围内 -1100 米标高以下赋存的资源种类仍然是煤炭，则 A 公司开采的仍是采矿许可证规定的矿种，不构成非法采矿；如果矿区范围内 -1100 米标高以下赋存的主矿种为煤炭，同时还共生或伴生有其他矿种，则 A 公司开采煤炭和共伴生矿种的行为也不构成非法采矿；如果矿区范围内 -1100 米标

---

① 参见吴永高、冼春雷：《非法采矿罪辩护要点之二：矿与非矿》，载微信公众号“金诚同达”2022 年 8 月 11 日。

高以下赋存有其他矿种,且不属于煤炭的共伴生矿种,则 A 公司超出开采设计范围开采其他矿种的行为构成非法采矿。[1]

越界开采零星边角资源的行为也不构成非法采矿罪。例如,B 公司拥有某花岗岩矿采矿权。在 B 公司矿区范围的外部,还存在零星花岗岩边角资源。B 公司为了对边角资源进行综合回收,已向矿产资源主管部门申请办理采矿权扩界手续,并缴纳了边角资源储量对应的矿业权价款。由于 B 公司矿山开采施工已推进至边角资源区域,如果不一并开采边角资源,后续将无法再单独进行开采,为此 B 公司在尚未办理完扩界手续的情况下对边角资源进行了开采。B 公司在开采该边角资源之前,已经申请且正在办理扩界手续,其越界开采行为是基于自身能够取得开采区块采矿权的合理预期,不具有盗采矿产资源的主观故意。按照矿产资源现有的开采技术和开采时序,如果 B 公司不及时对该边角资源进行开采,该部分资源将永久无法开采,势必造成国家矿产资源的浪费,因此从开采技术、资源回收利用、经济效益等方面综合考虑,B 公司的开采行为具有合理性和必要性。B 公司已按照国家有关规定缴纳了边角资源储量对应的矿业权价款,完成了矿业权有偿处置,其开采行为没有损害矿产资源国家所有者权益。[2]

经相邻矿业权人同意开采相邻矿区矿产资源也不构成刑法意义上的越界开采。例如,C 公司和 D 公司均为拥有铁矿采矿权的矿业企业,两家公司的铁矿矿区范围相互毗邻。C 公司取得采矿权后很快投入生产经营,D 公司则由于项目融资等原因一直未能正式投产。双方经协商达成协议,D 公司同意将其和 C 公司矿区毗邻的部分矿体交由 C 公司开采,C 公司按照每吨原矿 40 元的标准向 D 公司支付费用。根据《矿产资源法》和《刑法》的有关规定,“擅自进入他人矿区范围采矿”属于非法采矿行为。C 公司是在和 D 公司协商一

---

① 参见吴永高、冼春雷:《非法采矿罪辩护要点之三:越界开采》,载微信公众号“永高矿业律师”2022 年 5 月 23 日。

② 参见吴永高、冼春雷:《非法采矿罪辩护要点之三:越界开采》,载微信公众号“永高矿业律师”2022 年 5 月 23 日。

致的情况下，经D公司同意进入其矿区范围内采矿，C公司并非擅自进入他人矿区范围采矿。C公司和D公司之间通过签订开采协议，实际上建立起了矿山承包开采的法律关系，属于民事主体之间的意思自治行为，不涉及刑法意义上的越界开采。①

（九）不符合非法采矿罪的责任主体

《危害生产安全刑事案件解释》中对单位犯罪中的"直接负责的主管人员""其他直接责任人员"进行了明确规定。非法采矿单位犯罪中的"直接负责的主管人员"是指对非法采矿单位犯罪起决定、批准、组织、策划、指挥、授意等作用的人员，"其他直接责任人员"是指在直接负责的主管人员的指挥、授意下具体执行、积极参与实施非法采矿单位犯罪的人员，上述两类人员在非法采矿单位犯罪中都属于责任人员，区别在于两者在单位犯罪实施过程中的身份地位和职责分工不同。因此，在为责任主体进行辩护时，应当谨慎认定非法采矿单位犯罪的"直接负责的主管人员""直接责任人员的"，具体可以从以下几点进行考虑：

第一，明确决策责任，重点关注公司内部关于非法采矿的股东会决议、董事会决议、总经理办公会会议纪要，以及公司管理层对于非法采矿施工、结算、销售等有关环节的审批流程和决策文件、签批文件等。

第二，明确岗位职责，若是为完成岗位职责，受指派非法采矿的员工，不宜认定为非法采矿罪的主体。

第三，挂名但未参与公司经营管理的法定代表人、不实际参与非法采矿行为的矿长，以及其他虽涉及非法采矿但未起到较大作用的公司人员，不宜认定为单位犯罪中的责任人员。②

---

① 参见吴永高、冼春雷：《非法采矿罪辩护要点之三：越界开采》，载微信公众号"永高矿业律师"2022年5月23日。

② 参见星来律师：《非法采矿罪司法现状及常见辩护要点》，载微信公众号"星来律师"2023年3月6日。

第二节 破坏性采矿罪

一、理论基础

(一)破坏性采矿罪的概念和犯罪构成

1986 年制定、1996 年修订的《矿产资源法》曾经以附属刑法的形式将情节严重的非法采矿行为及破坏性采矿行为规定为犯罪,并规定依照 1979 年《刑法》第 156 条规定的故意毁坏公私财物罪定罪处罚。将破坏性采矿的行为归类为财产类犯罪,这一规定引发了争议,多数学者并不认可此项规定,原因在于矿产资源不同于一般财物,矿产资源所有权属国家所有,且矿产资源不可再生,破坏矿产资源的行为不仅侵害了国家对于矿产资源的所有权,并且侵害国家对于矿产资源的管理保护秩序,其社会危害性重于侵害一般财物。① 之后,在修订 1997 年《刑法》时,新设了破坏性采矿罪。根据《刑法》第 343 条第 2 款的规定,破坏性采矿罪是指违反矿产资源法的规定,采取破坏性的开采方法开采矿产资源,造成矿产资源严重破坏的行为。

非法采矿罪和破坏性采矿罪为同一客体,具体分析可以参照上述对于非法采矿罪客体的分析,即破坏性采矿罪的客体应当采"复杂客体说"。本罪的客体具体包含矿产资源保护制度,社会经济管理秩序、国家对矿产资源开采、生产的管理制度以及国家对矿产资源的所有权。矿产资源属于国家所有,随着国家和公民对于矿产资源重视程度的逐渐增加,矿产资源的管理制度也在不断完善之中,相关的法律法规不断完善有关矿产资源的开采、生产、保护等相关管理制度。若破坏性采矿罪的行为人无视上述制度要求,采用破坏性的方法开采矿产资源的行为造成了矿产资源被严重破坏的后果,侵犯了国家的

---

① 参见吴占英:《论破坏性采矿罪》,载《中国地质大学学报(社会科学版)》2002 年第 2 期。

矿产资源保护管理制度和国家对矿产资源的所有权,则要受到处罚。

本罪的客观方面为行为人违反矿产资源法的规定,采取破坏性的开采方法开采矿产资源,造成矿产资源严重破坏的行为。关于本罪的客观方面,主要争议在于三个方面:(1)"矿产资源法"的具体范围;(2)"破坏性的开采方法"的认定;(3)"矿产资源严重破坏"的认定。具体分析认定将在下部分进行具体分析。

关于本罪的主体是否为一般主体,学界存在争议,有学者认为本罪的主体为特殊主体,获得采矿许可证的行为主体才可构成此罪,无采矿许可证的行为人采用破坏性的方法开采矿产资源的,应当成立非法采矿罪而非破坏性采矿罪。① 笔者认同本罪的主体为一般主体,自然人和单位皆可构成此罪。是否具备采矿许可证并不是本罪主体的限定条件,破坏性采矿罪的立法目的在于惩罚不使用适当的开采方法,而采用破坏性的开采方法,破坏矿产资源的行为。矿产资源为不可再生的珍贵资源,立法目的在于规范采矿主体的开采方法的适当性、合理性,以保护矿产资源的合理开发利用。行为主体是否具备采矿许可证,不影响此罪对其开采方法的评价,若不具备采矿许可证的行为同时符合非法采矿罪的构成要件,按照想象竞合择一重处理。

本罪的主观方面为故意,行为人采用破坏性开采方法开采矿产资源,对于矿产资源造成严重破坏的后果持希望或者放任态度。具体包含行为人需要认识到自己采用的方法为破坏性的开采方法且采用的破坏性开采方法会造成矿产资源被严重破坏性的结果,对于所造成的结果持希望或者放任态度,其中希望结果发生的属于直接故意,放任该结果发生的属于间接故意。

(二)"矿产资源法"的限定

对此处"违反矿产资源法的规定"应当做广义解释,具体原因可以参照上述非法采矿罪关于此处的论述,应当认定其不仅包含《矿产资源法》,还包括

① 参见吴占英:《论破坏性采矿罪》,载《中国地质大学学报(社会科学版)》2002 年第 2 期。

《水法》《开采登记管理办法》《矿产资源法实施细则》《矿产资源勘查区块登记管理办法》等法律、行政法规有关矿产资源开发、利用、保护和管理的规定。

(三)"破坏性开采方法"的认定

破坏性开采方法,是指违反合理的开采顺序、开采方法和选矿工艺的开采方法。破坏性的开采,是指行为人违反地质矿产主管部门审查批准的矿产资源开发利用方案开采矿产资源,并造成矿产资源严重破坏的行为。[①] 所谓"合理的开采顺序",是指保证开采作业安全,资源合理回收和采矿效益好的开采顺序;"合理的开采方法"是指生产安全、采矿强度高、矿产损失和贫化率低,矿产资源利用率好及经济效益高的开采方法;"选矿工艺"是指用物理或化学方法,将矿物原料中的有用成分、无用矿物和有害矿物分开,或将多种有用成分分离开来的工艺过程。[②]

国土资源部颁发的《矿产资源开发利用方案编写内容要求》对于矿产资源开发利用方案的具体内容和审查提供了较为具体的框架和标准,包含开发顺序、选矿工艺、环境保护等内容。在实践中认定开采方法是否达到破坏性的程度可以结合编写内容的具体要求。《矿产资源开发利用方案》审查大纲明确了对于方案编写资格、矿山建设规模、开采储量确定的合理性、开采方案、选矿加工方案、环境保护、水土保持、土地复垦等方案以及矿山安全的审查原则、审查要求和需要审查的主要内容。

司法实践中如果行为人违背了批准采用的开采方法,擅自使用其他违反规定的破坏性的开采方法的,符合"破坏性开采方法"的认定,具体可以参照以下案例。

---

① 参见周光权:《刑法各论》(第 4 版),中国人民大学出版社 2021 年版,第 502 页。

② 参见吴占英:《论破坏性采矿罪》,载《中国地质大学学报(社会科学版)》2002 年第 2 期。

案例九：

张某某破坏性采矿案[①]

关于上诉人张某某所提上诉理由。经查，涉案煤矿经地质矿产管理部门确定的开采方式为地下开采，虽然矿权人已经向确定部门申请变更煤矿开采方式，但是按照确定部门要求的实质要件变更手续尚未完成，故许可的开采方式仍为地下开采。林某某明知矿权人的变更手续并未办理完结，仍将煤矿划分标段，采取对外转包、合作开采、买断经营等形式，投入大量人员、设备、资金对煤矿进行大规模的破坏性露天开采和越界开采活动，其行为违反了矿产资源法的规定，造成了煤炭资源破坏，经甘肃省国土资源厅召开非法采矿、破坏性采矿造成矿产资源破坏价值鉴定委员会鉴定，造成煤炭资源破坏价值达到严重破坏的标准。其间，上诉人张某某接受林某某的雇佣，积极协助林某某实施破坏性采矿行为，并领取高额固定工资、获取巨额非法利益，与林某某构成共同犯罪；在共同犯罪中，张某某起帮助和辅助作用，是从犯。原判以破坏性采矿罪对张某某判处缓刑，对其违法所得依法予以追缴，符合法律规定。张某某的上诉理由不能成立。

（四）“矿产资源严重破坏”的认定

根据《办理非法采矿、破坏性采矿案件解释》第 6 条的规定，造成矿产资源破坏的价值在 50 万元至 100 万元以上，或者造成国家规划矿区、对国民经济具有重要价值的矿区和国家规定实行保护性开采的特定矿种资源破坏的价值在 25 万元至 50 万元以上的，应当认定为《刑法》第 343 条第 2 款规定的“造成矿产资源严重破坏”。在具体的司法实践中不仅应当从采用开采方法的物理方面的特性来考量，也应当以其方法造成的实害结果的价值为标准，区分矿石规模、类型矿体赋存等具体情况实际测量具体的损害，即从社会评价和社会

① 参见甘肃省高级人民法院刑事判决书，(2017)甘刑终 141 号。

影响的危害角度来确定是否符合“矿产资源严重破坏”的程度。

（五）非法采矿罪和破坏性采矿罪的数罪并罚

有学者认为破坏性采矿罪并无独立的犯罪构成，认为破坏性采矿罪包含于非法采矿罪之中，两罪的犯罪客体和犯罪对象同一，犯罪主观方面都为故意，犯罪客观方面也存在交叉，即在未取得采矿许可证的情况下进行的开采活动大多数都属于破坏性的开采。这也是司法实践中破坏性采矿罪一直处于闲置状态的原因。[①] 笔者认为，两罪在犯罪客观方面确实存在一定程度的重叠，但非法采矿罪保护的法益为矿产资源制度，主要目的在于维护采矿行为的合法性；而破坏性采矿罪保护的法益也为矿产资源保护制度，但其目的在于维持采矿行为的合理性、合规性，即维持矿产资源开发过程的合理合规。当行为人实施的行为同时触犯两项法益时，应当数罪并罚。

二、辩护要点

破坏性采矿罪为我国1997年《刑法》新增设的罪名，自该罪名设立以来被适用的情况并不多，随着人类对于矿产资源、环境保护、可持续发展等理念认识的逐渐深入，破坏性采矿罪的重视程度得到加强。在具体的司法实践中，应当注重正确理解破坏性采矿罪的犯罪构成，明确非法采矿罪和破坏性采矿的区分。本部分将结合理论和实践探讨破坏性采矿罪的辩护要点。

（一）不符合“破坏性开采方法”的认定

构成破坏性采矿罪要求行为人符合使用“破坏性开采方法”进行开采活动，有学者认为“破坏性开采方法”的具体认定应当以“三率”是否达标作为判断标准，即包括矿山企业的开采回采率、采矿贫化率、选矿回收率。[②]《审理非

---

① 参见康纪田：《论破坏性采矿罪的地位及转向》，载《中共贵州省委党校学报》2013年第3期。

② 参见吴念胜：《破坏性采矿罪中“破坏性开采方法”的认定》，载《中国国土资源经济》2008年第11期。

法采矿、破坏性采矿案件解释》第4条规定,《刑法》第343条第2款规定的破坏性采矿罪中“采取破坏性的开采方法开采矿产资源”,是指行为人违反地质矿产主管部门审查批准的矿产资源开发利用方案开采矿产资源,并造成矿产资源严重破坏的行为。但在《办理非法采矿、破坏性采矿案件解释》中去除了该条规定,目前司法解释中并无关于“破坏性开采方法”的定义及解释。

在认定行为人是否使用“破坏性开采方法”时,应当结合《矿产资源开发利用方案编写内容要求》和《矿产资源开发利用方案》审查大纲等相关法律法规的具体要求。在认定行为人是否采用了“破坏性的开采方法”时,不应当仅结合以上的“破坏性开采方法”的形式要件,即违反地质矿产主管部门批准的矿产资源开发利用方案;还应当结合“破坏性开采方法”的实质要件。如果行为人的行为虽然符合“破坏性开采方法”的形式要件,但是出于保护环境、资源的目的而作出的不得已选择时,不应当被认定为采用了“破坏性开采方法”,不成立破坏性采矿罪。

(二)不符合“矿产资源严重破坏”的认定

“矿产资源严重破坏”是认定成立破坏性采矿罪的一项重要因素,但是司法实践中对于认定何种情况属于“矿产资源严重破坏”存在一定的争议。各地法院针对本地的具体情况,明确了“造成矿产资源严重破坏”的价值数额起点。安徽省高级人民法院2003年8月12日印发了《关于非法采矿、破坏性采矿罪数额认定标准问题的规定》的通知,明确破坏性采矿“造成矿产资源严重破坏”的价值数额,以40万元为起点。四川省高级人民法院2004年9月16日发布了《关于我省非法采矿、破坏性采矿罪数额执行标准的通知》同样明确了破坏性采矿造成矿产资源破坏的价值,数额在40万元以上的,属于《刑法》第343条第2款规定的“造成矿产资源严重破坏”。四川省高级人民法院、四川省人民检察院在2018年又将“造成矿产资源破坏”的数额起点从40万元提高到60万元。

所以在认定不同地区的案件是否符合“矿产资源严重破坏”的标准时,应当结合当地的法律规范具体认定，鉴于目前法律规范对于具体的价值计算方法没有明确的规定，而明确矿产资源价值破坏的计算对于实践操作而言极其重要。有学者认为，不能以“探明储量”作为矿产资源破坏量的计算依据，而应当以“实际测算的数据”作为计算依据。“探明储量”是根据查明的资料对于根据地下矿物数量的估计，和矿石规模、类型、矿体赋存等情况有直接关系，和实际探测的具体测量存在偏差。[①] 对于单价的确认，有学者认为，从有利于被告人的原则出发，以行为持续期间该类矿物的最低市场价格作为计算依据。笔者认为，综合考虑惩罚犯罪和保护人民的任务，应以持续期间该类矿物的平均市场价格作为参考标准，同时结合被告人的实际获利数额。

（三）非法采矿罪和破坏性采矿罪的竞合

前文提到最终定性为破坏性采矿罪的案件在具体的实践中较为少见，原因在于破坏性采矿罪和非法采矿罪在犯罪构成方面存在一定程度的重叠，两罪的犯罪客体均为国家的矿产资源保护制度，社会经济管理秩序以及国家对矿产资源开采、生产的管理制度。两罪的主观方面都为故意，行为人明知自己的行为会导致矿产资源被严重破坏的后果，希望或放纵该结果的发生。两罪的主体均为一般主体，自然人和单位均可构成此罪。也有学者认为，破坏性采矿罪的主体为特殊主体，取得采矿许可证的个人或单位才可为本罪的主体，如果未取得采矿许可证采取破坏性的方法采矿，构成非法采矿罪而非破坏性采矿罪。[②] 笔者认为，破坏性采矿罪和非法采矿罪的主体均为一般主体，未取得采矿许可证的行为人采取破坏性的开采方法，造成矿产资源被破坏的严重后果的，即符合破坏性采矿罪的构成要件，如果同时符合非法采矿罪的构成要件，属于想象竞合，应当择一重处理。

两罪在客观方面存在一定程度的重叠，关于“破坏矿产资源”的内涵在两

---

① 参见吴念胜：《破坏性采矿罪中“破坏性开采方法”的认定》，载《中国国土资源经济》2008 年第 11 期。

② 参见吴念胜、何琰：《论破坏性采矿罪的认定》，载《资源与产业》2008 年第 4 期。

罪中的含义是否相同，刑法没有明确规定，最高人民法院的《审理非法采矿、破坏性采矿案件解释》中也没有作出说明。对此，最高人民法院负责人曾作出如下解释，非法采矿一般采用的是粗放式、掠夺式的开采方法，而破坏性采矿则是由于未按照开采方案而导致资源破坏。[①] 笔者认为，上述解释并未将两罪的区分说清楚，非法采矿罪中“情节严重”的认定在具体实践中多以造成矿产资源损害的价值作为重要参考因素，而破坏性采矿罪的成立要求符合“矿产资源严重破坏”标准，《办理非法采矿、破坏性采矿案件解释》第6条规定了“矿产资源严重破坏”的标准。单就数额而言，根据法律及司法解释的相关规定，破坏性采矿罪的入罪数额一般大于非法采矿罪的数额，原因在于非法采矿罪惩治的不仅仅是破坏性的开采导致的矿产资源价值破坏的结果，还在于对于国家对于可开采矿产准入程序的管理；而破坏性采矿罪惩治的是采用非常规的、不合理的、被法律评价为破坏性开采方法的手段，更强调对于矿产资源的保护，因而对于矿产资源的价值破坏程度要求更低于非法采矿罪的标准。

(四)证据不足不能形成完整的证据链条

我国《刑事诉讼法》第51条规定：“公诉案件中被告人有罪的举证责任由人民检察院承担，自诉案件中被告人有罪的举证责任由自诉人承担。”证明主体需要履行提供充分证据的责任，否则将承担不利后果。如果证明犯罪嫌疑人构成破坏性采矿罪的罪证不符合各个证据环环相扣、形成完整的证据体系的要求，未达到排除合理怀疑的程度，属于证据不足，不能认定犯罪嫌疑人成立破坏性采矿罪。

(五)证据形成过程不符合程序规定

我国法律要求，无论哪种证据，若要具备完全的证据能力，都要：(1)取证

---

① 参见孙军工：《〈关于审理非法采矿、破坏性采矿刑事案件具体应用法律若干问题的解释〉的理解与适用》，载《人民检察》2003年第7期。

主体具有合法性;(2)证据表现形式具有合法性;(3)取证手段具有合法性;(4)法庭调查程序具有合法性,其中就包含了多项程序方面的要求。案件证据的形成在办案过程中体现为取证程序。违反法定取证程序、以非法方法获取的证据不具有证据能力,不能为法庭所采纳,也就是非法证据排除。需要注意的是,这一点与证据无罪的逻辑是相辅相成的。非法证据排除实际上是在刑事诉讼惩罚犯罪和保障人权这两个互相冲突的价值目标之间进行衡量的结果。实践中出现过的程序违法情形,如侦查机关违反法定程序在看守所外过夜羁押、审讯被告人;违反规定长达数日限制被告人的睡眠时间,足以使被告人违背其意志进行供述;询问证人没有个别进行;鉴定程序违法;等等。

非法证据排除是指证据的收集违反了法律禁止性规定而应该在诉讼中排除的证据规则。我国非法证据排除规则确立过程大致经历了 2010 年《关于办理刑事案件排除非法证据若干问题的规定》以及《关于办理死刑案件审查判断证据若干问题的规定》,2013 年《关于建立健全防范刑事冤假错案工作机制的意见》,2013 年党的十八届三中全会《中共中央关于全面深化改革若干重大问题的决定》要求严格实行非法证据排除规则,2014 年党的十八届四中全会《中共中央关于全面推进依法治国若干重大问题的决定》指出要健全落实非法证据排除的法律制度,到 2017 年《关于办理刑事案件严格排除非法证据若干问题的规定》。

我国《刑事诉讼法》第 52 条规定:"审判人员、检察人员、侦查人员必须依照法定程序,收集能够证实犯罪嫌疑人、被告人有罪或者无罪、犯罪情节轻重的各种证据。严禁刑讯逼供和以威胁、引诱、欺骗以及其他非法方法收集证据,不得强迫任何人证实自己有罪……"这里的以非法方法收集的证据可以分为两种情况:一是以非法方法收集的言词证据;二是违反法定程序收集的实物证据。[①] 因而在上述矿业相关的犯罪当中,如果证明犯罪嫌疑人有罪的证

① 参见龙宗智、杨建广主编:《刑事诉讼法》(第 5 版),高等教育出版社 2016 年版,第 129—130 页。

据并不具备法律规定的有关证据能力的规定，则不会被法律所采纳，不能作为定罪量刑的证据。

1. 非法言词证据

《刑事诉讼法》第 56 条第 1 款规定："采用刑讯逼供等非法方法收集的犯罪嫌疑人、被告人供述和采用暴力、威胁等非法方法收集的证人证言、被害人陈述，应当予以排除……"《关于办理刑事案件严格排除非法证据若干问题的规定》第 2 条规定："采取殴打、违法使用戒具等暴力方法或者变相肉刑的恶劣手段，使犯罪嫌疑人、被告人遭受难以忍受的痛苦而违背意愿作出的供述，应当予以排除。"该规定第 3 条规定："采用以暴力或者严重损害本人及其近亲属合法权益等进行威胁的方法，使犯罪嫌疑人、被告人遭受难以忍受的痛苦而违背意愿作出的供述，应当予以排除。"该规定第 4 条规定："采用非法拘禁等非法限制人身自由的方法收集的犯罪嫌疑人、被告人供述，应当予以排除。"该规定第 6 条规定："采用暴力、威胁以及非法限制人身自由等非法方法收集的证人证言、被害人陈述，应当予以排除。"可见，我国法律法规对于排除非法的言词证据的规定尤其详细，因为以非法方法取得的言词证据，不仅严重违背法律、侵犯人权，还极易产生非法证据，导致冤假错案。虽然法律对于非法证据进行了详细的规定，但是通过对各辩点之下案例的统计可以发现，实践中应用这些规定对非法证据进行了排除的案例数量并不多。然而实践中的相关案例比较少并不代表非法取证的行为真的极少存在，事实上，实践当中表达自己受到非法对待的被告人数量很多。尽管如此，辩护方也不能对此不抱有希望，在辩护中仍然要仔细、严格地审查证据的来源，注意保留证明证据来源违法的相关材料。

非法言词证据的排除主要是指非法取得的被告人口供应当予以排除，即所谓的非法自白排除规则。该规则又因为最初以被告人自白是否"自愿"作为排除标注，而被称为"任意性自白规则"或"自白任意规则"。其排除标准包括"身体的任意"和"精神的任意"两方面的内容。"身体的任意"是指自白不应是在受到外力强制的情况下作出的，在自白之时不应有外力对自白人施加压力,自白人作出自白应当是自愿的;“内在的任意”是指自白人在作出自白时其精神状况应处于“明知且明智”的状态,其应对自白的后果有充分的了解和认识,否则其自白亦不可采纳。

2. 非法实物证据

非法实物证据的排除规则最先确立于美国,根据美国宪法第四修正案,人们保护自己的人身、房屋、文件及财产不受任何无理搜查和扣押的权利不容侵犯;除非由于某种正当理由,并且要求有宣誓或誓言的支持并明确描述要搜查的地点和要扣押的人和物,否则均不得签发搜查证。该法案要求政府在强制性处分公民人身和财产等权益时,必须经过正当、合法的程序,未经法定的程序,政府不得强制侵犯公民权益。后来,非法实物证据排除规则在排除对象上也有所扩大,不仅包括非法搜查或者扣押得来的证据,还包括任何直接或间接产生于非法搜查行为的其他证据,包括言词证据和实物证据,即“毒树之果”规则。

我国法律对实物非法证据的排除也有规定,《刑事诉讼法》第 56 条第 1 款规定,“……收集物证、书证不符合法定程序,可能严重影响司法公正的,应当予以补正或者作出合理解释;不能补正或者作出合理解释的,对该证据应当予以排除”。至于具体的实物证据种类,我国法律也根据不同证据形成过程之间的差异不同分别进行了规定。

第三节　盗　窃　罪

一、理论基础

盗窃罪,是指以非法占有为目的,秘密窃取公私财物,数额较大或者多次窃取的行为。盗窃罪侵犯的客体是公私财产的所有权,犯罪对象是国家、集体、公民个人所有的财物。这种公私财物的特征是:(1)能够被人们所控制和占有。能够被人们所控制和占有的财物必须是依据五官可以认识的有形的东西。控制和占有是事实上的支配。这种支配不仅是单纯的、物理的、有形的支配。占有的状态必须考虑物的性质,物所处的时空等,要按照社会上的一般观念来决定某物有没有被占有。有时即使在物理的或者有形的支配达不到的场合,从社会观念上也可以认为是占有,如在自己住宅范围内一时找不到的手表、戒指。随着科学技术的发展,无形物也能够被人们所控制,也就能够成为盗窃罪侵犯的对象,如电力、煤气等,不能被人们控制的阳光、风力、空气、电波、磁力就不能成为盗窃罪的犯罪对象。(2)具有一定的经济价值,是可以用货币来衡量的。具有主观价值(如有纪念意义的信件)以及几乎无价值的东西,不能成为盗窃罪的对象。但盗窃行为人如果将这些无价值的财物偷出去后,通过出售或者交换,获得了有价值的财物(相当于销赃数额),且数额较大,则应定盗窃罪。(3)能够被移动。所有动产和不动产上的附着物都可能成为盗窃罪的侵犯对象。如开采出来的石头,从自然状态下运回的放在一定范围内的沙子,放在盐厂的海水,地上的树等。不动产不能成为盗窃罪的侵犯对象。(4)盗窃犯不可能盗窃自己的财物,所盗窃的对象必须是"他人的财物"。虽然是自己的财物,但由他人合法占有或使用,亦视为"他人的财物"。(5)一些特殊的财物尽管具备上述特征,仍不能成为盗窃对象,如枪支、弹药,正在使用的变压器等。不同的财物或同一财物处于不同的位置、状态,它所表现的社会关系不同,作为犯罪对象时,所代表的客体也不同。如盗窃仓库中的电线则构成盗窃罪。盗窃枪支、弹药则构成盗窃枪支、弹药罪。(6)盗窃自己家里或者近亲属的财物,一般可不按犯罪处理。①

盗窃罪以非法占有他人财物为目的,非法占有目的,是指排除权利人占有,将他人的财物作为自己的财物进行装配,并遵从财物的用途进行利用、处分的意思。非法占有目的由"排除意思"与"利用意思"构成。排除意思的主要机能是将不值得以刑罚谴责的盗用行为排除在犯罪之外。在盗用行为中,

① 参见刑事读库:《盗窃罪》,载微信公众号"刑事读库"2017年9月20日。

虽然已经引起了可罚的法益侵害,但侵害相对轻微,且不具有占有的意思,因此将盗用的行为排除在犯罪之外。利用意思的机能在于使盗窃罪与故意毁坏财物罪相区别,其是指遵从财物可能具有的用法进行利用、处分的意思。在认定行为人是否具有非法占有的目的时,需要先确定案件的焦点所在,如果案件事实并不涉及盗窃罪与毁弃罪的界限时,或者说行为人明显具有利用的意思乃至已经利用了财物,就只需判断行为人是否具有排除意思。如果行为人已经转移了财物,被害人也因此丧失了财物,或者说行为人明显具有排除意思,仅涉及盗窃罪与毁弃罪的界限时,就只需判断行为人是否具有利用意思。①

盗窃罪故意的认识内容可以归纳为,行为人明知自己窃取公私财物的行为会发生侵害他人财产的危害结果。第一,行为人必须认识到自己窃取的是财物。如果行为人没有认识到所窃取的是财物,不成立盗窃罪。第二,行为人必须认识到自己窃取的是他人占有的财物。但是盗窃故意并不要求认识到财物的他人所有性。第三,行为人必须认识到所窃取的财物可能数额较大。第四,在多次盗窃的情况下,行为人不必认识到自己是多次盗窃。《盗窃案件解释》第3条规定:2年内盗窃3次以上的,应当认定为“多次盗窃”。②

二、辩护要点

(一)非法开采煤矿后进行运输的行为不应单独评价

在笔者代理的肖某某、肖某等人涉黑、盗窃罪案中,笔者当事人实施了偷运煤炭的行为,但相关的运输行为是盗采煤矿的延伸行为,所以不应将非法开采煤矿后进行运输的行为单独分割评价为盗窃犯罪。这一点要结合被告人的行为是否符合盗窃罪的行为对象。该案中除大峰选煤楼盗窃案以外,行为人在其他地区盗采的都是原煤,而原煤属于地壳中蕴藏的矿产资源,采矿权人对于未开采出的矿产资源尚不具有所有权。依照《矿产资源法实施细则》的规

① 参见周强:《盗窃犯罪案件审查要点解析》,载微信公众号“刑事正义”2018年5月5日。
② 参见周强:《盗窃犯罪案件审查要点解析》,载微信公众号“刑事正义”2018年5月5日。

定，采矿权是指在依法取得的采矿许可证规定的范围内，开采矿产资源和获得所开采的矿产品的权利。采矿权人对矿产品拥有所有权应以"所开采的"为限定条件，对于尚未开采的矿产品，采矿权人仅拥有开采的权利，此时，这些未开采的矿产品仍属于国家所有。所以该案被告人非法开采他人拥有开采权利但尚未开采的煤矿，并且确实实施了进入采区进行排渣、修路等工作，其行为只能评价为非法开采煤矿，不能评价为盗窃，因此应当单独成立非法采矿罪。

（二）科学计算盗窃数额

根据《盗窃案件解释》第 4 条的规定，盗窃电力、燃气、自来水等财物，盗窃数额能够查实的，按照查实的数额计算盗窃数额。因此，实践中关于这类案件的盗窃数额，不能以"窃电数额无法查实"为由，违背以事实为根据的基本原则，作出加重的数额推算。

在笔者代理的涂某某盗窃罪案中，所盗窃的电量使用情况可以由相关的生产报表、缴纳电费的单据、国电网的后台记录、具体实施窃电的行为人在厂时间等为统计依据，窃电数额完全能够查实。因此检察院就不能无视窃电的起点时间，以"窃电数额无法查实"为由，作出推算，加重被告人的责任。而在辩护过程中如何结合客观事实，作出有利于被告人的推算，则需要具体案件具体分析。

第四章　矿业经营中的其他刑事合规风险及辩护要点

在矿业经营过程中，可能会面临用地合规风险、安全合规风险、环保合规风险和税务合规风险。其中用地风险方面可能面临非法占用农用地罪；安全风险方面高发的是重大责任事故罪，强令、组织他人违章冒险作业罪，危险作业罪和非法制造、买卖、运输、邮寄、储存爆炸物罪；环保风险方面需谨慎环境污染的问题；税务风险同样也是矿业刑事合规风险的重要事项。

第一节　用地合规风险及其辩护逻辑

根据我国矿产资源法和土地管理法的规定，取得矿业权后，矿区用地或者洗选厂房用地，需要依法办理用地手续。如若矿业公司未依法办理占地手续或者超越批准的面积使用土地的，则有可能构成非法占用土地，面临行政处罚，甚至刑事处罚。刑事处罚的规定可见《刑法》第 342 条确认的非法占用农用地罪，该条规定："违反土地管理法规，非法占用耕地、林地等农用地，改变被占用土地用途，数量较大，造成耕地、林地等农用地大量毁坏的，处五年以下有期徒刑或者拘役，并处或者单处罚金。"

同时需要注意的是，矿业公司临时堆放材料或其他，只要达到非法占用农用地罪的标准，都有可能面临刑事处罚。因此，厘清非法占用农用地罪的构成要件，以及了解实践中对这一罪名的定罪情况对矿业公司来说是必要的。

一、理论基础

本部分主要对于非法占用农用地罪的基本理论层面的相关分析进行介绍，为针对非法占用农用地罪的辩论技巧奠定理论基础。

1. 非法占用农用地罪的概念

非法占用农用地罪，是指自然人或单位违反土地管理法规，非法占用耕地、林地等农用地，改变被占土地用途，数量较大，造成耕地、林地等农用地大量毁坏的行为。[①] 非法占用农用地罪是由“非法占用耕地罪”变迁而来的。该罪的犯罪对象由原来的单一耕地扩展为耕地、林地等农用地，毫无疑问，刑法干预范围得到明显扩大，对农用地的刑法保护在立法表达上得到进一步完善。[②] 为依法惩治破坏资源犯罪活动，最高人民法院在2000年发布《破坏土地资源案件解释》，2005年发布《破坏林地资源案件解释》，2012年发布《破坏草原资源案件解释》。

有学者认为，在司法实践中，从有效惩治破坏环境的不法犯罪出发，应将非法占用林地的行为认定为继续犯：一是占地行为违反土地管理法规，非法占用大量林地改变被占用土地用途，造成林地大量毁坏，非法占用行为及由此产生的结果在一定时间内处于持续状态，且先前破坏行为绝大部分出于后期耕作的目的，行为人后期不间断的种植行为导致原林地未能进行有效的自我生态恢复，或者行为人的持续种植行为导致原林地在毁坏后的自我恢复阶段被重新破坏，故非法占用农用地的行为持续存在，不能将非法开垦林地行为与在林地上实施的具体非法耕作行为割裂开来。二是在林区范围内，因林地内本身具有天然的隐秘属性，非法占用农用地等破坏行为不易被及时发现，如对长期占用农用地的行为不打击制止，反而对占用时间短、在追诉时效内的占用农用地行为用刑罚予以规制，则会造成在区域内的刑罚打击失衡，会使人民群众

---

① 参见张明楷：《刑法学》(第6版)，法律出版社2021年版，第1494页。

② 参见高维俭、史运伟：《非法占用农用地罪的适用》，载《人民司法(应用)》2018年第31期。

对司法公正性产生怀疑。三是参考《最高人民法院行政审判庭关于如何计算土地违法行为追诉时效的答复》，其中明确经研究并征求全国人大常委会法工委的意见，对非法占用土地的违法行为，在未恢复原状之前，应视为具有继续状态，该规定虽是行政答复，但关于非法占用土地行为性质的意见对我们分析刑事案件中的对未恢复原状的非法占用农用地行为具有参考性。①

2. 非法占用农用地罪的要件

非法占用农用地罪的犯罪对象，即“农用地”的具体范围存在观点上的分歧；本罪法条中“改变被占用土地用途”的理解有时存在偏差；“非法占用”行为和“改变被占用土地用途”二者是择一构成要件还是应当同时具备；“数量较大”和“大量毁坏”之间的关系等都存在一定争议。② 在《民法典》出台后，有学者认为，《民法典》中的绿色原则和土地经营权的相关内容对《刑法》中非法占用农用地罪的保护法益的内涵和对犯罪构成要件的解释产生了影响，加大了制裁力度并扩张了制裁范围。③

根据《刑法》的规定，非法占用农用地罪的要件、需要做具体定义的部分包括：(1)违反土地管理法规；(2)非法占用耕地、林地等农用地；(3)改变对占用土地的用途；(4)数量较大；(5)大量毁坏等。

经学者检索相关检察文书，该罪名在“12309”检察网上有23,608份起诉书、8612份不予起诉决定书，不起诉率为36.48%，主要不诉理由分为相对不起诉（情节轻微、认罪认罚、社会危害性小）；存疑不起诉（事实不清、证据不足）；法定不起诉（主观上没有故意、未达追诉标准）。④

---

① 参见《非法占用农用地追溯时效分析》，载微信公众号“务林人”2022年5月9日。

② 参见张明珠：《非法占用农用地罪的客观要件研究》，中国政法大学2020年硕士学位论文。

③ 参见陈禹衡：《转型与完善：〈民法典〉颁布后非法占用农用地罪的刑法解释重构》，载《东北农业大学学报（社会科学版）》2021年第1期。

④ 参见王鹏超律师团队：《非法占用农用地罪不予起诉、无罪裁判案例检索报告》，载微信公众号“四川明炬律师事务所”2022年3月2日。

二、辩护要点

(一)不符合违反土地管理法规

关于“土地管理法规”的定义,可以参考《全国人民代表大会常委会关于〈中华人民共和国刑法〉第二百二十八条、三百四十二条和第四百一十条的解释》,指向的是违反土地管理法、森林法、草原法等法律以及有关行政法规中关于土地管理的规定。[①] 如在李某某等非法占用农用地案[②]中,法院引用了《森林法》(2009 年修正)的规定,“第 18 条第 1 款规定:进行勘查、开采矿藏和各项建设工程,应当不占或者少占林地;必须占用或者征收、征用林地的,经县级以上人民政府林业主管部门审核同意后,依照有关土地管理的法律、行政法规办理建设用地审批手续,并由用地单位依照国务院有关规定缴纳森林植被恢复费……”同时具体论述道:“从该法律规定可见,对于采矿用地需占用林地的,应在获得林业主管部门审核同意后,才能办理项目用地审批手续,作为采矿许可证审批单位的国土部门,对该法律规定应当知晓,且应当在受理采矿权许可申请时告知申请人。”

其重点在于,如果当事人的行为是符合土地管理法规的,如在征用林地时已经过审核同意,则当事人的行为不应当被认定为非法占用农用地罪。

但是没有审批手续并不必然意味着违反这一要件。在河南省许昌市中级人民法院(2018)豫 10 刑终 382 号刑事判决[③]中认定:第一,上诉人(原审被告人)徐某某与许昌市魏都区七里店乡罗庄村汪庄七组签订土地承包协议,汪庄七组自愿将村东头、东西路以北的洼地承包给徐某某,徐某某占用该块土地是经协议取得,并且该协议明确约定由罗庄村汪庄七组办理相关用地手续,虽然涉案土地未办理土地用地审批手续,但不能认定徐某某占用土地为非法取

① 参见张明楷:《刑法学》(第 6 版),法律出版社 2021 年版,第 1494—1495 页。

② 参见广西壮族自治区百色市中级人民法院刑事判决书,(2017)桂 10 刑终 16 号。

③ 参见黎智鹏:《没有审批手续,一定构成非法占用农用地罪吗?》,载微信公众号“黎智鹏说刑法”2022 年 2 月 21 日。

得。第二，在双方的协议上，徐某某在承包的土地上建养鸡场，进行路面硬化、挖池塘等都是基于为养鸡场服务。后在该承包土地上建许昌三木纸业包装有限公司，也是基于为养鸡场的鸡蛋出售做包装，为进行养鸡业的延续发展，并未改变土地的农牧用途。原判用以认定上诉人徐某某构成非法占用农用地罪的证据不足，二审法院依法予以改判。涉案土地是合法承包取得，合理利用土地建立附带设施，未改变土地用途，不构成非法占用农用地罪。

如仅符合土地利用总体规划，但没有审批手续，也有法院判决时构成非法占用农用地罪，吉林省松原市中级人民法院（2020）吉07刑终182号刑事裁定书指出：即使众通检测有限公司建设机动车检测线占用的土地符合前郭县长山镇土地利用总体规划，但是在没有完成政府部门的相关审批手续的情况下，此地块地类依然是耕地，并不允许进行非农业建设性开发。被告人的行为构成非法占用农用地罪。①

（二）不符合非法占用农用地罪的行为方式

非法占用农用地罪的行为方式指向的是"非法占用耕地、林地等农用地，改变被占土地用途"的要件。其中，非法占用和改变被占土地用途这两个要件可能存在几种可能性，分别是非法占用但未改变被占土地用途、合法占用但改变被占土地用途、非法占用且改变被占土地用途。农用地包括耕地、林地以及司法解释确认的草地等多种农用地类型，即便是农用地之间的用途更改也是改变被占土地用途，如将林地更改为耕地使用的情形。

需要注意的是，改良耕用并不属于改变被占用土地的用途，如在检察院土左检二部刑不诉〔2021〕Z1号文书中，②检察院认为，"依据《破坏土地资源案件解释》第3条之规定，非法占用耕地构成犯罪'改作他用'是前提条件；《刑

---

① 参见黎智鹏：《没有审批手续，一定构成非法占用农用地罪吗？》，载微信公众号"黎智鹏说刑法"2022年2月21日。

② 参见何观舒：《这类案件，怎么用律师视角来看待？》，载微信公众号"5分钟普法"2022年3月9日。

法》第 342 条规定的非法占用农用地罪也表述为‘改变被占用土地用途’。而被不起诉人王某某挖沙是‘改良耕用’没有‘改变被占用土地用途’，不符合非法占用农用地罪的构成要件。鉴定意见的损毁程度是在被不起诉人王某某未完成改良、整理状态时出具，不能客观、准确衡量改良、整理的效果”。

不符合行为方式是重要的辩护要点，如在兵车排子垦检刑不诉〔2021〕6号中，[①]检察院不起诉的要点是“冯某某的上述行为，确实存在违反合同和行政管理的经营情况，但缺乏非法占用农用地罪的构成要件和要素，不构成犯罪。依照《刑事诉讼法》第 177 条第 1 款的规定，决定对冯某某不起诉。”

案例一是段某某等非法占用农用地案，这一案例经终审后当事人被判决无罪。

案例一：

段某某等非法占用农用地案[②]

该案中，段某某、李某某等人兴建蓝山柳树桥加油站征用耕地 11.6 亩，其中 8.902 亩经蓝山县国土资源局审批办理了土地使用手续。法院认定，蓝山县国土资源局超越职权范围，未经省国土资源厅批准，擅自为段某某、李某某等人兴建柳树桥加油站用地办理土地审批手续，是违法的，由此产生的法律后果，应由蓝山县国土资源局及相关人员承担。上诉人段某某、李某某私自占用耕 1602.946 平方米（约 2.4 亩）是非法的，但其行为尚未达到非法占用基本农田 5 亩以上或基本农田以外的耕地 10 亩以上的犯罪标准，故上诉人段某某、李某某的行为不构成非法占用农用地罪，且蓝山县国土局对其私自占地行为已给予行政处罚。

此案中被告人被判决无罪的关键点，即辩护的要点在于蓝山县国土资源

① 参见何观舒：《这类案件，怎么用律师视角来看待？》，载微信公众号“5 分钟普法”2022 年 3 月 9 日。

② 参见湖南省永州市中级人民法院刑事判决书，(2009)永中刑二终字第 16 号。

局超越职权范围,未经省国土资源厅批准,擅自办理土地审批手续,是违法的,被告基于对政府机关的信赖利益,相信蓝山县国土资源局办理的土地使用手续是没有问题的,不存在非法占用的情形。

在案例二中,周某最终被判决成立非法占用农用地罪,但其辩护思路和要点值得学习。

案例二:

周某非法占用农用地案①

周某在未办理林地占用许可情形下,开垦林地后种植农作物,但辩称"其开垦土地包含2007年集体有偿出让的64亩、和圣典转让的14亩、自家地两块、经村民签字同意后开垦的荒地,其持有的两份四荒地承包证所写面积与实地面积界线不一致,2018年经土地确权面积与一审判决认定面积严重不符,原判认定事实错误;其没有在有林地开垦土地,没有造成林地原有植被或林业种植条件严重毁坏或严重污染的后果"。

此案一审判决"被告人周某违反土地管理法规,在未办理相关审批手续的情况下,在玉龙县鸣音镇鸣音村委会西菜板组'通阁'(纳西语地名)林区开垦林地,种植农作物。经鉴定,周某开垦的涉案地块总面积为646.551亩,其中林地面积为458.357亩,耕地面积为188.194亩。"此判决经再审法院确认。

此案中被告人被判决有罪的关键点在于虽然被告辩称自己开垦的土地均是经过同意和许可的,和事实同荒地承包证上的内容不一致,但并未得到法院认可。因此,如果想要通过论证事实并不存在非法占用农用地罪,承包证是一个重要依据,如有与承包证相悖的情况,需有足够充分的证据。

① 参见云南省丽江市中级人民法院刑事判决书,(2022)云07刑终8号。

案例三:

蔡某非法占用农用地案[①]

本案中,蔡某最终被判决成立非法占用农用地罪。具体案情是,东丰县黄河镇凉水村六组"小翁泉",是凉水20林班5号小班系国有林地,东丰县中育林场自2012年起每年均在该地块栽树。蔡某未经林业主管部门批准,一直复耕该地块并种植玉米。经林业专业技术鉴定,蔡某占用林地面积18.5亩(12,339平方米),栽植的落叶松树苗全部被毁,原有地貌已经完全改变,必须重新造林。

该案对辩护工作的启示是,农用地是包括多种类型的,即便是农用地之间的用途更改也是改变被占土地用途,如将林地更改为耕地使用的情形。

有学者认为,因为我国土地管理中"多头管理"的特点,造成了非法占用农用地罪适用中土地性质认定的殊异,在认定土地性质时,面对土地使用权证、调查认定的现状地类与土地利用规划中的规划地类不一致的情况,应以规划地为主要依据,结合土地权属证明、国家土地利用现状分类标准、土地监测调查成果、实际使用状况等进行综合认定。[②]

(三)不符合非法占用农用地罪的行为结果

非法占用农用地罪的行为结果要求达到"数量较大,造成耕地、林地等农用地大量毁坏的行为"。如何定义"数量较大"和"大量毁坏",二者是应同时达成的要件或择一达成即可成立的关系,需要下具体定义。如在覃检刑不诉〔2021〕29号案中,[③]因行为人大量占用农用地但是造成的农用地破坏规模不

① 参见吉林省辽源市中级人民法院刑事判决书,(2021)吉04刑终85号。

② 参见李存海、杨珺、孟庆辉:《案说检察|非法占用农用地罪中土地性质的认定》,载微信公众号"中国检察官"2021年7月10日。

③ 参见王鹏超律师团队:《非法占用农用地罪不予起诉、无罪裁判案例检索报告》,载微信公众号"四川明炬律师事务所"2022年3月2日。

大，最终决定不起诉。

最高人民法院2005年发布的《破坏林地资源案件解释》第1条规定：违反土地管理法规，非法占用林地，改变被占用林地用途，在非法占用的林地上实施建窑、建坟、建房、挖沙、采石、采矿、取土、种植农作物、堆放或排泄废弃物等行为或者进行其他非林业生产、建设，造成林地的原有植被或林业种植条件严重毁坏或者严重污染，并具有下列情形之一的，属于《刑法》第342条规定的犯罪行为，应当以非法占用农用地罪判处5年以下有期徒刑或者拘役，并处或者单处罚金：(1)非法占用并毁坏防护林地、特种用途林地数量分别或者合计达到5亩以上；(2)非法占用并毁坏其他林地数量达到10亩以上；(3)非法占用并毁坏本条第一项、第二项规定的林地，数量分别达到相应规定的数量标准的50%以上；(4)非法占用并毁坏本条第一项、第二项规定的林地，其中一项数量达到相应规定的数量标准的50%以上，且两项数量合计达到该项规定的数量标准。

可以看到，在《破坏林地资源案件解释》中，数量较大指向的是"非法占用的数量较大"，而"大量毁坏"和"非法占用的数量较大"是在定罪时要求同时成立的要件。类似的规定可见于最高人民法院在2000年发布《破坏土地资源案件解释》和2012年发布《破坏草原资源案件解释》。

根据《破坏土地资源案件解释》的规定，非法占用农用地"数量较大"是指非法占用基本农田5亩以上或者非法占用基本农田以外的其他农用地10亩以上；"大量毁坏"指的是前述面积的农田种植条件严重毁坏或者严重污染。根据《破坏草原资源案件解释》的规定，非法占用草原，改变被占用草原用途，数量在20亩以上的，或者曾因非法占用草原受过行政处罚，在3年内又非法占用草原，改变被占用草原用途，数量在10亩以上的，应当认定为"数量较大"。[①]

其中，《破坏土地资源案件解释》第3条规定：违反土地管理法规，非法占

① 参见张明楷：《刑法学》（第6版），法律出版社2021年版，第1494—1495页。

用耕地改作他用,数量较大,造成耕地大量毁坏的,依照《刑法》第 342 条的规定,以非法占用耕地罪[①]定罪处罚:(1)非法占用耕地"数量较大",是指非法占用基本农田 5 亩以上或者非法占用基本农田以外的耕地 10 亩以上。(2)非法占用耕地"造成耕地大量毁坏",是指行为人非法占用耕地建窑、建坟、建房、挖沙、采石、采矿、取土、堆放固体废弃物或者进行其他非农业建设,造成基本农田 5 亩以上或者基本农田以外的耕地 10 亩以上种植条件严重毁坏或者严重污染。

《破坏草原资源案件解释》第 2 条规定:非法占用草原,改变被占用草原用途,数量在 20 亩以上的,或者曾因非法占用草原受过行政处罚,在 3 年内又非法占用草原,改变被占用草原用途,数量在 10 亩以上的,应当认定为《刑法》第 342 条规定的"数量较大"。非法占用草原,改变被占用草原用途,数量较大,具有下列情形之一的,应当认定为《刑法》第 342 条规定的"造成耕地、林地等农用地大量毁坏":(1)开垦草原种植粮食作物、经济作物、林木的;(2)在草原上建窑、建房、修路、挖砂、采石、采矿、取土、剥取草皮的;(3)在草原上堆放或者排放废弃物,造成草原的原有植被严重毁坏或者严重污染的;(4)违反草原保护、建设、利用规划种植牧草和饲料作物,造成草原沙化或者水土严重流失的;(5)其他造成草原严重毁坏的情形。

宁夏泰华大石头煤业有限公司被控非法占用农地案是笔者代理的案件,在这一案件中,笔者主要的辩护要点是被告不满足非法占用农用地罪所要求的土地大小的客观构成要件,围绕前后多份文件中的施工地点坐标不一致。

案例四:

宁夏泰华大石头煤业有限公司被控非法占用农地案[②]

在宁夏泰华大石头煤业有限公司被控非法占用农地案中,笔者(代理人)

---

① 目前已取消非法占用耕地罪罪名。

② 参见宁夏回族自治区银川市西夏区人民法院刑事判决书,(2018)宁 0105 刑初 35 号。

的论证思路是“两次司法鉴定所依据的坐标数据错误，导致‘涉案煤矿采区的面积为16，914.63m^2（25.36亩）’的鉴定意见缺乏事实依据，是错误的”。

具体论述中，笔者详细阐述了4套坐标的情况。具体来说，本案存在4套坐标。

第1套坐标是采矿许可证中的坐标。

第2套坐标是辨认笔录中的两个坐标点，需要注意的是，仅凭两个坐标点，并不能认定涉案土地的位置和大小。

第3套坐标是勘验笔录里的坐标，此后，2017年7月24日《关于确定“宁夏泰华大石头煤业有限公司”非法占用农用地案林地范围的函》，以及2017年7月25日贺兰山管理局给自治区森林公安局贺兰山分局出具的证明中也采用了勘验笔录中的这套坐标，且标明采用的是北京54坐标系；此外，辩护人申请法院依职权调取的证据（宁夏近年的林保规划数据）中，《调取证据通知书》和宁夏回族自治区林业调查规划院提交的情况说明也采用了勘验笔录中的这套坐标；然而，经过庭审质证，此次勘验在勘验人的资质、勘验程序等方面均存在诸多问题，根据《最高人民法院关于适用〈中华人民共和国刑事诉讼法〉的解释》第88条和第89条之规定，不得作为定案的根据。

第4套坐标是两次司法鉴定中的坐标。然而，两次鉴定中的坐标却存在显著差异：首先，第一次鉴定分为ABC三个区域，第二次鉴定却分为一二三四共四个区域，其经纬度、海拔均存在误差；其次，第一次鉴定采用的是大地坐标系，但却没有说明是哪一种大地坐标系，因为大地坐标系有三种，第一种是国际通行的WGS－84坐标系，第二种是北京54坐标系（原点在苏联），第三种是西安80坐标系（原点在陕西永乐镇），采用不同的坐标系必然有误差。而且上述各书证中一会儿采用北京54坐标系，一会儿采用西安80坐标系，显然会出现误差。此外，律师引用两次鉴定的坐标数据通过google测试，第一次鉴定坐标数据所确定的区域与采矿区域相差距离为6公里，第二次鉴定的坐标数据所确定的区域与采矿区域相差70公里。辩护律师所委托的林业专家用专门软件根据两次鉴定所确定的坐标数据对比：第一次鉴定确定的区域与矿区坐标有偏差，第二次鉴定所确定的区域与矿区相差5公里。

在此案的具体辩护中，笔者通过详细阐明卷中的勘验笔录、辨认笔录、相关函件、证明、两次鉴定意见和多份文书中的排险施工地点坐标均不一致，且历年所发的林权证和相关政府文件只有四至没有坐标，所以涉案土地的具体位置无法确定。通过论述涉案土地具体位置的难以确定性，进而达到“客观要件未排除合理怀疑”的标准。有学者认为，在判断占用农用地的面积时，正确操作应当是，以规划类数据对地块进行确定，在确定农用地种类和面积后，再调用违法行为上一年度的现状类数据对农用地面积进行套合，并对现场周边未被占用地块进行调查，结合相关言词证据和其他证据，客观公正地对违法行为之前的农用地样貌进行认定。比如，根据土地利用总体规划，认定涉案地块为农用地中的林地，核算出面积，再根据上述现状调查方式确认林地上的森林种类，最后再认定是否造成农用地大量毁坏。①

在案例五中，朱某最终被判决成立非法占用农用地罪，辩护人的思路包括“占用土地的土地性质在当下已经发生改变”，但是最终未得到法院的支持。

案例五：

朱某非法占用农用地案②

2011年11月，被告人朱某与清远市清城区村民小组签订了《土地租赁协议书》，约定租赁土名为“大坪”的林地，面积70亩，用途为建设木厂及花木种植（不能种植桉树及破坏环境的树木）。为运输和在该林地处理中铁十八局集团有限公司汕湛高速惠清项目TJ17标项的工程废料，2017年6月30日，被告人朱某出资成立了清远市团结运输有限公司，负责公司的经营决策，后以

① 参见郭波、付立刚：《【刑事实务】关于认定非法占用农用地罪中的几个问题》，载微信公众号“刑事法库”2021年12月3日。

② 参见广东省清远市中级人民法院刑事判决书，（2021）粤18刑终16号。

公司名义与中铁十八局集团有限公司签订了《石渣运输协议》。2017 年 11 月开始,在被告人朱某未以公司或个人名义申请办理使用林地许可,未经当地林业部门同意的情况下,公司将汕湛高速清新区太和洞隧道工程的废石渣运回“大坪”林地,堆放后进行加工处理再出售牟利。经勘查和鉴定,现场主要为砂石场、工棚、堆放泥土和泥浆等属于违法使用林地。该案违法图斑范围表土裸露无立木面积 3.64 公顷(54.6 亩)。图斑范围内所有地块现状均不具备可直接种植林(苗)木复绿的条件。案发后,清远市团结运输有限公司对林地复绿,面积为 2.1 亩,复绿植物为水芋和少量桉树。

原判认为,被告人朱某违反土地管理法规,非法占用林地,擅自改变被占用土地用途,数量较大,造成林地大量毁坏,其行为构成非法占用农用地罪。根据被告人朱某的犯罪事实、情节,依照《刑法》第 52 条、第 53 条、第 342 条之规定,判决如下:被告人朱某犯非法占用农用地罪,判处有期徒刑 1 年 3 个月,并处罚金人民币 10 万元。

终审法院认为,上诉人朱某违反土地管理法规,未在林业主管部门办理林地占用手续而非法占用林地并改变被占用林地用途,数量较大,其行为已构成非法占用农用地罪,应依法惩处。

此案辩护人提出如下辩护意见:上诉人朱某所在的清城区东城庆枫木材加工厂因非法占用土地 33.6075 亩的事实已于 2020 年被行政处罚,上诉人朱某作为该厂法定代表人已积极履行行政处罚确定的义务,缴纳了 448,100 元的罚款,以实际行动表明接受处罚的悔改表现;起诉人朱某所占的涉案榕胜村的土地已被政府征收,现已用于清远 220 千伏职教城(白庙)变电站工程建设,土地性质现已变更为建设用地,并非林业用地,上诉人非法占用农用地的社会危害性显然降低了。但是这一辩护意见并未得到法院认可。

在非法占用农用地罪的相关案例中,鉴定证据是非常重要的环节,案例六存在二审改判的情形,其核心即在于鉴定证据。

案例六：

泸水永丰矿业有限责任公司、和某某非法占用农用地案[①]

该案中，法院认为原审被告单位泸水永丰矿业有限责任公司违反土地管理法的规定，在修建道路和采矿时非法占用农用地39.093亩，数量较大，造成农用地严重毁坏，原审被告人和某某系泸水永丰矿业有限责任公司法定代表人，其行为已触犯刑法，构成非法占用农用地罪，依法应当追究原审被告单位泸水永丰矿业有限责任公司、原审被告人和某某的刑事责任。

二审法院认定，林地检验报告书所采用的GPS数据是作出鉴定所依据的一种辅助性材料，属于《司法鉴定程序通则》规定的鉴定资料。《司法鉴定程序通则》规定对检材的提取必须由鉴定人亲自到场实施，但对鉴定资料的收集，没有规定须由鉴定人亲自到场。二审依法予以纠正，抗诉机关对该点抗诉意见正确，予以采纳。

此案是一审无罪、二审改判有罪的典型案例，二审法院的核心改判点在于证据，"一审法院错误地将GPS数据认定为检材，而认为鉴定人没有亲自到现场采集GPS数据属程序违法，因而对云林司法鉴定中心[2014]林检字第299号林地检验报告书不予采信属采信证据错误"。

案例七是一审法院判决无罪、二审法院也判决无罪的典型案例。

案例七：

李某1非法占用农用地案[②]

原审认为，李某1以流转的方式取得涉案林地的使用权，符合规定，其没有非法占地；李某1将涉案土地坡改梯后种植油茶、猕猴桃，既非建窑、采石、取土、种植农作物等，亦非进行其他非林业生产、建设，并使林业种植条件严重

① 参见云南省怒江傈僳族自治州中级人民法院刑事判决书，(2016)云33刑终9号。

② 参见湖南省湘西土家族苗族自治州中级人民法院刑事判决书，(2018)湘31刑终167号。

毁坏,其没有改变涉案林地的用途,并造成林地大量毁坏;李某1既没有根据《土地管理法》第七章(法律责任)的规定应受刑事追究的情形,亦没有根据《森林法》第六章(法律责任)的规定应受刑事追究的情形,其应不受刑事追究。判决被告人李某1无罪。

泸溪县人民检察院抗诉及湘西自治州人民检察院支持抗诉提出,(1)被告人李某1通过流转方式取得集体所有的国家级公益林地使用权的行为未经县级林业行政主管部门审批,应认定为非法占用公益林;(2)被告人李某1开发利用公益林的手段及目的改变了公益林的用途,并造成公益林地大量毁坏;(3)被告人李某1主观上具有非法占用林地的故意;(4)被告人李某1的行为与目前倡导的生态文明建设相背离。

此案中,原审被告人李某1提出的辩护要点是:(1)其不知道开发的区域是公益林区域;(2)其开发的区域只有茅草和刺,没有树木;(3)其种植猕猴桃和油茶也是进行林业生产,没有改变被占用土地的用途。二审法院评判认为,原审被告人李某1未经林业部门批准,在公益林地上种植猕猴桃、油茶、柑橘,属违法行为,但李某1种植油茶林和经济林的土地一部分为国土整理后的烟草地,一部分为火烧迹地,公诉机关无充分证据证实李某1毁坏公益林的行为达到犯罪程度,且李某1在国土整理后的烟草地和火烧迹地上种植油茶林和经济林,在一定程度上恢复了烟草地和火烧迹地上的林木,故检察机关指控和抗诉提出李某1构成非法占用农用地罪证据不足,本院不予采纳。公益林必须依法予以保护,国家禁止任何非法砍伐公益林的行为。一审法院认为李某1没有非法占地,没有改变涉案林地用途的理由不能成立,本院予以纠正。但一审法院认定李某1没有大量毁坏林地,不应受刑事追究的理由成立,本院予以支持。

此案李某1被判决无罪的关键在于,“无充分证据证实李某1毁坏公益林的行为达到犯罪程度”,虽然检察机关起诉李某1在国土整理地和火烧迹地上种植猕猴桃、油茶、柑橘,但是该地在李某1种植前已被他人开发成种植烟草的耕地,在李某1开发前只有零星的林木。在辩护的时候,需要考虑是否有毁坏林地的行为客观存在,如果一地在开发前已经被他人开发或存在其他已毁坏的情况,则可能达到犯罪程度。

除上述案例外,在高检刑不诉〔2022〕1号案中,[①]因被告已缴纳森林植被恢复费人民币148万余元,且在案发前后已分别复绿33.3亩和47.97亩总计81.27亩,检察院依据《刑事诉讼法》第177条第2款的规定和“六稳”“六保”精神和“少捕慎诉慎押”的司法理念建议对陈某某做相对不诉处理。

值得注意的是,在翁检一部刑不诉〔2020〕Z48号文书中,[②]检察院认为,被不起诉人田某某所种植的储青玉米并没有影响更新林木的再种植,无法界定涉案林地植被和种植条件遭到破坏,其行为不构成犯罪。因此,如果没有影响更新林木的再种植,无法界定涉案林地植被和种植条件遭到破坏,不构成犯罪。

(四)没有非法占用农用地的主观意图

在部分被起诉非法占用农用地罪的案例中,当事人事实上没有非法占用农用地的主观意图,法院在确认当事人没有故意的主观要件后判决无罪。

在宁夏泰华大石头煤业有限公司被控非法占用农地案中,最终法院仅对被告判处罚金。案例包括检察院指控的内容和笔者代理中的重点的辩护要点。

案例八:

宁夏泰华大石头煤业有限公司被控非法占用农地案[③]

本案检察院的指控内容是,被告单位宁夏泰华大石头煤业有限公司、被告

---

① 参见何观舒:《这类案件,怎么用律师视角来看待?》,载微信公众号“5分钟普法”2022年3月9日。

② 参见何观舒:《这类案件,怎么用律师视角来看待?》,载微信公众号“5分钟普法”2022年3月9日。

③ 参见宁夏回族自治区银川市西夏区人民法院刑事判决书,(2018)宁0105刑初35号。

人周某、丁某某、沙某某、王某某、赵某某、袁某、李某某违反土地管理法规,非法占用林地,改变被占用土地用途,造成林地被毁损面积达 16,914.63 平方米(25.36 亩),数量较大。

其中,笔者重点的辩护要点包括:

1. 在涉案土地的临时用地许可 2017 年 4 月 7 日全部到期之前,大石头煤业公司就于 2017 年 1 月 16 日提交了临时用地许可延期的申请,但是宁夏回族自治区林业局并未在该行政许可有效期届满前作出是否准予延续的决定。根据《行政许可法》第 50 条之规定,“被许可人需要延续依法取得的行政许可的有效期的,应当在该行政许可有效期届满三十日前向作出行政许可决定的行政机关提出申请……逾期未作决定的,视为准予延续”。本案中,大石头煤业公司的临时用地许可到期之前,宁夏回族自治区林业局并未在该行政许可有效期届满前作出是否准予延续的决定,应当视为宁夏回族自治区林业厅准予大石头煤业公司的临时用地许可续期。显然,被指控占用的土地在 2017 年 6 月 20 日—7 月 19 日仍然在有效的临时占地许可期限内。因此,起诉书指控的“临时占用林地审批手续过期”的事实不能成立,本案中土地占用的状态不具有非法性。

2. 起诉书指控的“排渣排险、修路施工”行为是排险整改行为,而并非大石头煤业公司的故意非法占用农用地行为,不具有刑事违法性。有关安监、煤监等行政机关要求限期整改的系列文书表明,起诉书指控的“排渣排险、修路施工”行为,是大石头煤业公司根据安监、煤监等行政机关的多次限期整改指令,所进行的排险、整改施工行为,并非生产行为。而且上述限期整改的指令具有紧迫性。2017 年 7 月 4 日,《安全生产行政执法文书—现场检查记录》指出,“7、现场要求煤矿对国务院安委会第八巡查组提出的 7 条隐患问题进行全面彻底整改,并于 7 月 12 日前向安监局提交整改报告”。

3. 涉案土地采矿历史悠久,在 2017 年 6 月 20 日之前的几十年里就因合法露天开采和煤炭自燃而被破坏,已不具备植物生长条件;且本案众多的言词证据可以相互印证并证实，涉案土地在 2017 年 6 月 20 日之前就因多年合法露天开采而被破坏，即前期多年“合法露天开采”植被已被损毁殆尽，且由于煤矿“高温自然损毁”，早已不具备植被生长条件，而非 2017 年 6 月 20 日—7 月 19 日煤矿的排险整改施工行为所直接造成的破坏。

4. 尽管周某拥有矿长的头衔，但其真正职务的是公司副总经理，而且从 2017 年 3 月开始已不实际履行作为矿长的实际职责，根据公司的安排其主要负责在城里办理相关土地的续期手续，并不实际从事大石头煤矿的安全生产管理职责。

5. 对于起诉书指控的 2017 年 6 月 20 日—7 月 19 日的“排渣排险、修路施工”行为，周某并未参与决策和实施，其他被告人的供述也证实其未到过排险整改施工现场，2017 年 7 月 17 日的排险整改施工单上的签名是周某事后在公安机关到矿上询问的当日（2017 年 7 月 19 日）才补签的。

最终法院仅对被告判处罚金。

可以看到，在本案中，笔者的辩护逻辑包括，“涉案土地是林地还是建设用地，在案证据之间相互矛盾，不能排除合理怀疑”“起诉书指控的‘临时占用林地审批手续过期’与事实不符，临时占地许可到期之前大石头煤业公司已经申请了续期，但相关行政机关并未在法律规定的期限内作出答复，根据《行政许可法》第 50 条之规定视为准予延续，被指控占用的土地仍然在有效的临时占地许可期限内，并不存在改变土地用途的客观事实”“起诉书指控的‘排渣排险、修路施工’行为不具有刑事违法性”“起诉书指控的‘排渣排险、修路施工’行为与土地毁损之间不具有刑法意义上的直接因果关系”“起诉书认定各被告造成 25.36 亩林地毁坏，数额较大，不能成立”等。

其中起到关键作用的论点，是“行政机关并未在法律规定的期限内作出答复”以及“在案证据在涉案土地是林地还是建设用地上存在有合理性的争议”；在实践中也有案例是基于行政机关在审批过程中的疏漏而被认定无罪。基于行政机关疏漏的本质，事实上是论述当事人是否满足非法占用农用地罪的主观要件。非法占用农用地罪的主观要件虽未明确写在法条中，但是如果当事人事实上没有非法占用农用地的主观意图，法院会在确认这一情形后作出相应判决。

案例九的核心情况是在“在案证据未证实国土部门已向当事人告知应办理占用林地审批手续，且国土部门已实际核发了采矿许可证”的情况下，是否可认定当事人无犯罪的故意。

案例九：

李某某等非法占用农用地案[①]

二审法院在判决时认为，对于上诉人李某某、万某是否构成非法占用农用地罪的问题，应考虑的是，第一，根据查明的事实，李某某、万某合伙开办的弯勇采石场，系在国土部门办理采矿许可证后，方才开始采石作业，在李某某申请采矿许可证时，新设采矿权许可证的审批材料中，并不包含占用林地审批手续。第二，对于采矿用地需占用林地的，应在获得林业主管部门审核同意后，才能办理项目用地审批手续，作为采矿许可证审批单位的国土部门，对该法律规定应当知晓，且应当在受理采矿权许可申请时告知申请人，本案现有证据未证实国土部门已向李某某、万某告知应办理占用林地审批手续，且国土部门已实际核发了采矿许可证，此外，隆林各族自治县国土资源局还与李某某签订了土地复垦合同书，其中明确了弯勇石灰岩矿用地坐落、四至及面积，据此确定复垦面积。土地复垦合同书中载明林地复垦面积为 1.5080 公顷以及复垦标准，李某某依照规定缴纳了矿山地质环境恢复保证金、矿山临时用地复垦保证金等费用，表明了积极履行复垦义务的意思。基于对行政许可审批部门的信赖，足以使李某某、万某产生能够按照采矿许可证核定的范围开采石场的认识，在案证据不能证实李某某、万某明知需办理占用林地手续而未办理。法院认定，李某某、万某在不知道需办理占用林地审批手续的情况下，按照采矿许可证核定的范围采石，主观上没有非法占用林地的故意，客观上也没有实施非

① 参见广西壮族自治区百色市中级人民法院刑事判决书，(2017)桂 10 刑终 16 号。

法占用耕地、林地等农用地采矿的行为。二审法院最终判决无罪。

此案宣判无罪的关键在于，李某某对土地的使用完整履行了手续且得到了许可，"本案现有证据未证实国土部门已向李某某、万某告知应办理占用林地审批手续，且国土部门已实际核发了采矿许可证"，因此对非法占用农用地的主观要件并未达成。

案例十涉及实际耕种人的问题，在非法占用农用地行为中，会出现转包的情形，作为转包方，如果承包方存在非法占用农用地的行为，可通过转包合同中约定的条款辩护。

案例十：

韩某某非法占用农用地案[①]

1997 年 4 月 12 日，被告人韩某某与中心林场签订土地引资开发合同，中心林场向韩某某发包 6000 ~ 10, 000 亩土地，由韩某某开垦、耕种，承包期限为 15 年；双方于 2003 年 5 月 13 日双方签订第三份协议，约定韩某某对承包的 10, 000 亩土地进行造林，2003—2008 年每年完成造林 2000 亩，成活率需要林业部门验收达标，如至 2008 年合同期限届满时未完成造林任务系违约，中心林场将无条件收回土地使用权。2016 年韩某某将其承包的位于中心林场青山施业区内的林地分别转包给王某、盖某、柴某、陈某、李某某等人用于林某 1 耕种农作物，转包之前部分林地没有树和树垄。经宁夏绿森源森林资源司法鉴定中心鉴定，改变林地用途的面积为 229. 9 亩。案发后被告人放弃耕种、积极筹备计划造林。该地现状已留有树垄且有零星文冠果树。在本案中，一审法院认定，被告人韩某某经招商引资同中心林场签订土地引资开发合同，被告人韩某某得到土地使用权后，未按约定造林，并在其经营管理期间，林地用途被擅自改变，数量较大，其行为构成非法占用农用地罪。

---

① 参见内蒙古自治区兴安盟中级人民法院刑事判决书，(2018) 内 22 刑终 153 号。

案例十一审判决成立非法占用农用地罪，但二审法院改判，其核心在于“中心林场将土地承包给韩某某经营管理，并允许林粮间作，韩某某将承包地转租他人使用时对种植要求进行了约定，案发时韩某某并非实际耕种人”。

案例十一：

高某某非法占用农用地案

本案中，王某某、高某某上诉提出没有参与砂场经营管理的理由，经法院审查，王某某作为后期西营砂场的负责人，应该对涉案期间超范围采挖负责，其上诉理由及辩护人意见，法院没有采纳，高某某的上诉理由，因法院查明西营砂场共有股东六人，超范围采挖行为发生在王某某负责期间，这期间的生产管理由高某某、李某某负责，高某某和其他三名股东不参与砂场生产管理。最终法院认定高某某不应该对非法行为负责。

案例十和案例十一有相似之处。案例十的辩护要点在于，韩某某并非实际耕种人，如其辩护人曹某某提出的，上诉人的行为是履行合同行为，未改变土地用途，韩某某将承包地转租他人使用时对种植要求进行了约定，因此其并无主客观行为。案例十一的辩护要点则在于高某某并非负责人，不满足成立的要件。

案例十二提供的辩护思路是，举证证明“被告有合理理由相信涉案土地不构成农用地”。被告的相信合理性有多种可能的论述途径，如合同的约定、政府的批准等，该案是合同约定的典型案例。

案例十二：

潘某非法占用农用地案①

一审判决认定，2005 年，中山市坦洲镇裕洲村民委员会（以下简称裕洲村

① 参见广东省中山市中级人民法院刑事判决书，(2017)粤20刑终18号。

委会)向该村北队征用安南路以北一块约30亩村集体农用地,并向村民支付了补偿费。后因受土地政策制约,该地块一直没有被开发利用,长期荒废。2012年3月,裕洲村委会将上述土地出租给陈某用于种养,租地合同中注明该地块“已征用并填土未开发”。2012年8月,被告人潘某将该地块从陈某处顶手转租给租户代表彭某,并与彭某联名与村委会签订租地合同承租上述土地,合同注明该地块“已征用未开发”,并约定作种养殖之用,不准养猪,不准种长期性农作物,不准砌砖墙建房,只可搭建临时茅棚。随后,彭某与租户对该地块进行废泥石平整,并在部分地面上浇筑水泥地、搭建星铁棚,用于堆放建筑材料等。2012年11月12日,国土部门在巡查时发现上述违法行为,遂向潘某、彭某发出《责令停止国土资源违法行为通知书》,要求自行整改、消除影响,但彭某等人不肯搬迁,整改无果。经测量,彭某等人占用的土地面积为14,470.5平方米(21.7058亩),其中13,766.5平方米为基本农田保护区。2014年12月2日,中山市国土资源局执法监察支队出具情况说明,认为该土地上建成多座简易建构建筑物及水泥硬底化场地,已不适合耕作。

中山市第一市区人民检察院抗诉提出:(1)原审被告人潘某应当认识到所租用土地的性质,具有非法占用农地的主观故意,其作为总转包人,应对全部非法使用农地的行为负责。(2)国土部门对农地毁坏的认定,具有合法性、专业性和合理性,应当采信。潘某构成非法占用农用地罪,请求二审法院依法改判。

在案例十二中,最终二审法院认定,原审被告人潘某作为涉案土地的中介人,其根据合同条款认为涉案地块已不属于农用地具有合理性,现有证据不足以认定其主观上具有非法占用农地的故意,也不足以认定涉案土地已经严重毁坏或严重污染。

案例十三同样也是“被告有合理理由相信涉案土地不构成农用地”的典型案例。

案例十三：

柯某某非法占用农用地案[①]

本案中，一审法院认定，1995年冬季，位于莆田市城厢区灵川镇的逍遥山发生森林火灾，经相关部门审批进行林木采伐，后柯某8组织人员对逍遥山林地进行平整、挖穴、修路。1998年12月30日，被告人柯某某承包逍遥山林地从事果树种植，承包期限为50年。2005年12月后，被告人柯某某办养鸡场，在其承包的林地上建起管理房、饲料房各1座。2006年6月后，被告人柯某某改办养猪场，先后在果林中建起12座猪舍及沼气池1座、仓库1间、水池6处。2010年9月前，被告人柯某某在位于该山的公司总部办公楼周围建起4处温棚用于育苗。经福建中信司法鉴定所鉴定，被告人柯某某自2005年12月后未经相关部门审批许可，非法占用生态公益林地并改变被占用林地用途，造成林地原有植被或林业种植条件严重毁坏，面积达3887.27平方米(5.8309亩)。一审法院判决被告人柯某某违反土地管理法规，未经有关部门审批在其承包的林地上建筑各类设施，致使林地原有植被及林业种植条件遭到严重破坏，非法占用特种用途林地5.8309亩，其行为已构成非法占用农用地罪。

此案的辩护要点是：第一，本案没有任何有效证据可证明其承包经营的3大班6小班林地被区划定为生态公益林，一审法院认定上诉人承包经营的林地属国家级生态公益林是错误的。其从未领取过关于3大班6小班林地被界定为生态公益林的公益补偿金，一审法院认定该林地“已按公益林进行保护多年”，没有事实依据。第二，其在承包经营的林地范围内修筑蓄水池（化粪池）、育苗温棚等设施，依法不是转为非林业建设用地；进行生猪标准化规模养殖项目建设取得了行政主管部门的批准同意，符合当时的政策要求和文件规定，是合法的。其在2005年12月之后经营占用土地未达到5亩，情节轻微，不应当追究刑事责任。

---

① 参见福建省莆田市中级人民法院刑事判决书，(2015)莆刑终字第250号。

在此案中，二审法院最终认定，由于上诉人柯某某承包逍遥山 3 大班 6 小班林地造果时，该林地为其他林地，直至案发前，有关部门并未将该林地区划办界定为生态公益林的情况告知上诉人柯某某。现有证据也无法认定上诉人柯某某知道其承包的涉案林地被区划界定为生态公益林。故上诉人柯某某非法占用林地行为，既不符合非法占用并毁坏防护林地、特种用途林地的主观故意构成要件，也不符合非法占用并毁坏其他林地的客观构成要件，不构成非法占用农用地罪。

第二节　安全合规风险及其辩护逻辑

根据我国矿山安全生产法的规定，矿业公司在进行矿山采选的过程中，务必建立、健全安全生产责任制，防止矿山事故，保护矿山职工人身安全。如若在采选的过程中，未对员工进行安全生产培训或者发生安全事故的，则可能需要承担行政处罚或重大责任事故罪，强令、组织他人违章冒险作业罪，危险作业罪等刑事责任。

一、重大责任事故罪

（一）理论基础

本部分主要对于重大责任事故罪的基本理论层面的相关分析进行介绍，为针对重大责任事故罪的辩论技巧奠定理论基础。

重大责任事故罪的认定在涉及矿业的刑事案件并不少见，如在王某某、刘某 1 等非法采矿案[①]中，法院认定事实，“2016 年 8 月 5 日晚，被告人王某某为进行非法采矿活动雇用齐某 2 的钻机，齐某 2 雇用陈某某（死亡）、刘某 2（死亡）对涉案山场进行钻炮眼作业。2016 年 8 月 6 日凌晨，被告人刘某 1、刘某

① 参见河北省唐山市丰润区人民法院刑事判决书，(2018)冀 0208 刑初 274 号。

3(死亡)、刘某4(死亡)在现场将刘某3准备的雷管、炸药、炮线、矿泉水瓶组装成爆炸药包,使用皇甫某某送来的硝铵化肥和自制的爆炸药包灌装炮眼,连接起爆线。被告人刘某1、刘某4在无炮工操作证的情况下,违反爆破安全规程,冒雨进行与爆破相关的作业。致使雷电入侵电报网络,引发早爆。爆炸造成现场作业的刘某3、刘某4、陈某某、刘某2、皇甫某2五人死亡,尹某某受伤的重大伤亡事故",法院最终判决被告人王某某犯非法采矿罪和重大责任事故罪数罪并罚。

在20世纪60年代的《刑法草案修正案》第33稿中,我国首次对在生产建设中出现的责任心不强,安全意识不强,对工作严重部分人的人予以规制,并在1979年《刑法》中予以明确规定,即重大责任事故罪。[①] 重大责任事故罪属于危害公共安全罪中违反安全管理规定危害公共安全的犯罪。重大责任事故罪是指在生产、作业中违反有关安全管理的规定,因而发生重大伤亡事故或者造成其他严重后果的行为。本罪的行为主体是自然人,包括对生产、作业负有组织、指挥或者管理职责的负责人、管理人员、实际控制人、投资人等人员,以及直接从事生产、作业的人员;本罪的行为内容是,在生产、作业中实施违反有关安全管理规定的行为;本罪的行为结果是,发生重大伤亡事故或者造成其他严重后果。行为内容和行为结果之间应当有直接联系,即重大事故必须发生在生产、作业活动中,并同有关职工、从业人员的生产、作业活动有直接联系。[②] 根据《刑法》第134条规定,"在生产、作业中违反有关安全管理的规定,因而发生重大伤亡事故或者造成其他严重后果的,处三年以下有期徒刑或者拘役;情节特别恶劣的,处三年以上七年以下有期徒刑。强令他人违章冒险作业,或者明知存在重大事故隐患而不排除,仍冒险组织作业,因而发生重大伤亡事故或者造成其他严重后果的,处五年以下有期徒刑或者拘役;情节特别恶劣的,处五年以上有期徒刑。"

---

① 参见张舒、黄娜、李磊:《重大责任事故罪若干问题思考》,载《湖南警察学院学报》2016年第1期。

② 参见张明楷:《刑法学》(第6版),法律出版社2021年版,第935页。

（二）辩护要点

1. 不符合重大责任事故罪的主体要件

关于犯罪主体有争议问题，如对职工是否有职位上的要求，单位是否可以构成犯罪等。最高人民法院和最高人民检察院在 2015 年发布的《危害生产安全刑事案件解释》中规定，《刑法》第 134 条第 1 款规定的犯罪主体，包括对生产、作业负有组织、指挥或者管理职责的负责人、管理人员、实际控制人、投资人等人员，以及直接从事生产、作业的人员。

在厘清辩护思路时，需要注意的是本罪的犯罪主体的界定并非指向职位的高低，如在案例十四中，被告人包括普通工作人员。

案例十四：

何某某等重大责任事故案①

在本案中，被告人包括公司安全生产的责任人和科室的普通工作人员。法院认定事实，“古蔺县‘2·1’重大道路交通事故发生时，被告人邱某某系公司分管安全的副经理，是公司安全生产第二责任人。被告人何某某系公司安全科工作人员，负责公司车辆保险理赔，并实际负责驾驶员录用岗前实际操作考核和随车实习工作。2013 年 1 月，四川泸州现代运业古蔺畅通有限公司拟聘用王某某为古蔺至庙林客运线路川 E44303 号金龙大客车驾驶员，在正式聘用前，被告人邱某某、何某某根据其职责对王某某聘用条件进行审查把关和考试考核。其间，邱某某、何某某对王某某的聘用工作严重不负责任，未严格审查王某某聘用前存在违章驾驶行为，且未对王某某实际驾驶操作进行考核，致使王某某被违规聘用”。

此案是对主体定性的重要案例，主体的判定并非在于职位的高低，而在于

---

① 参见四川省泸州市中级人民法院刑事判决书，(2015)泸刑终字第 40 号。

实际上和责任事故发生的因果关系。

案例十五是从主体角度出发、判决无罪的案例。同案例十四相比较，本案的被告职位或比案例十四的高，但法院判决被告和责任事故的发生并无直接因果关系。

案例十五：

陈某、雷某某重大责任事故案①

2018年6月22日左右，被告人雷某某与杨某1、陈某约定，由被告人雷某某购买红叶石楠，并负责装上货车后交付陈某。2018年6月25日16时许，被告人雷某某和其雇用操作吊车的被告人陈某到达崇州市观胜镇白鹤村村委会对面，准备在此将红叶石楠装上货车。雷某某雇请了三个工人和一个三轮车师傅分别负责装树木和套绳子，杨某1认为雷某某雇请的工人装车不专业，陈某打电话叫李某和受害人罗某过来装树木。与陈某谈好价格后，罗某、李某开始装运树木。18时30分许，被告人陈某操作吊车与罗某、李某开始相互协作，将红叶石楠装上货车。19时许，吊车车臂与高压线接触，此时罗某正接触吊车吊钩，罗某触电，经抢救无效死亡。

此案中，法院最终判定，被告人雷某某既不是直接从事生产的人员，也非特定行业中负有指挥管理责任的人员，不符合该罪的主体要求，且在该作业事故中，雷某某既不具有操作的直接过失，也不具有管理和监督过失，其行为不构成重大责任事故罪。

综合案例十四、案例十五和《危害生产安全刑事案件意见》中指出的内容，多个原因行为导致生产安全事故发生的，在区分直接原因与间接原因的同时，应当根据原因行为在引发事故中所起作用的大小，分清主要原因与次要原因，确认主要责任和次要责任，合理确定罪责。一般情况下，对生产、作业负有

① 参见四川省成都市中级人民法院刑事判决书，(2019)川01刑终661号。

组织、指挥或者管理职责的负责人、管理人员、实际控制人、投资人，违反有关安全生产管理规定，对重大生产安全事故的发生起决定性、关键性作用的，应当承担主要责任。对于直接从事生产、作业的人员违反安全管理规定，发生重大生产安全事故的，要综合考虑行为人的从业资格、从业时间、接受安全生产教育培训情况、现场条件、是否受到他人强令作业、生产经营单位执行安全生产规章制度的情况等因素认定责任，不能将直接责任简单等同于主要责任。对于负有安全生产管理、监督职责的工作人员，应根据其岗位职责、履职依据、履职时间等，综合考察工作职责、监管条件、履职能力、履职情况等，合理确定罪责。

邱某某被控重大责任事故罪、非法采矿罪案是笔者代理的案件，笔者认为，对于非直接从事生产、作业的人员，判断其能否成立重大责任事故罪的关键，是看其是否对生产、作业负有组织、指挥、管理职责，在案有充分证据可以证实，邱某某未实际承担上述职责及行为。

（1）在“邱某某等均不参与宝马矿业公司的生产经营管理”这一论证环节中，笔者论述的关键点在于，邱某某不是公司法意义上宝马矿业公司的“实际控制人”，更不是刑法意义上的“实际控制人”“案发时邱某某在宝马矿业的执行董事任期早已届满，其对宝马矿业没有具体管理职责”“邱某某参与宝马矿业购买液压支架，是其履行宝马煤炭重大资金调配的决定权，支架的规格、参数、质量等专业问题仍然由矿长、技术人员负责审核，不能因此认定邱某某介入下级公司日常经营管理”，都可以证明邱某某所负责的只是资金调配和把控，而不是对购置设备技术审查和质量把控，两者不能混为一谈。

（2）在“在案有充分证据可以证实，作为上级公司管理人员，邱某某等宝马物资人员对宝马矿业安全生产事项已经尽到注意义务”环节：

第一，宝马矿业制定了独立的安全生产管理制度并设置了完整的安全生产责任人体系，且对安全生产具有明确的上下级分工，这是现代企业结构性管理的需要，这一设置也完全符合煤矿生产企业安全生产管理的相关要求，宝马矿业内部安全运营档案都可以证实宝马物资对宝马矿业的安全尽到了注意义务。

第二,作为董事长的邱某某有理由合理信赖在其不具体参与管理的情况下,公司安全管理部门及生产作业部门负责人能够切实履行其安全生产保障义务。宝马矿业公司在人员选任和管理职责方面采取了“职业经理人”模式,由专业的经理人任职公司各个重要职能岗位,由矿长、总工程师及各个职能副矿长组成领导团队,且企业内部也建立了安全生产责任体系和安全生产责任制度。该制度的核心是划分企业从主要负责人到一线员工的安全生产职责,在此基础上,由每个员工与自己的直接上级主管签订安全生产责任制书。在此情况下,基于分工体制的安排以及邱某某等四人和各矿级领导之间的实际信赖关系,邱某某等四人有理由合理地信赖相应生产作业部门负责人能够确实地履行其安全保障义务。

据此,根据信赖原则以及涉案人员的具体分工关系,应当认为邱某某已尽到相应注意义务,其无须为由现场工人的违章作业和分管领导的失职失察所引发的瓦斯爆炸事故承担重大责任事故罪的刑事责任。

(3)在“重大责任事故的发生与邱某某等宝马物资管理人员的行为不具有直接的因果关系”环节,辩护要点是:国务院调查报告认定,事故发生的直接原因是工人违章作业,宝马矿业相关安全生产负责人员责任未落实到位,瓦斯爆炸事故发生的直接原因是工人违章作业,与未直接领导生产的邱某某无关,其不应当对此承担刑事责任。工人违规电焊、未按规定通风并测报瓦斯浓度、擅自停电、离岗等违章作业行为是事故发生的直接原因和根本原因。对此,违章工人应承担直接责任,分管机电、生产、通风等部门的领导应承担间接的监督过失责任。重大责任事故的发生与邱某某等宝马物资的管理人员不具有直接的因果关系。

2. 不符合重大责任事故罪的主观要件

本罪的主观心理态度是过失,即当事人对造成的结果保持的态度是“不希望这一结果的发生、不放任这一结果的发生”,在《危害生产安全刑事案件意见》中指出,严格把握危害生产安全犯罪与以其他危险方法危害公共安全罪的界限,不应将生产经营中违章违规的故意不加区别地视为对危害后果发生的故意。

在笔者代理的罗某被控重大责任事故罪案中，辩护思路包括“兴业矿业不是对生产作业负直接管理责任的单位主体，兴业矿业管理人员罗某、姜某某、吉某1、吉某2四人不属于重大责任事故罪的犯罪主体”和“兴业矿业管理人员不具备重大责任事故犯罪的客观构成要件，与危害结果不具有刑法上的因果关系”两个核心环节。

在详细论述中，提出的观点包括：“兴业矿业关于安全管理机构、人员的设置符合《安全生产法》及《内蒙古自治区安全生产条例》的规定，兴业矿业作为银漫公司控股股东，并未违反有关安全管理的规定”，“兴业矿业管理人员未违反法定注意义务，不应当承担重大责任事故罪的过失责任”等。

其中，“未违反法定注意义务而不应当承担过失责任”是在主观方面的论述。

具体来说，监督过失是指监督者因怠于行使监督职责而没有防止直接引发事故的行为人（被监督者）因疏失造成事故的过失类型，即监督者间接导致结果发生。重大责任事故罪是典型的过失犯罪，要求危害结果的发生归因于行为人违反注意义务的行为，但本案中罗某未怠于履行相应的注意义务，不符合过失犯罪的特征。

第一，根据兴业矿业的安全生产管理制度，兴业矿业并非对银漫矿业的安全生产进行监督、检查和管理，而是对银漫矿业的“安全生产管理工作”进行监督、检查和制度指导。需要注意的是，安全生产与“安全生产管理工作”不是同一概念。从兴业矿业的安全生产管理制度相关内容来看，除监督和检查外，兴业矿业对所属企业的“管理”实际是指“安全管理分析”和“安全管理创新”两方面，也就是对所属企业管理制度设计的指导和监督，改进各所属企业的安全管理措施、提升各所属企业的安全管理水平，并不针对所属企业直接地“生产、作业”。

第二，在制度监管这一维度，兴业矿业作为银漫公司的控股公司，已经尽可能地履行了其应尽的监督义务，在设置的各项制度中足以证明兴业矿业已履行应尽的监督职责，不应从发生责任事故这一后果反推兴业矿业未履行监督义务，进而推定兴业矿业管理人员成立重大责任事故罪。

可以看到，在主观要件方面的辩护重点是“未怠于履行相应的注意义务”“已穷尽事前的所有安全措施”，如“在制度监管这一维度，已经尽可能地履行了其应尽的监督义务”。

3. 不符合重大责任事故罪的客观方面

客观方面的“在生产、作业过程中”，指向的是完整的生产作业过程。在何某某等重大责任事故案①中，法院认为，“重大责任事故罪所指的“生产、作业中”不仅包括生产、作业计划的制订，也包括生产、作业的实施，直至生产、作业任务的完成的整个过程，被告人邱某某、何某某在驾驶员资质的准入环节也属于对生产、作业负有管理职责的人员。被告人邱某某、何某某在生产、作业中违反有关安全管理的规定，因而发生重大伤亡事故，情节特别恶劣，应当以重大责任事故罪追究其刑事责任”。

在笔者代理的肖某某重大责任事故案中，辩护思路是肖某某将“未经设计”的矿洞承包给杨某某等人的行为和事故发生不具有刑法上的因果关系。具体指向，“18－1 是旧矿洞，在旧矿洞中施工，如前所述，设计不是先决条件。根据事故调查组的报告，本起事故发生的直接原因是自然原因，间接原因是工作人员操作失误，这两个原因是导致事故发生的真正原因。因此，冒顶事故的发生与三鑫公司将“未经设计”的矿洞承包给杨某某的行为之间没有必然的因果关系”。

案例十六：

曹某某等重大责任事故案②

本案中，郴州市北湖区人民检察院指控称：

---

① 参见四川省乐山市中级人民法院刑事判决书，(2014)古蔺刑初字第 14 号。

② 参见湖南省郴州市北湖区人民法院刑事判决书，(1994)郴北刑初字第 72 号。

1992年12月17日原郴州地区人民医院八人高压氧舱安装完毕交付使用,舱内空调机于1993年6月发生故障,被告人曹某某修理时发现操作台下面电源板上右边控制空调的分合开关(保险装置)烧坏了,曹某某便擅自拆除了分合开关。把连接分合开关的裸露线接头搭上,使空调机在缺乏保险装置的情况下直接通电,造成事故隐患。1994年1月20日上午8时,被告人袁某某、彭某发现高压氧室八人舱空调机控制板指示灯不亮,空调机不能启动。两被告人打电话通知医院设备科李某1科长,李某1答应马上派人检修。彭某明知高压氧舱空调机有故障。在检修人员未来检修之前,违反高压氧舱操作规程关于"对氧舱的各项设备检查时,如发现问题,必须修理。不准机器带病运转"的规定,于上午8时45分许,让兰某某、蒋某某、张某某、崔某某、许某某、刘某、刘某1、李某2等8名病人进入高压氧舱治疗。袁某某对此不仅未加制止,反而同意李某2等两病人带棉被进舱洗胃,彭某刚按平常的操作程序给予输氧加压。加压至0.13MPa时开始稳压。上午9时5分许,曹某某与王某某到高压氧室修空调机,曹某某明知舱内有病人正在治疗的情况下,用万能表测了一下操作台电源板右上方的两条裸露电线有电,接着又把电源板上的四个保险扯出来检查,保险也是好的,此时舱内有人喊"不要熄灯"。隔了一会儿,彭某发现操作台下面电源板右下部冒火花,上午9时15分,舱内有人喊"起火了",舱内靠空调机部位是火红的,曹某某马上关掉电源,关闭供氧阀,舱门被舱内人员堵死,无法打开,上午10时25分才打开舱门将舱内人员拖出来,当场死亡7人,另1人经抢救无效死亡,此次事故给医院造成直接经济损失28.688917万元,火灾原因经郴州地区公安消防支队鉴定为:这起火灾系电器设备安装、使用、维修未严格按照规范、规定要求,特别是舱内导线接头处理草率马虎,因接触不良,导致裸露的芯线产生火花所致成灾。该院确认,曹某某、彭某、袁某某的行为构成了重大责任事故罪,请求依法判处。

此案的出罪要点是,这次重大责任事故是因高压氧舱的设备在安装、使用、维修等过程中出现问题所导致的严重后果。但主要直接原因,是该高压氧舱生产单位将空调风机直接装在舱内。生产单位违反了中华人民共和国国家标准 GB 12130—89《医用高压氧舱规范》的规定,严重违反了国家标准。更严重的是生产单位在组装该舱内空调风机时,对接线头采取扭接的方法,使芯线的金属细线头扎破胶布而裸露碰撞在空调风机外壳产生火花所致成灾。被告人曹某某在这次火灾发生半年前将高压氧舱操作台下面电源板上控制空调的分合开关并连接,对事故负有一定的责任,但检察院认定被告人曹某某的行为已构成重大责任事故罪,其直接证据不足。被告人彭某虽然未达到高压氧舱管理医生资格,但本人单独操作时,是按照医院领导规定培训期满后上岗的,但在这次重大责任事故发生中,其未等维修工到达检修就开机,负有一定的责任。但空调机不正常运转并不等于是高压氧舱“带病”开机的范围,况且其在操作中没有违背操作规章程序。检察院认定被告人彭某的行为已构成重大责任事故罪的理由不充分,证据不足。被告人袁某某是操作高压氧舱时间较长的人员,对该舱的性能比较熟悉,又是院领导指定的临时负责人,对这次事故应负一定的领导责任,但其本人并没有直接操作,更没有开口强行命令操作人员开机。检察院认定被告人袁某某的行为已构成重大责任事故罪,从犯罪的主观方面和客观方面来看都不能成立。最终,法院宣判无罪。

本案的关键在于定性重大责任事故发生的重要原因,其他原因和结果之间是否能达到刑法意义上的相关性。关于“违反安全管理规定的行为”,有学者认为包括三类,“第一类为违反国家制定的关于安全管理规定的法律、行政法规,第二类为违反企、事业单位以及监管部门等有权机关制定的关于安全管理的规章、章程、条例等,第三类为违反无明文规定却通行的行业惯例与操作习惯。”①也有学者认为“认定相关人员是否违反有关安全管理规定,应当根据相关法律、行政法规,参照地方性法规、规章及国家标准、行业标准,必要时可参考公认的惯例和生产经营单位制定的安全生产规章制度、操作规程”②。

---

① 参见张舒、黄娜、李磊:《重大责任事故罪若干问题思考》,载《湖南警察学院学报》2016 年第 1 期。

② 参见张明楷:《刑法学》(第 6 版),法律出版社 2021 年版,第 935 页。

案例十七：

张某某重大责任事故案[①]

河北省玉田县人民法院（一审法院）审理查明，2016年6月20日7时许，被告人许某（已判刑）在玉田县玉田镇和兴大厦地下室内违反安全管理规定组织工人施工。被告人张某某在拆墙时墙体倒塌，将正在作业的工人李某和张某某自己压于墙体下，后李某经抢救无效死亡，张某某受伤，经鉴定，李某属巨大钝性外力作用致重型颅脑损伤死亡。河北省玉田县人民法院认为，被告人张某某在生产、作业中违反有关安全管理的规定，因而发生重大伤亡事故，其行为已构成重大责任事故罪。公诉机关指控的罪名成立。被告人张某某得到被害人亲属的谅解，可酌情从轻处罚，其犯罪情节轻微，可免予刑事处罚。被告人张某某及其辩护人刘某某、高某关于无罪的辩解和辩护意见，理据不足，不予采纳。依照《刑法》第134条第1款、第37条之规定，判决被告人张某某犯重大责任事故罪，免予刑事处罚。

上诉人张某某上诉提出，审判决认定事实有误，适用法律错误，其与许某之间成立雇佣关系，在许某的安排下从事劳动，其未受过安全操作培训，许某对其不符合规范的操作也从未进行过阻止，许某为赶工期指令工人冒险作业，其行为不符合重大责任事故罪的构成要件。

此案中的辩护要点是，张某某未受过安全操作培训、不存在不服从管理的行为。二审法院认为，重大责任事故罪客观方面主要表现为在生产和作业过程中违反有关安全管理规定，因而发生重大伤亡事故，造成严重后果的行为。行为人必须具有违反有关安全管理的规定的行为，主要表现为不服管理，不听指挥，不遵守操作规程而盲目蛮干。本案中许某在没有任何资质的情况下，承包个体建筑拆除工程，违反建筑拆除工程安全技术规定组织工人施工。故对原审被告人张某某及其辩护人提出其和许某之间存在雇佣关系的上诉理由及

---

① 参见河北省唐山市中级人民法院刑事判决书，（2018）冀02刑终640号。

辩护意见予以支持。对河北省唐山市人民检察院提出许某和张某某等人是相互承揽劳务关系的出庭意见不予支持。许某在施工之前未制定安全管理制度,未组织工人进行安全教育、技术培训,仅就具体工作进行简单交代。张某某、李某、武某1、武某2在整个拆除工程中未经过相关培训,采用底部掏掘或推倒的方法从事拆墙作业,许某亦未进行指导及阻止,且现有证据不能证实李某及张某某在拆墙过程中有不服管理,不听指挥而盲目蛮干的行为,同时许某供述相信二人能干好拆墙的活是因为二人从事拆墙这个活五六年没有出过什么事。

案例十七和案例十六有类似之处,法院的出发点同样是"责任人"的行为和重大责任事故发生的结果之间的因果关系。当然,论述二者之间是雇佣关系而非承揽关系也有其必要性,其根本点在于对应负责主体的界定。

4. 不符合重大责任事故罪的程度要件

程度条件是要求所造成的责任事故达到发生重大伤亡事故或者造成其他严重后果。关于如何定义"重大伤亡事故"和"造成其他严重后果",可参考最高人民法院和最高人民检察院在2015年发布的《危害生产安全刑事案件解释》的规定。例如,贾某担任南京一公司的电焊组组长期间,因招聘不具备焊工资质的工人舒某从事压力焊特种作业,且未向上级部门或项目组报备,致使舒某独自一人在焊接现场违章作业时遭电击死亡。最终江苏省南京市六合区人民法院判决贾某违反安全生产管理法规,因而发生重大事故,致一人死亡,其行为已构成重大责任事故罪。具体论述的法条有《危害生产安全刑事案件解释》第6条、第12条等。

《危害生产安全刑事案件解释》第6条规定,实施《刑法》第132条、第134条第1款、第135条、第135条之一、第136条、第139条规定的行为,因而发生安全事故,具有下列情形之一的,应当认定为"造成严重后果"或者"发生重大伤亡事故或者造成其他严重后果",对相关责任人员,处3年以下有期徒刑或者拘役:(1)造成死亡1人以上,或者重伤3人以上的;(2)造成直接经济损失100万元以上的;(3)其他造成严重后果或者重大安全事故的情形。《危害生产安全刑事案件解释》第7条规定，实施《刑法》第132条、第134条第1款、第135条、第135条之一、第136条、第139条规定的行为，因而发生安全事故，具有下列情形之一的，对相关责任人员，处3年以上7年以下有期徒刑：(1)造成死亡3人以上或者重伤10人以上，负事故主要责任的；(2)造成直接经济损失500万元以上，负事故主要责任的；(3)其他造成特别严重后果、情节特别恶劣或者后果特别严重的情形。

在《危害生产安全刑事案件解释》中确认了从重处罚和从轻处罚的达成要件，其第12条规定，实施《刑法》第132条、第134条至第139条之一规定的犯罪行为，具有下列情形之一的，从重处罚：(1)未依法取得安全许可证件或者安全许可证件过期、被暂扣、吊销、注销后从事生产经营活动的；(2)关闭、破坏必要的安全监控和报警设备的；(3)已经发现事故隐患，经有关部门或者个人提出后，仍不采取措施的；(4)1年内曾因危害生产安全违法犯罪活动受过行政处罚或者刑事处罚的；(5)采取弄虚作假、行贿等手段，故意逃避、阻挠负有安全监督管理职责的部门实施监督检查的；(6)安全事故发生后转移财产意图逃避承担责任的；(7)其他从重处罚的情形。实施前款第5项规定的行为，同时构成《刑法》第389条规定的犯罪的，依照数罪并罚的规定处罚。其第13条规定，实施《刑法》第132条、第134条至第139条之一规定的犯罪行为，在安全事故发生后积极组织、参与事故抢救，或者积极配合调查、主动赔偿损失的，可以酌情从轻处罚。

二、强令、组织他人违章冒险作业罪

(一)理论基础

本部分主要对于强令、组织他人违章冒险作业罪的基本理论层面的相关分析进行介绍，为针对强令、组织他人违章冒险作业罪的辩论技巧奠定理论基础。

强令、组织他人违章冒险作业罪，是指在生产、作业中强令他人违章冒险作业，因而发生重大伤亡事故或者造成其他严重后果的行为。本罪主观方面是过失。[①] 根据国家安全生产监督管理总局《安全生产事故隐患排查治理暂行规定》第3条的规定，事故隐患是指在生产作业过程中可能导致的危险，具体表现为物的危险状态、人的不安全行为和管理上的缺陷三个方面。事故隐患可分为一般事故隐患和重大事故隐患；前者是指危害和整改难度较小，发现后能够立即整改排除的隐患；后者是指危害和整改难度较大，应当全部或者局部停业，并经过一定时间整改治理方能排除，或者因外部因素影响致使生产经营单位自身难以排除的隐患。[②]

在重大事故隐患，即不安全因素的认定上，首先考虑是否违反相关法律规定或者技术规范，然后再考虑是否具有引起人员伤亡或者财产损失的危险。

具体规定见《刑法》第134条第2款：强令他人违章冒险作业，或者明知存在重大事故隐患而不排除，仍冒险组织作业，因而发生重大伤亡事故或者造成其他严重后果的，处5年以下有期徒刑或者拘役；情节特别恶劣的，处5年以上有期徒刑。有学者认为，如何理解"明知存在重大事故隐患而不排除，仍冒险作业"，首先必须明确，行为人只要明知存在重大事故隐患，在没有排除该重大事故隐患的情况下，冒险组织作业的，即可构成本罪；而不要求行为人在此之外还有一个"不排除"重大事故隐患的行为。其次，"冒险组织作业"是指在重大事故隐患没有被排除的情况下，便策划、决策、指挥、协调工人进行作业活动；不要求采取威逼、胁迫、恐吓的手段进行"强令"。[③]

（二）辩护要点

1. 不符合强令、组织他人违章冒险作业罪的主体要件

最高人民法院和最高人民检察院在2015年发布的《危害生产安全刑事案

---

① 参见曲新久主编：《刑法学》（第5版），中国政法大学出版社2016年版，第317页。

② 参见俊木子讷：《强令、组织他人违章冒险作业罪的认定，需要注意四个关键点》，载微信公众号"法的驿站"2022年3月30日。

③ 参见俊木子讷：《强令、组织他人违章冒险作业罪的认定，需要注意四个关键点》，载微信公众号"法的驿站"2022年3月30日。

件解释》第2条规定,《刑法》第134条第2款规定的犯罪主体,包括对生产、作业负有组织、指挥或者管理职责的负责人、管理人员、实际控制人、投资人等人员。

在一定情形下,不具有上述职责的生产、作业人员,也能成为本罪主体,[1]"强令"不仅包括利用职权或者地位指使他人的行为,也包括其他逼迫他人的行为;只要达到逼迫的程度即可,并不要求主体一定具有相应的职责。

案例十八:

王某某强令违章冒险作业罪案[2]

本案中,原审判决认定,2012年9月2日,被告人王某某受胡某(已判刑)聘请,担任通山景元·隆某丽都二期B-01、B-02、B-03建筑基础冲桩工程安全责任人监督施工,并在胡某的安排下组织未经安全培训的工人施工。施工期间,被告人王某某不服从监管机构监管,在存在重大安全隐患和接到监理机构下达的"暂时停工指令"的情况下,仍然组织工人施工挖桩。2012年10月10日上午9时许,工人吴某、周某在B-02工地挖桩时,因使用空压机钻石时诱发坍塌,导致吴某被泥石掩埋后窒息死亡。

此案中,律师尝试从以下两个路径的辩护思路:

第一,上诉人王某某不具备强令违章作业罪的主体特征。通山县景元·隆某丽都二期B-01、B-02、B-03建筑基础冲桩工程由胡某承接,胡某是负责该工程的直接负责人,王某某是在其手下打工,听从胡某的指挥,帮其找工人进行人工挖桩,在监理公司下达停工通知时,也是按照胡某的指示照常开工。

第二,上诉人王某某主观上没有强令工人违章冒险作业的故意,客观上有强令工人违章作业的具体行为。但是这一辩护并没有得到法院支持,是因为王某某虽不是工程直接负责人,但是人工挖桩现场的负责人,且违反安全管理

① 参见张明楷:《刑法学》(第6版),法律出版社2021年版,第937页。

② 参见湖北省咸宁市中级人民法院刑事判决书,(2016)鄂12刑终131号。目前该罪名为强令、组织他人违章冒险作业罪,后文不再逐一说明。

规定的故意性质明显,"在存在重大安全隐患和接到监理机构下达的'暂时停工指令'的情况下,仍然组织工人施工挖桩"。

2. 不符合强令、组织他人违章冒险作业罪的主观方面

"明知"指向的主观要件仍然是过失。虽然行为人已经预见到重大事故隐患发生侵害结果的危险,行为人由于轻信能够避免结果发生而作出本罪的行为方式。[①] 如果行为人的主观要件是故意,则构成的是其他罪名。

如在安全事故发生后,主观上故意地阻挠抢救或者隐瞒真相,可能会构成故意杀人罪或故意伤害罪,详见最高人民法院和最高人民检察院在 2015 年发布的《危害生产安全刑事案件解释》第 10 条规定,在安全事故发生后,直接负责的主管人员和其他直接责任人员故意阻挠开展抢救,导致人员死亡或者重伤,或者为了逃避法律追究,对被害人进行隐藏、遗弃,致使被害人因无法得到救助而死亡或者重度残疾的,分别依照《刑法》第 232 条、第 234 条的规定,以故意杀人罪或者故意伤害罪定罪处罚。

案例十九:

蒋某重大责任事故、强令违章冒险作业案[②]

本案中,一审法院认定,被告人蒋某系淮沪煤电有限公司丁集煤矿开拓二区 201 队喷浆拨拨长,2015 年 1 月 4 日上午,蒋某带领工人王某某、魏某某、邹某某到丁集煤矿井下 63 某钻场喷浆作业。当日上午 11 时 50 分许,蒋某在完成当班作业后,私自决定并强制工人违章冒险工作将 63 某钻场的叉车移动到 62 某钻场下方。在操作的过程中,蒋某等 4 人因未按照规定操作导致叉车脱手下滑冲出轨道,致使在场工人吴某某、盛某受伤,吴某某经抢救无效死亡。二审法院在审理时认定,"关于上诉人蒋某提出的被害人有过错的上诉理由,

---

① 参见杨绪峰:《强令、组织他人违章冒险作业罪的司法误识与纠偏》,载《政治与法律》2022 年第 2 期。

② 参见安徽省淮南市中级人民法院刑事判决书,(2015)淮刑终字第 00129 号。

经查,本案伤亡结果是蒋某违反操作规定,强令其他工人违章冒险作业所致,现有证据不能证实被害人有过错,故该上诉理由不能成立,本院依法不予采纳”。二审法院最终驳回上诉,维持原判。

本案中,上诉人提出的辩护要点是“被害人存在过错”,但是在违章冒险作业罪当中,如存在责任人的“违章冒险”,则即便被害人存在小的过错,也不能驳斥责任人和冒险作业之间的因果关系。因此,在辩护时,应侧重于论述被害人造成的过错足以达到和冒险作业的结果产生直接因果关系的程度;可同时论述,被告人所造成的过错未达到这一因果关系的程度。

3. 不符合强令、组织他人违章冒险作业罪的客观方面

本罪的客观方面包括“强令他人违章冒险作业”或者“明知存在重大事故隐患而不排除,仍冒险组织作业”这两项。最高人民法院和最高人民检察院在 2015 年发布的《危害生产安全刑事案件解释》中有对强令、组织他人违章冒险作业罪的具体行为作出解释,该司法解释第 5 条规定,明知存在事故隐患、继续作业存在危险,仍然违反有关安全管理的规定,实施下列行为之一的,应当认定为《刑法》第 134 条第 2 款规定的“强令他人违章冒险作业”:(1)利用组织、指挥、管理职权,强制他人违章作业的;(2)采取威逼、胁迫、恐吓等手段,强制他人违章作业的;(3)故意掩盖事故隐患,组织他人违章作业的;(4)其他强令他人违章作业的行为。

下面介绍的案例二十、案例二十一、案例二十二有相似之处。有学者认为,强令行为需达到使他人不得不违心作业的心理强制程度,是否具有职权只是一个辅助判断因素;“违章”与“冒险”之间具有递进性和关联性;重大事故隐患需对人的生命、身体安全具有客观危险;“不排除”应从客观效果来看,只要重大事故隐患在客观上没有得到排除,就属于“不排除”,而不必考虑行为人主观上想不想排除以及凭借自身能力能不能排除;“组织”不必是上级负责人亲自实施,在其授权范围内的下级人员的正常组织行为也能评价为上级负

责人的组织行为。[①] 这三个案例有助于确认“强令”的概念。法院在论证罪名成立时的思路是，一是有法定义务，有制止冒险作业的职责；二是有强制性的特征部分，以达到了强令的特征。需要注意的是，“冒险组织作业”必须是在隐患状态下进行的，如果隐患已经具有发生结果的高度盖然性，在即将成为现实的情况下，组织他人冒险作业，实际上是置他人于即将成为现实的死地，此时，组织冒险作业的行为就不成立强令、组织他人违章冒险作业罪，而有成立故意杀人罪之嫌。[②]

案例二十：

康某某、王某某强令违章冒险作业案[③]

本案的案情是，2019 年 5 月，被告人康某某在担任濮阳市某房地产开发有限公司技术员时，在濮阳市公园一路“某 · 幸福里”工地违章指挥施工方进行挖土放坡，导致实际放坡坡度不足，未达到设计标准要求，形成坍塌隐患。后在明知基坑西侧边坡存在安全隐患的情况下，未采取有效措施，康某某指挥施工方对西侧边坡进行支护，加重基坑边坡荷载，加大坍塌的可能性。最终法院判决被告人康某某强令他人违章冒险作业，因而发生重大伤亡事故，其行为构成强令违章冒险作业罪。

案例二十一：

王某某强令违章冒险作业案[④]

本案中，湖北省长阳土家族自治县人民检察院指控：被告人王某某身为矿

① 参见杨绪峰：《强令、组织他人违章冒险作业罪的司法误识与纠偏》，载《政治与法律》2022 年第 2 期。

② 参见俊木子讷：《强令、组织他人违章冒险作业罪的认定，需要注意四个关键点》，载微信公众号“法的驿站”2022 年 3 月 30 日。

③ 参见河南省濮阳市华龙区人民法院刑事判决书，(2020) 豫 0902 刑初 527 号。

④ 参见湖南省长阳土家族自治县人民法院刑事判决书，(2014) 鄂长阳刑初字第 00011 号。

长，强令工人违章冒险作业，导致死亡一人的重大伤亡事故，且在事故发生后隐瞒不报，伪造交通事故现场，情节特别恶劣，其行为触犯了《刑法》第134条第2款的规定，犯罪事实清楚，证据确实充分，应当以强令违章冒险作业罪追究其刑事责任，并建议对被告人王某某在五年至八年有期徒刑间适用刑罚。被告人王某某辩称：公诉机关指控的犯罪事实不属实。自己在该矿虽任矿长一职，但安排爆破员实施爆破是副矿长洪某安排的，且事故发生后是按照该矿法定代表人梅某某的意思处理现场的，并不是自己的意愿，故不构成犯罪。

最终法院认定，被告人王某某是长阳响石高岭土矿矿长。因该矿爆破员多已离开，只剩一个爆破员而不能正常作业，为了不停产，被告人王某某违反《安全生产法》的规定，安排不具备爆破作业资格的田某某、侯某某分别带人进行爆破作业，并指使仓库保管员张某某向田某某、侯某某发放爆破物品。2013年6月25日，田某某在井下进行爆破作业时被炸身亡。事故发生后，被告人王某某隐瞒事实真相，伪造交通事故现场而予以上报。

案例二十二：

贾某某、蒲某1、唐某某等强令违章冒险作业、重大责任事故案①

2018年10月初，贾某某承接成都高新区益州××街120号“茉莉花开”酒店5楼燃气改装施工所需吊篮的安装、拆卸作业，在此期间，有人提醒贾某某该项目存在风险。2018年10月12日上午，贾某某驾车搭载未取得《特种作业操作证》的临时工唐某某、蒲某、蒲某1、张某某四人到该酒店安装施工用吊篮。贾某某在施工现场未检查安全生产周边环境、未设置安全警示标志，工人提醒斜拉吊篮可能存在风险后，贾某某未排查生产安全事故隐患，四名临时工在贾某某的安排下斜拉吊篮，致使吊篮将五楼楼顶支架拉垮，支架配重石块掉落，将站在酒店门口的被害人周某砸伤。2018年10月15日周某经医院抢救无效身亡。

---

① 参见四川省成都高新技术开发区人民法院刑事判决书，(2019)川0191刑初428号。

综合以上三个案例，可以总结出的辩护要点是，法院认定构成“强令”行为的依据是：(1)作为特定职位的人员，具有保障安全作业的法定义务，有制止冒险作业的职责；(2)被告人在身份、职责关系上存在强制性特征；(3)强令并不能机械地理解为说话态度强硬、大声命令或者暴力威胁等外在表现，而应评价该影响是否达到了作业人违心继续作业的心理程度。

案例二十三、案例二十四和案例二十五涉及重大责任事故罪和强令、组织他人违章冒险罪的区分，通读两案有利于在辩护的时候确认辩护的方向，不仅是无罪的方向，也包括轻罪的方向。

案例二十三：

肖某2重大责任事故、强令违章冒险作业案①

2014年9月28日上午，被告人肖某2在施工现场安排施工时，发现施工现场存在塌方隐患，总监理工程师许某1亦发现并向肖某2提出，但基于侥幸心理，被告人肖某2未立即停止施工和组织撤出作业人员，而是要求现场作业人员加快抢工。2014年9月28日上午10时30分左右，深基坑北侧局部边坡突然坍塌，在场施工人员陈某1、蔡某、李某、顾某、杨某五人被埋。事故发生后，经有关部门全力救援，成功救出3人并送医院治疗，死亡2人。原审法院认为，被告人肖某2在施工作业中违反有关安全管理规定，已发现事故隐患，他人亦向其提出，仍未采取有效措施，而是要求工人冒险抢工，导致发生二人死亡、二人受伤的重大伤亡事故，其行为已构成重大责任事故罪。

盐城市人民检察院的抗诉意见为：原审被告人肖某2作为施工现场项目经理，负有组织、指挥和管理职责，在施工作业过程中已发现安全事故隐患，且现场的监理、技术人员亦已向其提出并要求其停工，但其拒不停工，仍要求工人继续冒险作业，造成二人死亡、二人轻伤的后果，其行为应当属于“利用组织、指挥、管理职权，强制他人违章作业”，应当以强令违章冒险作业罪追

① 参见江苏省盐城中级人民法院刑事裁定书，(2018)苏09刑抗2号。

究其刑事责任，原审判决认定肖某2构成重大责任事故罪，适用法律确有错误。

原审被告人肖某2主要提出：其没有强制要求工人冒险作业，现场没有人向其提出停工，请法院对其公正处理，维持原判定罪量刑。

案例二十四：

李某某等强令违章冒险作业、重大责任事故案[①]

2014年4月26日，山西省永鑫焦化有限责任公司焦化一厂检修煤气管道，由被告人李某某、张某某组织工人实施，检修过程中由于盲板尺寸和安装位置不符合安全要求，造成煤气泄漏，检修中多名工人反映作业现场煤气味重并感到身体不适，安全监督员赵某携带的报警仪发出了警报，在此情况下，二被告人仍要求工人继续进行抢修，在二号炉换向机停电不能工作时，作业工人张某采用手动换向摇动手柄时发生煤气爆炸，造成4人死亡、31名工人受伤的安全责任事故。其中，被告人张某某称自己对盲板操作的工作不了解；事发时公司只给了他们两个小时的抢修时间且当时公司许多领导都在，但都没有制止工人的冒险作业。被告人张某某于2014年8月15日因涉嫌强令违章冒险作业罪被安泽县公安局取保候审。法院认定，被告人张某某作为山西永鑫焦化一厂副厂长，在实施煤气管道检修过程中组织盲板安装时，违反安全生产管理规定，在盲板尺寸不符合要求的情况下仍进行操作，且插入盲板后未进行必要的检查，导致煤气泄漏并引发爆炸，造成4人死亡，31人受伤的严重后果，情节特别恶劣，经爆炸事故调查组认定，该行为是事故发生的直接原因。最终，法院未判决被告人张某某的行为构成强令违章冒险作业罪，认定其构成重大责任事故罪。

① 参见山西省安泽县人民法院刑事判决书，(2015)安刑初字第30号。

案例二十五:

柯某某强令违章冒险作业案①

本案中,检察院指控时认为:2010 年 3 月 19 日,泌阳县安全生产监督管理局对顺达公司各矿进行安全检查,以未按批准的安全设施设计施工等原因,责令正在生产的顺达公司 6 号矿立即停产停业。但 6 号矿矿长柯某某在接到通知后,仍不停工,继续生产。2010 年 3 月 22 日 0 时左右,顺达公司 5 号矿爆破员张某某进行爆破作业时引发透水,造成巷道相通的 5 号矿、6 号矿、8 号矿正在作业的 11 名工人被困井下,造成 9 人死亡的严重后果。其中,6 号矿造成 2 名工人死亡。公诉机关认为被告人柯某某的行为触犯了《刑法》第 135 条之规定,应当以重大劳动安全事故罪追究其刑事责任。

在案例二十三中,二审法院认为,重大责任事故罪是指在生产、作业中违反有关安全管理的规定,因而发生重大伤亡事故或者造成其他严重后果的行为。强令违章冒险作业罪是指强令他人违章冒险作业,因而发生重大伤亡事故或者造成其他严重后果的行为。

从犯罪构成来看,强令违章冒险作业罪被重大责任事故罪所包容,两罪之间具有普通法条和特别法条的竞合关系。根据《危害生产安全刑事案件解释》第 5 条规定了应当认定为"强令他人违章冒险作业"的行为。对于"强令",不能机械地理解为必须有说话态度强硬或者大声命令等外在表现,强令者也不一定必须在生产、作业现场,而应理解为"强令"者发出的信息内容所产生的影响,达到了使工人不得不违心继续生产、作业的心理强制程度。比如,工人如果拒绝服从,会面临扣工资、辞退等后果,使工人产生畏惧而不得不继续工作。

由此,这里的关键即肖某 2 是否采取了强制手段,但就本案证据而言,仅能体现肖某 2 在发现事故隐患的情况下,不听他人劝阻,没有采取有效措施,

① 参见河南省泌阳县人民法院刑事判决书,(2010)泌刑初字第 106 号。

仍要求工人冒险作业的情况，而无论是肖某2的供述，还是事故现场工人的证言，均不能体现出肖某2使用了强制手段使工人产生畏惧心理，从而达到了使工人不得不违心继续生产、作业的心理强制程度。而且，检察机关抗诉提及的现场有人要求肖某2停工的事实，因建筑方及监理方相关人员各执一词，亦无其他证据相佐证，不能认定。也就是说，从现有证据来看，仅能认定肖某2实施了一般的违章指挥冒险作业的行为，而不能认定其实施了强令违章冒险作业的行为，故而肖某2的行为并不具有强令违章冒险作业罪的法律特征，仅能构成重大责任事故罪，检察机关的抗诉意见不能成立。

在案例二十五中，法院认为，6号矿的巷道在多年前已与5号矿、8号矿巷道打通相连，因此，该矿巷道施工安全早已存在重大事故隐患，安全生产条件不符合国家规定，结果在5号矿发生透水后殃及该矿，造成正在矿井下施工的2名工人溺水死亡。被告人柯某某作为矿长兼安全员，亦明知事故隐患的存在，仍没有采取任何预防或者消除措施，继续让工人组织生产，致使发生了危害公共安全的后果，对事故的发生主观上存在重大过失，应负主要责任；6号矿的矿点与5号矿点、8号矿点分别贯通对事故后果扩大负有直接责任，被告人柯某某的行为已构成强令违章冒险作业罪。公诉机关指控被告人柯某某犯重大劳动安全事故罪的罪名不确切，应予纠正。

4. 不符合强令、组织他人违章冒险作业罪的程度要件

最高人民法院和最高人民检察院在2015年发布的《危害生产安全刑事案件解释》中对强令、组织他人违章冒险作业罪的"重大伤亡事故"或"造成其他严重后果"作出解释，在考虑辩护要点时也需考虑到实际造成的结果情况。

《危害生产安全刑事案件解释》第6条规定，实施《刑法》第132条、第134条第1款、第135条、第135条之一、第136条、第139条规定的行为，因而发生安全事故，具有下列情形之一的，应当认定为"造成严重后果"或者"发生重大伤亡事故或者造成其他严重后果"，对相关责任人员，处3年以下有期徒刑或者拘役：(1)造成死亡1人以上，或者重伤3人以上的；(2)造成直接经济损失100万元以上的；(3)其他造成严重后果或者重大安全事故的情形。实施

《刑法》第134条第2款规定的行为,因而发生安全事故,具有本条第1款规定情形的,应当认定为“发生重大伤亡事故或者造成其他严重后果”,对相关责任人员,处5年以下有期徒刑或者拘役。其第7条规定,实施《刑法》第132条、第134条第1款、第135条、第135条之一、第136条、第139条规定的行为,因而发生安全事故,具有下列情形之一的,对相关责任人员,处3年以上7年以下有期徒刑:(1)造成死亡3人以上或者重伤10人以上,负事故主要责任的;(2)造成直接经济损失500万元以上,负事故主要责任的;(3)其他造成特别严重后果、情节特别恶劣或者后果特别严重的情形。实施《刑法》第134条第2款规定的行为,因而发生安全事故,具有本条第1款规定情形的,对相关责任人员,处5年以上有期徒刑。

三、危险作业罪

(一)理论基础

本部分主要对于危险作业罪的基本理论层面的相关分析进行介绍,为针对危险作业罪的辩论技巧奠定理论基础。

危险作业罪属于具体危险犯,实施本罪行为造成责任事故或者安全事故的,应视具体案情分别按重大责任事故罪、重大劳动安全事故罪论处。① 矿业是此罪的重点行业之一,以贵州省清镇市为例,2021年6月至2022年1月,该市审理的以危险作业罪追究刑事责任的非法开采案件已有6起,移交检察院起诉4起。②

一直以来,我国刑法对于生产、作业安全的刑法规制普遍采取的是结果犯的立法模式,并在此基础上形成了以重大责任事故罪为基础,其他罪名,如重大劳动安全事故罪、工程重大安全事故罪、消防责任事故罪等为补充的事故类

① 参见张明楷:《刑法学》(第6版),法律出版社2021年版,第938页。

② 参见煤矿安全网,http://www.mkaq.org/html/2022/01/18/607355.shtml。

犯罪的罪名体系。[①] 危险作业罪的具体情形可见《刑法》第 134 条之一的规定，在生产、作业中违反有关安全管理的规定，有下列情形之一，具有发生重大伤亡事故或者其他严重后果的现实危险的，处 1 年以下有期徒刑、拘役或者管制：(1) 关闭、破坏直接关系生产安全的监控、报警、防护、救生设备、设施，或者篡改、隐瞒、销毁其相关数据、信息的；(2) 因存在重大事故隐患被依法责令停产停业，停止施工，停止使用有关设备、设施、场所或者立即采取排除危险的整改措施，而拒不执行的；(3) 涉及安全生产的事项未经依法批准或者许可，擅自从事矿山开采、金属冶炼、建筑施工，以及危险物品生产、经营、储存等高度危险的生产作业活动的。

(二) 辩护要点

1. 不符合危险作业罪的主观要件

危险作业罪的主观要件是存在分歧的，认为本罪主观方面是“过失”的，多持行为人对客观危险结果的发生持不希望的消极态度的观点；也有理论认为本罪的主观方面故意或过失均可成立。

目前危险作业罪的定罪仍在探索的过程中，公示的案件较多集中在拒不执行整改要求的分列中，案例二十六和案例二十七是拒不执行整改要求而被以涉嫌危险作业罪立案的案例。

案例二十六：

湖州某公司拒不执行重大隐患整改要求案[②]

2021 年 1 月 28 日，湖州市南浔区应急管理局牵头组织多部门开展“综合查一次”联合检查，执法人员在对湖州蓝云建材股份有限公司进行执法检查

---

① 参见桂亚胜：《危险作业罪的理解与适用》，载《上海法学研究——刑法研究会卷》集刊 2021 年第 21 卷。

② 参见《浙江省首例！因拒不执行重大隐患整改要求被刑事立案》，载微信公众号“中国安全生产网”2021 年 3 月 31 日。

时发现该单位戊烷罐储存仓库及戊烷气化间存在多项安全隐患，其中戊烷罐储存仓库内未按要求设置可燃气体监测报警装置属于重大安全隐患，随即执法人员依法开具了现场处理措施决定书，责令该企业暂时停止使用戊烷相关设备，立即进行隐患整改。2021 年 3 月 17 日，和孚镇工作人员在对辖区内企业进行日常巡查时发现湖州蓝云建材股份有限公司戊烷相关设备正在使用，随即将情况报告给了南浔区应急管理局，区局执法人员立即赶赴该企业，发现戊烷相关设备正在使用，戊烷罐储存仓库存在的重大隐患未整改，戊烷储罐内存有 2021 年 3 月 15 日购进的戊烷约 26 吨，一旦发生泄漏爆炸，后果不堪设想。执法人员当即责令该企业停止使用戊烷相关设备，并对启动设备进行了查封。2021 年 3 月 18 日，南浔区应急管理局执法人员对企业负责人余某某进行了调查询问，余某某对拒不执行安全生产监察指令的事实供认不讳。因该案件涉嫌违反《刑法》第 134 条之一第 2 项的规定，南浔区应急管理局充分发挥行刑衔接机制，第一时间将该案件移交给南浔区公安分局，经过立案侦查，南浔区公安分局于 2021 年 3 月 24 日对湖州蓝云建材股份有限公司以涉嫌危险作业罪立案处理。

案例二十七：

浙江船奇集装箱配件有限公司拒不整改案[①]

浙江德清县应急管理局执法人员对浙江船奇集装箱配件有限公司检查时，发现该企业存在两台铸造熔炼炉（中频炉），炉底潮湿、积水；未定期对吊运盛装熔融金属的吊具（如横梁、钢丝绳及其端头固定零件等）进行安全检查和探伤检查；中频炉冷却水系统配备的进出水流量差检测报警装置未全覆盖至各支线；天然气加燃炉燃烧器未规范设置可燃气体报警装置；油漆仓库内未设防爆电气，未安装可燃气体检测报警装置等违法行为，系重大生产安全事故

---

① 参见《涉嫌危险作业罪！5 起行刑衔接典型案例公布》，载微信公众号“中华人民共和国应急管理部”2021 年 11 月 28 日。

隐患。德清县应急管理局立即下达《现场处理措施决定书》,责令该企业暂时停产停业整顿,待复查合格后方可恢复生产。之后德清县应急管理局执法人员再次对该公司进行检查时,发现该企业未完成重大生产安全事故隐患整改,仍在生产作业,具有发生钢水泄漏、爆炸引发重大伤亡事故的现实危险。经核查,该公司拒不执行因存在重大事故隐患依法责令停止作业的行政指令,其行为触犯了《刑法》第134条之一的规定,涉嫌危险作业罪。鉴于本案已涉嫌刑事犯罪,德清县应急管理局将本案移送公安机关依法处理。德清县公安局以涉嫌危险作业罪对该公司负责人周某某立案侦查。

在不符合主观要件的辩护时,可参考其他安全合规风险中罪名的辩护逻辑,论证当事人没有危险作业的直接故意或间接故意,同时,可根据公司已设立的制度或作出的措施,论证当事人已尽到应尽的注意义务。

2. 不符合危险作业罪的客观要件

在确认"危险作业罪"时,如何定义"有关安全管理的规定"是重要的。主流观点认为应当做扩大解释,其认为"有关安全管理的规定"既包括违反国家制定的安全生产法律法规,也包括企事业单位自己制定的操作规程、劳动纪律等。也有学者从坚持罪刑法定的原则立场出发,认为刑法虽未就安全管理的规定作出界定,但从《刑法》第96条的立法精神看,不宜做扩大解释,否则将动摇罪刑法定原则;无论是设定安全生产基本条件,高危行业实施安全许可,还是开展重大事故隐患整改,都是国家的安全管理。从这一角度看,行为人违反"有关安全管理的规定"的,只能是狭义的强制性安全管理规范。①

案例二十八:

张某某危险作业罪②

2021年6月以来,被告人张某某未经依法批准或者许可,在宁波杭州湾

---

① 参见代海军:《风险刑法背景下我国惩治危害生产安全犯罪功能转向——基于〈刑法修正案(十一)〉危险作业罪的分析》,载《中国法律评论》2021年第5期。

② 参见浙江省慈溪市人民法院刑事判决书,(2021)浙0282刑初1339号。

新区兴慈八路与滨海一路交叉口往南某驾校练车场中的废弃汽车及集装箱内非法存储155个燃气气瓶,并有非法分装液化石油气的高度危险作业行为。经安全评估,涉案钢瓶内的介质属于液化石油气,属于危险化学品,涉案场所存在液化石油气泄漏扩散、火灾爆炸等事故风险,单个钢瓶发生蒸汽云爆炸事故时会对教练场内人员造成危害,如果考虑多米诺效应,事故范围将扩展至北侧出租屋及其他生产、仓储性区域。

此案在判决时并未具体提到“违反有关安全管理规定”在本案中的指向,但根据表述“未经依法批准或者许可”,可以看出法院谨慎的态度,其论证路径是先判断行为应获得的前置许可。案例二十九的判决同样未具体提到“违反有关安全管理规定”在本案中的指向,但根据表述“未取得《成品油零售经营批准证书》和《危险化学品经营许可证》、《道路危险货物运输许可证》”,可以看出法院谨慎的态度。

案例二十九:

于某某危险作业罪案[①]

2020年至2021年3月25日,被告人于某某在未取得《成品油零售经营批准证书》《危险化学品经营许可证》《道路危险货物运输许可证》的情况下,先后在山东、辽宁等地购进汽油、柴油,并购置小型加油机、油罐等加油设备,用改装后的两辆货车装载汽油、柴油运输至伊通满族自治县营城子镇黄牛市场内,在安全条件极差、未设置安全防范措施和安全警示标志的情况下予以销售,将剩余汽油、柴油罐放置在自己家附近的一个沙坑内。经调取2021年2月18日—3月25日36天的视频监控,对来往加油车辆进行统计,共计2848台车辆在此处加油,共计使用738桶,改装汽油车往返加油共计34趟次,改装柴油车往返加油共计52趟次。暂扣的违规油品存放在中国石油吉林四平销

① 参见吉林省伊通满族自治县人民法院刑事判决书,(2021)吉0323刑初254号。

售分公司伊通经营处1号、3号储油罐中。经吉林省化工产品质量监督检验站检验，于某某出售的车用柴油样品按照GB 6944—2012危险货物分类和品名编号标准检验，属第3类易燃液体；按照GB 12268—2012危险货物品名表标准检验，属1202，瓦斯油或柴油或轻质燃料油，第3类易燃液体危险化学品；于某某出售的汽油样品按照GB 6944—2012危险货物分类和品名编号标准检验，属第3类易燃液体；按照GB 12268—2012危险货物品名表标准检验，属1203，车用汽油或者汽油，第3类易燃液体危险化学品。

可以参考的是，《危害生产安全刑事案件意见》中规定，认定相关人员是否违反有关安全管理规定，应当根据相关法律、行政法规的规定，参照地方性法规、规章及国家标准、行业标准，必要时可参考公认的惯例和生产经营单位制定的安全生产规章制度、操作规程。安全管理规定并非仅指向法律法规，惯例和达到一定标准的安全生产规章制度同样被收纳在这个概念之中。

《危害生产安全刑事案件意见》与《危害生产安全刑事案件解释》相比，虽然两者的具体规制方式有异，如后者虽在前者基础上扩大了罪名适用范围，惩治力度看似加大，却又将三种情形由原本基本犯的情节加重犯降至基本犯的从重处罚条件，惩治力度似乎又有所收敛，但是，二者的治理思路仍然保持一致，即始终坚持严厉规制故意毁坏设施、拒不消除重大事故隐患、非法从事生产作业活动的行为。《刑法修正案（十一）》延续了此种治理思路，危险作业罪的罪状描述正是由前述规范演变而来，但是，在具体表述上又具有自身特色。①

案例三十：

占某某危险作业罪案②

2021年5月底至6月初，被告人占某某身为杭州正琪气体设备有限公司

① 参见储琪：《危险作业罪罪状的立法缺陷及其修正——以三项法定情形为中心》，载《政法学刊》2021年第6期。

② 参见浙江省海宁市人民法院刑事判决书，(2021)浙0481刑初520号。

的实际经营者，明知其公司不具备储存危险化学品的资质，仍在海宁市长安镇东陈村××组一处场所非法储存危险化学品，其中乙炔125瓶、丙烷36瓶、氧气70瓶、氩气86瓶、二氧化碳84瓶、氩气和二氧化碳混合气40瓶，共计441瓶。经浙江省化工产品质量检验站有限公司鉴定，上述441瓶气体均属于危险化学品。经调查分析，该储存场所存在未设置可燃气体泄漏检测报警装置、易燃气体乙炔和助燃气体氧气混放、有电瓶车充电且充电设施不防爆、与道路防火间距不符合要求等重大生产安全事故隐患以及未设置安全警示标志、灭火器材配备不足、集装箱与钢棚仓库未达耐火等级要求、与北侧高压线防火间距不符合要求、有人生活居住等其他生产安全事故隐患，发生事故风险等级较高，不具备安全储存危险化学品的条件，且该储存场所附近道路平常有人车经过、东南侧130余米处有住宅楼房，具有发生重大伤亡事故或者其他严重后果的现实危险。

案例三十一：

高塘煤矿危险作业案[①]

2021年3月17日，省应急管理厅对高塘煤矿开展"打非治违"突击检查时，发现该矿地面磅房销售单上显示2021年3月16日煤矿销售了52.05吨原煤，井下有13人在作业，井下存有9矿车已装好的原煤。经调查取证，目前已认定高塘煤矿存在非法违法生产销售行为，且存在严重水患等事故隐患。根据目前认定的违法事实，依据2005年《国务院关于预防煤矿生产安全事故的特别规定》（国务院令第466号已修订）第5条第2款的规定，攸县人民政府依法作出关闭高塘煤矿的决定，攸县应急管理局依法对该矿处以78万元的行政罚款；根据《刑法》第134条第2款的规定，攸县公安局以涉嫌危险作业罪对高塘煤矿生产副矿长钟某立案侦查。

---

① 参见《攸县"零容忍"查处高塘煤矿非法生产涉事副矿长被刑事立案》，载百家号，https://baijiahao.baidu.com/s?id=1697565794354869774&wfr=spider&for=pc。

目前危险作业罪的客观要件方面的辩护要点需具体问题具体分析，在考虑问题时，如上所说，并非仅考虑法律法规，国务院文件和地方文件同样非常重要，如案例三十一引用的《国务院关于预防煤矿生产安全事故的特别规定》。因此第一步应集中于搜集安全管理规定的相关可能性，根据当事人的情况判断是否引用相应的安全管理规定，以及论述安全管理规定之间适用的关系。

3. 不符合危险作业罪的程度要件

危险作业罪是《刑法修正案（十一）》新增的罪名，该罪名的设置是规范安全生产、强化风险防范的现实需要，也是积极预防刑法观的体现，“具有发生重大伤亡事故或者其他严重后果的现实危险”是成立本罪的关键，该现实危险不同于一般危险，应当具有重大性和紧迫性的要求。①

案例三十二：

潘某某危险作业罪案②

本案中，2021 年 1 月至 7 月，被告人潘某某在未取得危险化学品经营许可证的情况下，私自购买甲醇和甲醇燃料油配方，在位于本市坎门街道双龙村一路边的自用金杯面包车上进行调配、存放甲醇燃料油，并以 3.8 元一升的价格多次向本市于超餐饮店、玉蓝餐饮店推销甲醇燃料油，销售金额约一万六千余元，销售甲醇燃料油约四千多升。在销售过程中，被告人潘某某分别在于超餐饮店外围墙上、玉蓝餐饮店厨房内安装储油罐用于存放其销售的甲醇燃料油。上述场所均不具备存放危险化学品的安全条件，且周边为人口密集的居民区，被告人潘某某亦未采取相应的安全防范措施。最终法院认定被告人的行为已形成刑法意义上的现实危险。

① 参见桂亚胜：《危险作业罪的理解与适用》，载《上海法学研究——刑法研究会卷》集刊 2021 年第 21 卷。

② 参见浙江省玉环市人民法院刑事判决书，(2021)浙 1021 刑初 639 号。

案例三十三：

阮某某危险作业罪案[①]

本案中，2021年6月11日，被告人阮某某在未取得危险化学品经营储存许可的情况下，购买了33.86吨燃料油储存于本市玉城街道三潭村两个不符合危险化学品储存安全标准的油罐内。经现场勘验，该油罐向北3米系工厂，向北30米系居民聚集住宅区，向东10米系工厂。2021年7月1日，玉环市应急管理局对该批剩余8.18吨燃料油进行查封扣押，并抽样经浙江省化工产品质量检验站有限公司鉴定，该批燃料油闪点（闭口）为-6℃，系易燃液体，属于危险化学品。最终法院认定被告人的行为已形成刑法意义上的现实危险。

在案例三十二和案例三十三中，法院认定现实危险参考的要素是被告在进行危险作业行为时所在的地区：因周边是人口密集的居民区而认定危险行为的程度满足成立本罪的条件。在辩护时，可考虑从相似的要素出发，如虽然储存危险物在不具备存放条件的地方，但周边不是居民区或不具备产生现实危险的可能性。

案例三十四：

施某某危险作业罪案[②]

2019年年底至2021年9月，被告人施某某为了杭州临安施乐化工有限公司经营需要，在未取得危险化学品储存许可的情况下，擅自在临安区天目山镇横塘村横塘岭棋盘山仓库储存危险化学品。该仓库与民宿紧邻，且500米范围内有居民区、国道和高速公路。2021年9月8日，杭州市临安区应急管理局在该仓库内检查发现无水乙醇、异丙醇、甲醇、变性乙醇、二甲苯、乙二醇、氨水、95%乙醇、乙酸乙酯、正丙酯、乙酸丁酯等化学品372桶。经鉴定，上述

---

① 参见浙江省玉环市人民法院刑事判决书，（2021）浙1021刑初624号。
② 参见浙江省临安区人民法院刑事判决书，（2021）浙0112刑初454号。

化学品均属于危险化学品。经浙江省应急管理科学研究院风险评估，该危险化学品仓库存在重大事故隐患，具有发生重大伤亡事故的现实风险。最终法院判决被告人施某某犯危险作业罪。

在案例三十二和案例三十三中，考虑到的范围是30米，案例三十四则将范围扩大到500米。相同的是，在考虑现实危险时，法院均会有三个逻辑：第一，是否经允许；第二，是不是危险化学品；第三，周边是否有造成伤害的可能性。而在第三步中，引入了鉴定机构进行风险评估。囿于安全生产领域涉及矿山、道路运输、金属冶炼、建筑施工、危险化学品等多个行业，各个行业的专业性较强，在辩护中对具体案件认定是否具有刑法意义上的现实危险时，应具体问题具体分析，不能一概而论。①

四、非法制造、买卖、运输、邮寄、储存爆炸物罪

（一）理论基础

本部分主要对于非法制造、买卖、运输、邮寄、储存爆炸物罪的基本理论层面的相关分析进行介绍，为针对非法制造、买卖、运输、邮寄、储存爆炸物罪的辩论技巧奠定理论基础。

在矿业生产经营中，会涉及爆炸物相关的使用。非法制造、买卖、运输、邮寄、储存爆炸物罪指的是违反国家有关爆炸物管理法规，擅自制造、买卖、运输、邮寄、储存爆炸物，危害公共安全的行为。成立本罪不要求发生具体危险，但不能将不具有明显杀伤力的物品认定为本罪中的爆炸物。②《刑法》第125条规定，非法制造、买卖、运输、邮寄、储存枪支、弹药、爆炸物的，处3年以上10年以下有期徒刑；情节严重的，处10年以上有期徒刑、无期徒刑或者死刑。非法制造、买卖、运输、储存毒害性、放射性、传染病病原体等物质，危害公共安

---

① 参见杨淑雅、岳启杰：《危险作业罪中的"危险"解析》，载《检察日报》2021年3月17日，第3版。

② 参见张明楷：《刑法学》（第6版），法律出版社2021年版，第910—911页。

全的,依照前款的规定处罚。单位犯前两款罪的,对单位判处罚金,并对其直接负责的主管人员和其他直接责任人员,依照第 1 款的规定处罚。

一般来说,爆炸物包括各类爆炸品和可用于制造爆炸物品的危险化学品,或可结合具体情形并参考《民用爆炸物品安全管理条例》。该条例第 2 条规定,民用爆炸物品的生产、销售、购买、进出口、运输、爆破作业和储存以及硝酸铵的销售、购买,适用本条例。该条例所称民用爆炸物品,是指用于非军事目的、列入民用爆炸物品品名表的各类火药、炸药及其制品和雷管、导火索等点火、起爆器材。该条例第 3 条规定,国家对民用爆炸物品的生产、销售、购买、运输和爆破作业实行许可证制度。未经许可,任何单位或者个人不得生产、销售、购买、运输民用爆炸物品,不得从事爆破作业。严禁转让、出借、转借、抵押、赠送、私藏或者非法持有民用爆炸物品。

在笔者代理的肖某 2 重大责任事故案上诉过程中,辩护要点如下几方面。

首先,笔者通过厘清"设计"的概念,反驳一审判决中认定矿洞未经设计,不具备探、采资质,不能承包给杨某某等人的认定是错误,核心点是局部设计不是进行生产性探矿、打通安全通道的前提。矿洞隶属于三鑫公司所有,在矿山整体存在设计的前提下,在采矿证范围内进行生产性探矿、打通安全通道等行为都是可以的,不必事先进行局部设计。

具体来说,笔者的辩护要点是,矿山"设计",有矿山整体设计和局部设计两个概念。整体设计在企业取得安全生产许可证之前,是国家有资质设计部门对企业所属的矿山整体进行的设计,意义在于确定总体的开采方法、设备以及总体的生产能力。但在具体的开采过程中,根据生产需要会对局部没有设计的地方进行生产性探矿、打通安全通道等行为,这是允许的。产生实际变化后可以向设计单位报告变更设计。生产性探矿是企业生产过程中的自主探矿行为,以确定是否开采新的巷道。如果探矿后发现有矿,可以继续开采,会向有关部门报告变更设计,如果发现没有矿,就会终止生产性探矿行为。打通安全通风通道也是企业在生产过程中可以自主采取的行为,目的是增加生产的安全性,这也是允许的。

在此基础上，矿洞进行生产性探矿、打通安全通道的行为是允许的，也可以承包出去。本案中，三鑫公司具有采矿证、安全生产许可证，矿山整体是经过设计的。矿洞在三鑫公司采矿证范围之内，可以进行诸如生产性探矿、打通安全通道等行为，不用先进行局部设计。一审判决认定的所谓“未经设计”，就是指的是局部设计，而局部设计不是进行生产性探矿、打通安全通道的前提。因此三鑫公司将矿洞承包出去也没有任何问题的。等到安全通道打通之后，三鑫公司可以报设计单位更改设计。

另外，尤溪县国土资源局出具证明，证明案涉矿洞是废弃的矿洞。根据相关规定，国土资源局无权认定企业的矿洞为废弃矿洞，企业可以自主决定矿洞是废弃还是启用。故尤溪县国土资源局的该证明无效，也不影响三鑫公司将其承包出去。

其次，三鑫公司供应火工品给矿洞使用的行为不是销售行为，是矿山企业使用火工品的一种形式，一审法院的认定是错误的。虽然矿洞承包给杨某某等人，但仍在三鑫公司统一管理范围之内。三鑫公司拥有民爆物品使用许可证，可以供给各个承包出去的矿洞使用。矿洞火工品的领用遵守了公司的严格规定，履行了必要的流程。这些火工品用于前面所说的矿洞生产性探矿及打通安全通道使用，合法合规。三鑫公司在供应火工品的时候，在统一申领价的基础上适当加价，是企业内部成本核算问题，不是买卖行为。因为企业在使用火工品问题上是非常严格的，公司需要统一提供专门的仓库及运输车辆，统一提供仓管员、押运员、爆破员、安全员等，这些是需要成本的。

在这一环节，笔者为论证这一现象是社会的普遍现象和行业的普遍规律，走访了福建省三明市尤溪县其他从事矿山生产的企业，证明给承包出去的矿洞供应火工品，使用加价核算的情形是普遍存在的。其中有铅锌矿企业、也有其他矿企业。个别企业没有加价行为，是因为承包主体自己提供押运员、安全员、爆破员等。肖某1、肖某2将18－1矿洞承包出去，将火工品供应给18－1矿洞使用等行为，均不违反任何法律法规及相关规定，不构成非法买卖爆炸物罪。

最后,三鑫公司以高于成本价将民用爆炸物品交付三鑫公司坪仑矿区南矿井+417M矿洞使用的行为,没有违反爆炸物管理规定、不具有危害公共安全危险性,不成立非法买卖爆炸物罪。

在最后的观点中,需要先证明的是,三鑫公司的矿洞开采权属于三鑫公司。杨某某承包18-1号矿洞,取得了经营权。2010年3月,肖某1从法人代表李某某处将三鑫公司承包过来,该老矿洞开采权仍属于三鑫公司。杨某某找到三鑫公司继续承包该矿洞的事实是确实的,取得了该矿洞的经营权,有权以三鑫公司名义进行开采。

三鑫公司将火工品提供给矿洞,履行严格的审批手续,属于公司内部的统一领取,统一配发的行为,并未超出三鑫公司开采范围使用。事实上,三鑫公司众多矿洞都被承包,包括案涉矿洞。但这些被承包的矿洞对外均不具有独立经营的主体资格,均隶属于三鑫公司,归三鑫公司统一管理,统一分配火工品。案涉矿洞也是如此,从安排驻洞安全员,定期进行安全检查,到火工品审批、运输、爆破、剩余火工品的收回,均有严格的流程。杨某某等矿洞承包者只是经济意义上的承包经营主体,其承包的矿洞并非爆炸物购买使用意义上的独立主体,在爆炸物购买使用上完全依附于三鑫矿业的资格并且按照三鑫矿业爆炸物管理规范进行管理,与三鑫矿业其他矿洞管理、使用方式完全相同,不是非法使用。

(二)辩护要点

1.不符合非法制造、买卖、运输、邮寄、储存爆炸物罪的主观要件

本罪的主观责任形式是故意,在丁某某非法制造爆炸物案[①]中,法院认定,原公诉机关保山市隆阳区人民检察院至今并没有提供确实充分和科学完整的证据材料能证实上诉人丁某某利用硝磷酸铵复合肥搅拌硫黄等物制作的复混肥料就是硝铵炸药或其他爆炸物,也无充分的证据材料能证明上诉丁某

① 参见云南省保山市中级人民法院刑事判决书,(2016)云05刑终57号。

某确实有且仅有制作硝铵炸药的主观犯罪故意。相反,上诉人丁某某上诉及在原一审阶段翻供,供述其制作涉案硝磷酸铵复混肥料的真实目的是拟用于杀灭其家承包了几十年的本村茶山害虫的说法,虽然至今无法绝对确认其真实性,但此说法至少存在一定的合理性和科学性,并非完全狡辩。故上诉人丁某某及其辩护人认为检察机关指控上诉人丁某某犯非法制造爆炸物罪的事实不清,证据不足,指控的犯罪不能成立。

由上可得的辩护要点是,行为人必须明知是爆炸物而非法制造、买卖、运输、邮寄或者储存,如果行为人不明知,且对行为人知情并无期待可能性,则不应成立本罪。

2. 不符合非法制造、买卖、运输、邮寄、储存爆炸物罪的客观要件

本罪的客观要件为违反国家有关爆炸物的管理法规而制造、买卖、运输、邮寄和储存爆炸物的行为。其中,对每一类行为的概念作出准确定义是非常重要的辩护要点,如《枪支、弹药、爆炸物解释》第 8 条规定,《刑法》第 125 条第 1 款规定的"非法储存",是指明知是他人非法制造、买卖、运输、邮寄的枪支、弹药而为其存放的行为,或者非法存放爆炸物的行为。

案例三十五:

四川省泸州市桃子沟煤矿重大瓦斯爆炸事故案①

四川省泸县桃子沟煤矿由被告人罗某、李某某共同经营,二人各占 50% 股份,罗某任法定代表人、执行董事。2012 年 9 月,该矿更名为泸县桃子沟煤业公司,因技改扩建未验收,相关证照尚未更换,桃子沟煤矿和桃子沟煤业公司两个证照同时使用。2013 年 3 月,李某某将其股份变更登记在其女婿被告

① 参见《最高人民法院发布 3 起危害生产安全犯罪典型案例之三:泸县桃子沟煤业公司、罗某、李某某、胡某某、徐某某非法储存爆炸物,罗某、李某某、胡某某、徐某某、谢某某、姜某某、陈某某、杨某某、卢某某、张某某、陈某某、周某重大责任事故案——四川省泸州市桃子沟煤矿重大瓦斯爆炸事故》,载北大法宝网,http://www.pkulaw.cn/case/pfnl_a25051f3312b07f3bc8c2e02733fe131fdf059015d4107afbdfb.html? keywords=%E7%88%86%E7%82%B8%E7%89%A9&match=Exact。

人周某名下，由周某任监事。李某某作为实际控制人之一，主要负责煤矿安全生产管理。桃子沟煤业公司先后聘任被告人胡某某、张某某为行政矿长，其中胡某某在2012年10月15日至2013年4月14日任行政矿长，4月15日后改任矿长助理；张某某2013年4月15日起任行政矿长。2013年3月15日，桃子沟煤业公司任命被告人徐某成为安全副矿长、被告人谢某某为调度室主任、被告人姜某某为生产副矿长、被告人陈某1为技术副矿长、被告人杨某某为掘进副矿长、被告人卢某全为机电副矿长、被告人陈某2为夜班副矿长兼掘进队长。2011年9月，桃子沟煤业公司与当地其余7家煤矿以泸县厚源矿业公司名义，共同买下原泸县华叙爆破公司一民用爆炸物品库房，并共同以厚源矿业公司名义与安翔公司签订民用爆炸物品仓库委托管理合同，约定由安翔公司代为运输、储存、配送和回收8家煤矿生产所用民用爆炸物品。桃子沟煤业公司为提高效率、降低成本，2012年年底未经有关部门审查、验收，由被告人李某某派人在井下建成用于储存、发放炸药、雷管的两个硐室。

四川省泸县人民法院判决成立本罪，其判决的思路可提供一定的辩护要点。法院确认各被告的行为和成立本罪之间的联系时认定，2013年3月，桃子沟煤业公司技改扩建试运行后，未安排专人管理硐室，仅在早、中班轮班时指派一名兼职人员在硐室处发放炸药、雷管，剩余部分储存在硐室内。李某某明知爆炸物品不按规定回收存在安全隐患，仍指使工人将生产过程中未用完的爆炸物品自行存放；被告人罗某为掩盖本单位非法储存爆炸物的事实，与被告人胡某某一同指使库管员伪造爆炸物管理台账，逃避监管；胡某某和被告人徐某成无视自身岗位职责和相关法律法规规定，对本单位在井下建造硐室非法储存炸药、雷管和工人随意存放爆炸物不退库等行为未采取有效措施制止。

在做辩护时，可参考的几个要点是：第一，论证已安排专人管理存放爆炸物品的房间；第二，应按要求存放爆炸物品；第三，需考虑相应的职位，直接故意和间接故意均可能构成本罪，未采取有效措施制止也可能成立本罪。

案例三十六：

常某某、孔某某等非法制造、买卖、运输、邮寄、储存枪支、弹药、爆炸物案[①]

本案中，常某某为无证开采矿井，自己或安排孔某某多次从陈某1处非法购买炸药。其中：2011年由庞某联系，从陈某1处购买炸药4800千克（200箱，每箱24千克），常某某安排连某某将送炸药的车由中途接送至遵化市马兰峪镇东强井西南铂强选厂院内一沙场处，并将炸药分给各矿井使用。2013年8月下旬一日夜间，常某某安排孔某某从陈某1处购买炸药9600千克（400箱），陈某1安排车将炸药运至遵化市马兰峪镇东强井西南铂强选厂院内沙场处，孔某某等人开车将炸药卸下，将部分炸药运到2号井、3号井、4号井放于井下；将剩余的炸药分别装在车上，运至遵化市马兰峪三村李某某的老房子处储存。2013年9月12日夜，在常某某的安排下，孔某某等人将井下剩余的炸药及李某某的老房子处储存的炸药运至遵化市铂强选厂院内沙场处，后由陈某1安排车将炸药拉走。最终法院判决常某某、孔某某成立本罪。

案例三十七：

曹某等非法买卖爆炸物案[②]

2004年9月，上诉人（原审被告人）曹某负责阿勒泰市联通公司地下光缆挖掘工程爆破施工，阿勒泰市联通公司购买了2000枚雷管供其使用。2004年11月，上诉人（原审被告人）曹某将未用完的200枚雷管私自放在家中地下室，准备来年工程开工时再用。2004年11月，原审被告人马某某在可可托海东沟开矿需要雷管，即打电话给原审被告人王某某，让其帮忙找一些雷管。王某某便给曹某打电话，称其采矿没有雷管，让曹某帮忙找一些。曹某开始不

---

① 参见河北省唐山市中级人民法院刑事判决书，（2019）冀02刑终343号。

② 参见最高人民法院复核裁定书，（2006）刑复字第124号。

愿意。过了几天,王某某再次打电话给曹某,曹某便将放在家中的200枚雷管以1600元卖给王某某。由于担心雷管出售后会查到自己,曹某便将雷管编号刮掉。事后,王某某又以同样的价钱将200枚雷管卖给马某某。

在案例三十七中,被告人曹某在向被告人王某某出售雷管时,被告人王某某已明确告知其是采矿用,被告人王某某购得雷管后即交给被告人马某某带回,而被告人马某某取回雷管后也确用于采矿生产,因此可考虑从三被告确因生产所需的角度进行辩护,三被告人并未造成严重的社会危害。最终法院判定可在法定刑以下处罚,辩护启示是,如买卖爆炸物是用于采矿生产,且并未影响到他人的生活、无严重社会危险的,可以减轻处罚的。

3. 不符合非法制造、买卖、运输、邮寄、储存爆炸物罪的程度要件

关于本罪的程度要件,具体规定于《枪支、弹药、爆炸物解释》的第1条和第2条,详细到具体的数量标准,以及不同程度的划分依据。

《枪支、弹药、爆炸物解释》第1条规定,个人或者单位非法制造、买卖、运输、邮寄、储存枪支、弹药、爆炸物,具有下列情形之一的,依照《刑法》第125条第1款的规定,以非法制造、买卖、运输、邮寄、储存枪支、弹药、爆炸物罪定罪处罚:(1)非法制造、买卖、运输、邮寄、储存军用枪支1支以上的;(2)非法制造、买卖、运输、邮寄、储存以火药为动力发射枪弹的非军用枪支1支以上或者以压缩气体等为动力的其他非军用枪支2支以上的;(3)非法制造、买卖、运输、邮寄、储存军用子弹10发以上、气枪铅弹500发以上或者其他非军用子弹100发以上的;(4)非法制造、买卖、运输、邮寄、储存手榴弹1枚以上的;(5)非法制造、买卖、运输、邮寄、储存爆炸装置的;(6)非法制造、买卖、运输、邮寄、储存炸药、发射药、黑火药1千克以上或者烟火药3千克以上、雷管30枚以上或者导火索、导爆索30米以上的;(7)具有生产爆炸物品资格的单位不按照规定的品种制造,或者具有销售、使用爆炸物品资格的单位超过限额买卖炸药、发射药、黑火药10千克以上或者烟火药30千克以上、雷管300枚以上或者导火索、导爆索300米以上的;(8)多次非法制造、买卖、运输、邮寄、储

存弹药、爆炸物的；(9)虽未达到上述最低数量标准，但具有造成严重后果等其他恶劣情节的。介绍买卖枪支、弹药、爆炸物的，以买卖枪支、弹药、爆炸物罪的共犯论处。

《枪支、弹药、爆炸物解释》第2条规定，非法制造、买卖、运输、邮寄、储存枪支、弹药、爆炸物，具有下列情形之一的，属于《刑法》第125条第1款规定的“情节严重”：(1)非法制造、买卖、运输、邮寄、储存枪支、弹药、爆炸物的数量达到本解释第1条第1项、第2项、第3项、第6项、第7项规定的最低数量标准5倍以上的；(2)非法制造、买卖、运输、邮寄、储存手榴弹3枚以上的；(3)非法制造、买卖、运输、邮寄、储存爆炸装置，危害严重的；(4)达到本解释第1条规定的最低数量标准，并具有造成严重后果等其他恶劣情节的。

根据《枪支、弹药、爆炸物解释》第1条和第2条的规定，与矿业相关性最高的是该解释第1条的第5~8项。

案例三十八：

马某某非法买卖爆炸物案①

一审法院认定，2001年4月，有一外地人(身份不详)窜至泽州县高都镇南街村被告人马某某家中，问马某某是否买雷管，马某某答应要买。2001年4月30日凌晨5时许，该外地人开一辆小工具车到马某某家，马某某以6000元的价格购买该外地人电雷管10,000枚。后马某某的丈夫开采铁矿用去117枚，剩余9883枚被泽州县公安局于2001年5月4日收缴。

在案例三十八中，辩护时可考虑以下两个环节，一是被告人购买电雷管是出于生产的目的，可以减轻刑罚；二是被告人购买的电雷管绝大多数都尚未被使用即被收缴，未造成严重的社会危害的，在程度要件的辩护上应区分使用的电雷管和未使用的电雷管。最终，二审法院判定上诉人行为可不认为是犯罪，

① 参见山西省高级人民法院刑事判决书，(2002)晋刑二终字第9号。

所提原判适用法律不当之理由成立。

案例三十九：

严某某非法储存爆炸物案①

在甘肃省天祝藏族自治县人民检察院、武威市人民检察院办理的严某某非法储存爆炸物案中，严某某将开矿剩余的50斤炸药、260枚雷管等储存家中。天祝藏族自治县人民法院以非法储存爆炸物罪，情节严重，判处严某某有期徒刑10年。天祝藏族自治县人民检察院以原判认定“情节严重”不当，量刑畸重为由提出抗诉，武威市人民检察院审查后支持抗诉。武威市中级人民法院二审改判严某某有期徒刑3年，缓刑5年。

该案在上诉的过程中，检察院提出对爆炸物存放点周围居民居住情况进行现场调查，发现住户分散，紧邻的一家空置10年之久，不应认定为居民区的抗诉意见。最终获法院二审改判缓刑，纠正了一审判决适用“情节严重”的错误。同客观要件部分分析的一样，法院在判定这一节的风险时，重视附近居民区的分布情况，且并不取决于距离或范围，而是取决于实际的居住情况。

王某某非法制造、买卖、运输、邮寄、储存枪支、弹药、爆炸物案②是典型的一审判决有罪，二审宣判无罪的典型案例。辩护人的辩护要点是未经一一确认，无法排除合理怀疑性地证明每一枚雷管具有爆炸的性能。具体是，本案公诉机关指控的前两次爆破已经实施完毕，无法确定涉案每枚雷管是否具有爆炸性；公诉机关指控的2015年10月24日的18枚雷管，仅提取3枚雷管，且经鉴定具有爆炸性，但未提取的15枚雷管是否具有爆炸性不能确定。公诉机关指控涉案雷管46余枚，刚超过法律规定的雷管30枚以上的规定数量，但没有任何实物证据，无法进行爆炸性能鉴定，不能排除未鉴定的43余枚雷管不

---

① 参见《最高检公布九起精品刑事抗诉案件邻里纠纷引发命案可适用死刑》，载最高人民检察院网，https://www.spp.gov.cn/zdgz/201605/t20160520_118301.shtml。

② 参见河北省唐山市中级人民法院刑事判决书，(2019)冀02刑终78号。

具备爆炸性能的合理怀疑。现有证据无法证明100枚雷管的支领和使用情况，涉案雷管是支领100枚雷管后非法储存的剩余雷管缺乏确实充分的证据证实，涉案雷管的来源、具体数量亦没有证据证实。故认定王某某构成非法储存爆炸物罪的事实不清，证据不足，不能证实原审被告人王某某涉及非法储存雷管数量达到《枪支、弹药、爆炸物解释》第1条规定的雷管30枚以上的规定，应按照存疑无罪的原则认定原审被告人王某某的行为不构成非法储存爆炸物罪。该案在证据排除环节给辩护提供了指导意见。

4. 因生活、生产所需制造、买卖、运输、邮寄、储存爆炸物

《枪支、弹药、爆炸物解释》第9条规定，因筑路、建房、打井、整修宅基地和土地等正常生产、生活需要，以及因从事合法的生产经营活动而非法制造、买卖、运输、邮寄、储存爆炸物，数量达到本解释第1条规定标准，没有造成严重社会危害，并确有悔改表现的，可依法从轻处罚；情节轻微的，可以免除处罚。具有前款情形，数量虽达到本解释第2条规定标准的，也可以不认定为《刑法》第125条第1款规定的"情节严重"。在公共场所、居民区等人员集中区域非法制造、买卖、运输、邮寄、储存爆炸物，或者因非法制造、买卖、运输、邮寄、储存爆炸物3年内受到2次以上行政处罚又实施上述行为，数量达到本解释规定标准的，不适用前两款量刑的规定。

案例四十：

吕某非法买卖爆炸物案①

2004年年底至2005年年初，被告人吕某从转包人秦某处承包一铁矿井，因吕某没有购买炸药的资格，双方约定由秦某(具有炸药购买资格)提供炸药和雷管，吕某从开采的矿石中每吨给秦某提取2元利润。吕某分三次从秦某处非法购买炸药共计约200公斤、雷管200余枚、导火索200余米。公诉机关

① 参见张海峰、张倩：《如何认定非法买卖爆炸物罪中的情节严重》，载《人民法院报》2010年9月8日，第6版。

指控,本案中被告人非法从他人手中购置爆炸物,数量较大,根据我国《刑法》第125条及《枪支、弹药、爆炸物解释》第1条第6项、第2条第1项的规定,被告人构成非法买卖爆炸物罪,且情节严重,应处10年以上有期徒刑。被告人吕某认为自己从转包人处购买炸药,且转包人具有购买炸药资格,所承包的企业各项手续合法齐全,因此,其使用炸药合法,不构成犯罪。

被告人吕某构成非法买卖爆炸物罪,但不宜认定情节严重。吕某非法买卖爆炸物的行为,当然出于牟利目的,但其牟利的动机却是为了正常的生产经营,是经营采矿所必须购买之行为,因而对本案不宜定性为情节严重的犯罪行为。

案例四十一:

查某某、黄某某非法买卖爆炸物案[①]

2003年10月23日,被告人黄某某为了给其有残疾的哥哥维修房屋,让被告人查某某帮其购买炸药,用于上山炸石头,查某某答应帮忙。此后,查某某利用在石料厂从事放炮工作的便利,从领取的岩石型粉状乳化炸药中将12千克炸药带回家。2003年10月27日晚,黄某某到查某某家取炸药后,付给查某某人民币100元。黄某某在携带炸药回家的途中被公安机关抓获。法院认为,被告人查某某、黄某某非法买卖炸药的行为,已构成非法买卖爆炸物罪。非法买卖爆炸物情节严重,应依法惩处。鉴于查某某、黄某某确因生活所需非法买卖炸药,没有造成严重社会危害,经教育确有悔改表现,对二被告人可以在法定刑以下判处刑罚。

可以看到,辩护要点是论述当事人购买爆炸物是基于"因筑路、建房、打井、整修宅基地和土地等正常生产、生活需要,以及因从事合法的生产经营活动而非法制造、买卖、运输、邮寄、储存爆炸物"。

---

① 参见最高人民法院刑事裁定书,(2004)刑复字第216号。

5. 其他情形

在栗某非法制造爆炸物案①中，犯罪嫌疑人栗某、李某夫妇因涉嫌非法制造爆炸物罪被移送检察机关。河南省平顶山市检察机关在办理此案中发现，犯罪嫌疑人被刑事拘留后，家中正在上学的 4 个孩子无人照管，生活陷入困境。同时，依照《刑法》规定，二人均可能被判处有期徒刑，孩子将处于完全失管状态，生活无依，不但可能辍学，而且可能因为缺乏管教或者仇恨社会而滋生犯罪。基于此种情况，检察机关根据孩子母亲李某的犯罪情节和认罪悔罪态度，对其采取非羁押措施，并依法提出适用缓刑的量刑建议。最终，栗某被判处有期徒刑 11 年，李某被判处有期徒刑 3 年，缓刑 4 年。在办案过程中，检察机关始终联合相关部门对 4 个孩子从物质、教育、心理疏导等方面开展综合救助，并持续跟踪帮扶，取得良好效果。

除上述的特殊案例外，还可以把排除证据、证明证据链仍存在合理怀疑作为辩护的要点。

如在何某和许某某非法买卖爆炸物案②中，二审法院认为，原审被告人常某某供称分三次从原审被告人许某某处购买了共计 600 件炸药，是通过原审被告人何某认识的原审被告人许某某，每次买药都是同原审被告人何某一起去。原审被告人何某称只是介绍原审被告人常某某和许某某认识，介绍他们之间相互拆兑炸药，没有和别人一起拉过炸药，原审被告人常某某供称拿现金给的原审被告人许某某，原审被告人许某某供称不认识日强厂联系其买炸药的人，其说是李某 2 让其联系的，卖给过日强厂 200 箱炸药，后又改称其只卖过一次 20 箱炸药，关于交易炸药的地点，原审被告人常某某供述是和原审被告人何某一起去马兰峪镇新城附近一个选矿拉药，原审被告人许某某供称是其把炸药送到日强厂的东道边交易的，钱直接付给拉炸药的开农用车的人，该

① 参见《最高人民检察院发布 10 起检察机关加强未成年人司法保护典型案例之十：栗某非法制造爆炸物案—救助陷入困境的犯罪嫌疑人未成年子女》，载北大法宝网，http://www.pkulaw.cn/case/pfnl_a25051f3312b07f3d49a4020dc496a95b55fe771518ced90bdfb.html。

② 参见河北省唐山市中级人民法院刑事判决书，(2019)冀 02 刑终 343 号。

起事实中买卖爆炸物的次数、数量、交易地点、参与交易的人员、如何付款等方面存在矛盾。最终,二审法院判决何某和许某某无罪。

在严某、郭某非法制造、买卖、运输、邮寄、储存枪支、弹药、爆炸物案[①]中,2014 年至 2015 年,被告人严某通过被告人郭某先后三次给包某非法买卖炸药和导爆管,每次买卖炸药 10 箱(每箱 24 公斤),导爆管 200 枚,三次共计买卖炸药 30 箱计 720 公斤,导爆管 600 枚。但是在证据环节,相关证据证明,张某 1 证言证实 2015 年 5 月 10 日是他和张某 2 将 14 箱炸药和 450 枚导爆管拉到严某住处的。爆炸物是张某 1 和张某 2 领取的,用张某 2 的车拉到严某家,严某分给了张某 2 6 箱炸药和 150 枚导爆管,剩余的 8 箱炸药和 400 枚导爆管留在了严某家里。张某 2、南某证言证实 2015 年 5 月的一天,张某 2、南某和张某 1 在民福公司炸药库房拉了 14 箱炸药和 450 枚导爆管拉到了严某的家里,严某给他分了 6 箱炸药和 150 枚导爆管,他分的 6 箱炸药和 150 枚导爆管都用在其承包的矿山开采了没有剩余。严某供述放在其家里的 8 箱炸药和 400 枚导爆管都给了李某 2 了,但李某 2 又予以否认;张某 1、张某 2、南某的证言及稍峪东金矿爆炸物品库房管理员马某的证言和其向侦查机关提供的爆炸物品库房出入台账显示,2015 年 5 月 10 日严某并没有领取过爆炸物品,爆炸物品是张某 1、张某 2 领取的,而马某台账显示记录在严某名下领取此爆炸物的时间也与上述时间不一致,证据之间相互矛盾。爆炸现场确实发现有西和民福公司爆炸物品库房出库的爆炸物,那么这些爆炸物品又是怎样流入爆炸现场,是否系严某非法买卖、运输的,并无任何事实、证据予以支持。

上述两个案例的典型在于,现有证据无法形成完整闭合的证据链、本案存在无法排除的合理怀疑,证据不具有唯一性。

被告人高某某犯非法买卖爆炸物案[②]与上述案例有相似之处,在该案中,

① 参见甘肃省陇南市中级人民法院刑事判决书,(2018)甘 12 刑终 75 号。

② 参见陕西省府谷县人民法院刑事裁定书,(2018)陕 0822 刑初 43 号。

辩护的要点是，公诉机关提供的证据中只有赵某某的供述，再无其他证据印证，属证据不足，该指控依法不能成立。具体来说，辩护时应着重分析不同供述之中不一致的地方。例如，对于公诉机关指控被告人高某某于 2011 年 11 月 2 日左右，程某某联系高某某购买炸药，后赵某某在××镇××酒店附近以每箱 650 元的价格向程某某出售炸药 5 箱（每箱 24 公斤）的事实，因公诉机关提供的证据只有赵某某、程某某的供述，但二人的供述对于买卖时间、买卖地点均不一致，赵某某供述“2011 年 11 月 3 日左右的一天晚上，高某某给其打电话叫其给程某某往新民镇瓦尧坡煤矿附近送 5 箱炸药”。程某某的供述中关于买卖的时间、地点及打电话的次数均不一致，不能相互印证。法院最终支持辩护人的观点。

第三节　环保合规风险及其辩护逻辑

根据我国环境保护法的规定，在矿山的采选作业中，务必要注意环境保护。如若违反环境保护法的规定，污染环境的，轻则可能需要承担环保行政违法责任，重则可能需要承担污染环境罪等刑事责任。

破坏环境资源保护罪是一类罪名的总称，包括污染环境罪、非法处置进口的固体废物罪、非法捕捞水产品罪、非法占用农用地罪等。我国环境刑法的立法发展与社会经济发展相辅相成，1979 年的《刑法》对损害资源类犯罪予以了规定，环境刑事立法拉开了帷幕；自 1995 年“第九个五年计划”以来，为了抑制日益严重的环境问题，我国提出了彻底转变经济发展模式的课题，制定了《水污染防治法》《大气污染防治法》等法律。1997 年《刑法》将环境犯罪规定在第六章第六节破坏环境资源保护罪中。2014 年修订的《环境保护法》第 5 条规定了环境保护的基本原则，明确了我国的环境治理战略，即“保护第一”

“预防第一”“全面治理”。[①]

本部分主要对于污染环境罪的基本理论层面的相关分析进行介绍，为针对污染环境罪的辩论技巧奠定理论基础。

一、理论基础

污染环境罪，是指自然人或者单位违反国家规定，排放、倾倒或者处置有放射性的废物、含传染病病原体的废物、有毒物质或者其他有害物质，严重污染环境的行为。采取生态学的人类中心的法益论有可取之处，环境刑法应当实行二重保护：一是以对人的生命、身体、健康等个人法益的保护为中心的刑法规范；二是将环境媒介、动植物等生态法益予以保护的刑法规范。[②] 一般情况下主要根据单位意志和利益归属来判断是否为单位犯罪，一是判断是否属于单位犯罪，需要根据单位提供的营业执照和建筑行业许可证进行判断；二是当事人在本案中地位的问题。对环境犯罪的单位《刑法》中采取双罚制，即对单位判处罚金，同时也对直接责任人员判处刑罚。其他直接责任人员，《全国法院审理金融犯罪案件工作座谈会纪要》认为：“其他直接人员，是在单位犯罪中具体实施犯罪并起较大作用的人员，既可以是单位的经营管理人员，也可以是单位的职工，包括聘任，雇用的人员。应当注意的是，在单位犯罪中，对于受单位领导指派或奉命而参与实施了一定犯罪行为的人员，一般不宜作为直接责任人员追究刑事责任。”

《环境污染案件解释》是污染环境罪的重要司法解释。相较 2013 年出台的解释，2016 年《环境污染案件解释》的吸收和改进之处主要集中在：一是增加为了减少污染和试验装置而破坏或违反规定的行为；二是考虑生态环境的损失，反映了我国立法理念的变化；三是从环境科学和环境医学的角度精确重金属的犯罪标准，如规定，在严重污染天气的早期预警期、环境紧急事态的处

---

① 参见穆丽霞、李雨娉：《风险刑法语境下环境刑事立法研究》，载《中南林业科技大学学报（社会科学版）》2022 年第 1 期。

② 参见张明楷：《刑法学》（第 6 版），法律出版社 2021 年版，第 1479 页。

理期或纠正命令期间，违规排放有害物质，侵犯环境犯罪，但可以积极恢复的，可予以宽大惩罚。[①]

本罪与重大责任事故罪的区别要点是行为方式不同，如本罪表现为违反环境保护的法规，重大责任事故罪则通常表现为违反安全生产法规，且本罪不以造成人员伤亡、重大财产损失后果为要件。[②]

案例四十二：

新化县石冲口镇胜利煤矿、郭某某等污染环境案[③]

本案中，2016 年八九月，为减少煤矿环保开支，被告人郭某某（煤矿实际控制人）、曾某 1、曾某 2 与分管环保工作的地面矿长谭某某共同商量后，决定每晚 10 时至凌晨 4 时不往污水净化池投放净化药剂，由曾某 1、谭某某授意值班人员曾某 3 遵照执行，此后，曾某 3 就依照执行，致使矿井污水在夜间通过净化池直接排放，所排放的废水含有重金属、放射性物质 α 等有毒物质。本案一审认定构成污染环境罪，被告人向法院提出申诉，要求法院进行再审，法院认定申诉不符合《刑事诉讼法》第 253 条规定的再审条件，原判决应予维持。

本案中，法院的观点是，新化县石冲口镇胜利煤矿（以下简称胜利煤矿）的上述行为，其本质特征（隐蔽式排污逃避监管）和所造成的社会危害性，符合《环境污染案件解释》第 1 条第 5 项的规定；认定胜利煤矿的行为等同于《环境污染案件解释》第 1 条第 5 项关于通过暗管、渗井、渗坑、裂隙、溶洞、灌注等逃避监管的方式排放、倾倒、处置有放射性的废物、含传染病病原体的废物、有毒物质的行为，属于严重污染环境的情形，构成污染环境罪。

---

① 参见穆丽霞、李雨娉：《风险刑法语境下环境刑事立法研究》，载《中南林业科技大学学报（社会科学版）》2022 年第 1 期。

② 参见曲新久主编：《刑法学》（第 5 版），中国政法大学出版社 2016 年版，第 549 页。

③ 参见娄底市新化县人民法院刑事裁定书，（2021）湘 1322 刑申 2 号。

二、辩护要点

(一)不符合污染环境罪的主体要件

污染环境罪的犯罪主体包括自然人和单位,《刑法》第 346 条规定了单位犯此罪的处罚,“单位犯本节第三百三十八条至第三百四十五条规定之罪的,对单位判处罚金,并对其直接负责的主管人员和其他直接责任人员,依照本节各该条的规定处罚”。

案例四十三:

黄某某、邱某某等污染环境案①

2017 年,阳西县上洋镇被人恶意倾倒 700 多吨污染物,被告人邱某某及其经营的被告单位东莞市汇科环保有限公司经过招投标中标后接手处理该批污染物。该批污染物经过应急处理后剩下的废渣堆放在阳西县上洋镇。2019 年上半年,被告人邱某某找到被告人黄某某处理该批废渣,并以 1 万元的价格卖给被告人黄某某。随后被告人黄某某联系同案人罗某前往阳西县上洋镇将该批污染物经过处理后剩余下来的沥青废料拉走。因同案人罗某联系的一个买主不要这批沥青废料,所以又将该批沥青废料运到广州市花都区炭步镇松仔岗 1 号的一个仓库存放。2019 年 6 月,同案人罗某经被告人黄某某介绍认识同案人梁某 1,通过梁某 1 在连州市寻找倾倒沥青废料的场地,后梁某 1 找到连州市红月亮山庄工作人员同案人颜某,确定将连州市红月亮山庄作为罗某倾倒沥青废料的场地。2019 年 6 月 22 日,同案人罗某一个人驾车前往连州市红月亮山庄找到梁某 1,在梁某 1 的陪同下确定将沥青废料倾倒在连州市红月亮山庄内的位置。2019 年 6 月 27 日至 29 日,同案人罗某通过“货车帮”网络平台联系了 14 辆自卸挂车先后到广州市花都区炭步镇松仔岗 1 号一

① 参见广东省清远市中级人民法院刑事裁定书,(2021)粤 18 刑终 309 号。

个仓库装载了约454.40吨沥青废料运输到连州市红月亮山庄。14辆自卸挂车装载沥青废料到达连州市红月亮山庄后，在无使用任何保护措施情况下直接倾倒在红月亮山庄内的土地上。经清远市生态环境局连州市分局委托广东省测试分析研究所（中国广州分析测试中心）于2019年11月25日出具的环境监测报告，连州镇三古滩村原红月亮山庄内的非法处置的物质属于危险废物，重量达574.60吨。

在此案中可参考的辩护要点是：第一，在形式证据层面上，上诉人黄某某不是涉案沥青的买家，罗某是实际买家，罗某才是这批沥青的负责人；第二，如果对上诉人定罪，上诉人黄某某的犯罪地位要低于同案人邱某某；第三，上诉人黄某某2019年主要业务为在广西介绍考察投资建厂的事，主要以中介服务为业。上诉人黄某某在整个案件中并没有决定处置权，其只是把邱某某介绍给罗某，不应是主犯，上诉人黄某某知道2015年开始环保大整治，几个上市环保企业负责人被判刑并处几千万到数亿罚金，上诉人黄某某并不想做这个违法的事，只是这批涉案沥青的处置权在罗某手中，上诉人黄某某没有出资购买，不是所有权人，并没有决定权。但需要注意的是，二审法院最终认定，个人是否支付款项、是否盈利，均不影响认定作用的大小。

案例四十四：

张某污染环境案①

2014年三四月，被告人张某在明知刘某某未取得相关资质的情况下，将化工废物（生产特戊酰氯后的蒸馏残液）交由刘某某运输、贮存、处置，刘某某将330桶化工废物露天存放于邯郸市丛台区黄粱梦村107国道西侧和官庄村南，将599桶化工废物露天存放于魏县双井镇后刘街村村北大堤上，总重量230余吨。经鉴定，被告人张某交由刘某某运输、贮存、处置的化工废物为危

① 参见河北省邯郸市中级人民法院刑事裁定书，（2021）冀04刑终672号。

险废物。

河北省魏县人民法院认为，被告人张某在明知刘某某无相关资质的情况下，将河北福德化工科技有限公司生产过程中产生的危险废物交由刘某某处置，刘某某将330桶危险废物露天存放于邯郸市丛台区黄粱梦村107国道西侧和官庄村南，将599桶危险废物露天存放于魏县双井镇后刘街村村北大堤上，总重量230余吨，后果特别严重，其行为已构成污染环境罪。

在辩护时，被告人张某因是河北福德化工科技有限公司的临时工，且仅起到无决定作用的"类中介作用"，最终被法院认定在犯罪中起次要作用，系从犯，依法应当从轻、减轻处罚。案例四十四是法院判决被告系从犯，减轻处罚的典型案例。主犯和从犯在量刑上是有差距的，在案例四十三和案例四十四的对比当中，我们可以看到法院在判决主体要件时的要点。

（二）不符合污染环境罪的主观要件

基于"严重污染环境"的机能和性质，污染环境罪的罪过形式应为故意，但"严重污染环境"不是故意的认识和意志内容，也不需要行为人有预见可能性。[①] 污染环境罪中的主观故意包括对犯罪构成要件的认识和意志，前者主要涉及对环境污染行为具有违法性、污染物和污染行为的认识，后者是在确证行为人排放、倾倒或处置污染物的情况下，可以直接认定具有主观故意，但允许行为人进行反证。[②] 污染环境罪的结果和罪量应当根据法益具体阐释，主观构成要件或罪过形式只能是故意。[③]

---

① 参见贾学胜：《论污染环境罪的罪过形式》，载《法治社会》2021年第6期。

② 参见乐绍光等：《〈人民检察〉：污染环境罪中的三个问题》，载微信公众号"奚玮刑辩团队"2021年3月21日。

③ 参见端木玉芳：《法秩序统一原理下环境污染罪构成要件再阐释——以〈民法典〉第九条为底层伦理》，载《中国矿业大学学报（社会科学版）》2022年第5期。

案例四十五：

张某某污染环境案[1]

2017年7月26日，被告人张某某利用石家庄辰辉供热有限公司的资质与武某县宏达学校签订了锅炉运营合同，并雇用杨某负责锅炉燃烧。之后，被告人张某某为降低运营成本，经人介绍联系到被告人高某某。2017年9月、10月，被告人高某某在无危险废物经营资质的情况下，将从他处购进的存放于冀州区付某工厂内15号、16号、17号罐中的"锅炉油"与其他物质混合后卖给被告人张某某，共出售44.74吨（其中5.15吨来自16号罐）。后因达不到燃值，被告人张某某将其中的14.43吨退回，实际燃烧30.31吨。经监测及鉴定，燃烧上述燃料排放的废气已达到污染标准，存放于16号、17号罐中的不明液体属于危险废物。

此案在一审时，法院认为被告人高某某、张某某非法处置危险废物，严重污染环境，其行为构成污染环境罪。被告人高某某在无危险化学品、危险废物经营资质的情况下，向他人出售勾兑的不明液体作为锅炉燃料，被告人张某某作为锅炉运营方的负责人，从无资质的被告人高某某处购进锅炉燃料，对涉案燃料的非法性、危险性应当认定为明知，二被告人辩解不知道涉案燃料系危险废物，是其认知能力问题，不影响其主观故意的认定。

针对张某某行为的辩护要点是，其承包某中学的锅炉后，从多处购买过醇基燃料，为了节约成本，经学校介绍认识了锅炉的安装者高某某，并从2017年8月开始从高某某处购买醇基燃料，其不仅从高某某处购买了没有问题的醇基燃料，也从高某某处购买了高某某私下掺入危险废物的醇基燃料，没有证据证明高某某的掺入行为张某某是明知的，特别是因为不能在锅炉中燃烧，2017年10月19日，张某某退回了含有危险废物的醇基燃料14.43吨，从上述行为看，很难推定张某某与高某某有共同处置危险废物的故意且系共犯。最终法

---

[1] 参见河北省衡水市中级人民法院刑事判决书，(2018)冀11刑终505号。

院认定,张某某之行为未达到污染环境罪的犯罪构成,张某某及其辩护人无罪的意见成立,应当采纳。

在辩护时,应从反向行为入手,“存在这一行为则难以推定对这一事实的明知”,包括在该案中的既购入掺入废物的燃料亦购入未掺入废物的燃料,以及退回燃料的行为。

如案例四十五中一审法院提出的,“认知能力不影响主观故意的认定”,在陈某某、周某某等污染环境罪案①中也得到再次阐明,在该案中,辩护人提出“法律意识淡薄”的辩护理由,但未得到法院的支持。

(三)不符合污染环境罪的客观要件

非法污染环境行为,即指向违反国家有关保护环境、防止污染的法律规定,不按照指定的地点、方法等排放、倾倒或者处置有放射性的废物、含传染病病原体的废物、有毒物质或者有害物质。② 在理论与实践中,对于“非法处置”存在两种不同的理解:形式解释的观点认为,行为人在没有危险废物经营许可证的情况下,只要实施了形式上符合司法解释的行为,处置危险废物达到司法解释规定的数量标准,就可以认定为非法处置,无须进一步判断有无造成环境污染;而实质解释的观点则认为,判断行为人是否存在非法处置行为,不能简单根据行为人是否有危险废物经营许可证,是否达到司法解释规定的数量标准,而是要判断其行为是否严重污染环境。③

《环境污染案件解释》中对“有毒物质”作出定义,其第 15 条规定,下列物质应当认定为《刑法》第 338 条规定的“有毒物质”:(1)危险废物,是指列入国家危险废物名录,或者根据国家规定的危险废物鉴别标准和鉴别方法认定的,具有危险特性的废物;(2)《关于持久性有机污染物的斯德哥尔摩公约》附件所列物质;(3)含重金属的污染物;(4)其他具有毒性,可能污染环境的物质。

① 参见广东省中山市中级人民法院刑事判决书,(2021)粤 20 刑终 515 号。
② 参见曲新久主编:《刑法学》(第 5 版),中国政法大学出版社 2016 年版,第 549 页。
③ 参见王洁:《污染环境罪中“非法处置”的认定》,载微信公众号“微法官”2022 年 5 月 12 日。

在李某某、梁某某等污染环境案[1]中，法院认定事实，被告人龙某在2020年6月至7月，多次通过"陈总"获取工厂装运处理铝灰的需求信息，在明知对铝灰处理需要专业资质的情况下，将铝灰低价交下家潘某处理并从中获取利润。潘某接到处理铝灰需求信息后，分别于2020年7月10日、11日、25日将九车共约272吨铝灰转交被告人黄某某处理。被告人黄某某再转交给被告人唐某某处理。被告人唐某某再转交给被告人李某某进行处理。被告人李某某联系被告人梁某某找地方倾倒，并通过货运平台发布货单，招募曾某、被告人蔡某某等货车司机运送上述铝灰。

该案的争议焦点在于，铝灰在2020年9月之前没有被列入国家危险废物目录，其不知道处理的是危险废物，不具有污染环境的主观故意。而未列入危险废物目录是否可以构成本罪的出罪要件呢？

二审法院并未支持这一辩护要点。依照2016年施行的《国家危险废物目录》第8条的规定，对不明确是否具有危险特性的固体废物，应当按照国家规定的危险废物鉴别标准和鉴别方法予以认定。本案固体废物产生单位无法确定，具体成分不明确，经广州中科检测技术服务有限公司对抽取的典型样品进行检测，对照《危险废物鉴别标准》以及2016年施行的《国家危险废物目录》的规定，认定涉案不明物质具有毒性物质含量超标的危险特性，属于危险废物，建议按照"HW21含铬废物"进行归类处理。相关上诉人辩称铝灰在其作案后才被列入《国家危险废物目录》，其不知道倾倒的是危险废物。但即便是工业危险废物以外的其他工业固体废物、未经处理的生活垃圾等也属于有害物质，随便倾倒也会对环境造成污染。二审法院认定，相关上诉人均是心智正常的成年人，结合其职业、阅历，以及倾倒的场所、处理的价格和作业的方式，其等不可能不知道所转托或处理的废物是有毒或者其他有害物质，而在明知可能是有毒、有害物质的情况下，没有采取任何措施，放任环境污染的发生，具有污染环境的主观故意。在该案中也可以看到对"有毒物质"的定义，其并

① 参见广东省佛山市中级人民法院刑事判决书，(2021)粤06刑终437号。

非要求专项规定于具体目录，而仅需达到相关上诉人心智正常，应合理判断转托处理的废物可能是有毒或有害物质。

（四）不符合污染环境罪的程度要件

《环境污染案件解释》中分别对“严重污染环境”“后果特别严重”“从重处罚”“从宽处罚”的情形作出了定义。

《环境污染案件解释》第 1 条规定了严重污染环境的程度要件：(1)在饮用水水源一级保护区、自然保护区核心区排放、倾倒、处置有放射性的废物、含传染病病原体的废物、有毒物质的；(2)非法排放、倾倒、处置危险废物 3 吨以上的；(3)排放、倾倒、处置含铅、汞、镉、铬、砷、铊、锑的污染物，超过国家或者地方污染物排放标准 3 倍以上的；(4)排放、倾倒、处置含镍、铜、锌、银、钒、锰、钴的污染物，超过国家或者地方污染物排放标准 10 倍以上的；(5)通过暗管、渗井、渗坑、裂隙、溶洞、灌注等逃避监管的方式排放、倾倒、处置有放射性的废物、含传染病病原体的废物、有毒物质的；(6)2 年内曾因违反国家规定，排放、倾倒、处置有放射性的废物、含传染病病原体的废物、有毒物质受过 2 次以上行政处罚，又实施前列行为的；(7)重点排污单位篡改、伪造自动监测数据或者干扰自动监测设施，排放化学需氧量、氨氮、二氧化硫、氮氧化物等污染物的；(8)违法减少防治污染设施运行支出 100 万元以上的；(9)违法所得或者致使公私财产损失 30 万元以上的；(10)造成生态环境严重损害的；(11)致使乡镇以上集中式饮用水水源取水中断 12 小时以上的；(12)致使基本农田、防护林地、特种用途林地 5 亩以上，其他农用地 10 亩以上，其他土地 20 亩以上基本功能丧失或者遭受永久性破坏的；(13)致使森林或者其他林木死亡 50 立方米以上，或者幼树死亡 2500 株以上的；(14)致使疏散、转移群众 5000 人以上的；(15)致使 30 人以上中毒的；(16)致使 3 人以上轻伤、轻度残疾或者器官组织损伤导致一般功能障碍的；(17)致使 1 人以上重伤、中度残疾或者器官组织损伤导致严重功能障碍的；(18)其他严重污染环境的情形。

《环境污染案件解释》第 3 条规定了应当认定为“后果特别严重”的程度

要件:(1)致使县级以上城区集中式饮用水水源取水中断12小时以上的;(2)非法排放、倾倒、处置危险废物100吨以上的;(3)致使基本农田、防护林地、特种用途林地15亩以上,其他农用地30亩以上,其他土地60亩以上基本功能丧失或者遭受永久性破坏的;(4)致使森林或者其他林木死亡150立方米以上,或者幼树死亡7500株以上的;(5)致使公私财产损失100万元以上的;(6)造成生态环境特别严重损害的;(7)致使疏散、转移群众15,000人以上的;(8)致使100人以上中毒的;(9)致使10人以上轻伤、轻度残疾或者器官组织损伤导致一般功能障碍的;(10)致使3人以上重伤、中度残疾或者器官组织损伤导致严重功能障碍的;(11)致使1人以上重伤、中度残疾或者器官组织损伤导致严重功能障碍,并致使5人以上轻伤、轻度残疾或者器官组织损伤导致一般功能障碍的;(12)致使1人以上死亡或者重度残疾的;(13)其他后果特别严重的情形。

《环境污染案件解释》第4条规定了应当从重处罚的情形:(1)阻挠环境监督检查或者突发环境事件调查,尚不构成妨害公务等犯罪的;(2)在医院、学校、居民区等人口集中地区及其附近,违反国家规定排放、倾倒、处置有放射性的废物、含传染病病原体的废物、有毒物质或者其他有害物质的;(3)在重污染天气预警期间、突发环境事件处置期间或者被责令限期整改期间,违反国家规定排放、倾倒、处置有放射性的废物、含传染病病原体的废物、有毒物质或者其他有害物质的;(4)具有危险废物经营许可证的企业违反国家规定排放、倾倒、处置有放射性的废物、含传染病病原体的废物、有毒物质或者其他有害物质的。

《环境污染案件解释》第5条规定了从宽处罚的情形,实施《刑法》第338条、第339条规定的行为,刚达到应当追究刑事责任的标准,但行为人及时采取措施,防止损失扩大、消除污染,全部赔偿损失,积极修复生态环境,且系初犯,确有悔罪表现的,可以认定为情节轻微,不起诉或者免予刑事处罚;确有必要判处刑罚的,应当从宽处罚。

在程度要件方面,可能会涉及程度的计算方式的问题。如在案例四十六林某某等污染环境案中，一审、二审法院均确认，偷排数量应依据被告单位的产量和污水正常处理能力通过相关计算方法得出。

案例四十六：

林某某等污染环境案①

被告单位宝源化工是一家生产偶氮系列有机颜料的企业，生产过程中会产生大量废母液，在处理废母液过程中会产生废水污泥。依规定，这些均需经处理达标后方能排放。因被告单位的两套污水处理设施无法满足生产需求，为能够尽快处置废母液并节省处置费用，2014 年 7 月 1 日至 11 月 18 日，被告人林某某授意被告单位的污水处理站站长被告人陈某某在夜间把部分废母液不经处理直接排放到公司旁边的飞云江里，指使被告人戴某某挖开厂区围墙外污泥埋入管道用于部分废母液直接排放。被告人陈某某指使被告人尚某某、吴某某、李某某、储某某架设七字形塑料管、三通、软管直接排放部分废母液及废水污泥。负责夜间巡查的被告人黄某某（股东）等人监督污水处理等事务时，对偷排行为予以默许。2014 年 11 月 18 日 21 时许，被告单位宝源化工的偷排行为被浙江省温州市公安局治安支队、瑞安市公安局治安大队、温州市环保局查获。至被查获之日，被告单位通过私设暗管向飞云江排放废母液达 10,000 余吨。经监测，现场采样得到的废母液及废水污泥中化学需氧量（COD）浓度为（4.47～6.94）×1000mg/L，氨氮浓度为 56.4～175mg/L，苯胺类浓度为 13.1－37.8mg/L。环保部门出具书面意见认定，非法排放的废母液及废水污泥属于《国家危险废品名录》中的危险废物。一审法院浙江省瑞安市人民法院经审理认为，被告单位宝源化工私设暗管排放危险废物，严重污

① 参见《林某某等污染环境案——污染环境罪后果特别严重的认定》，载北大法宝网 2023 年 8 月 11 日，https://www.pkulaw.com/pfnl/a25051f3312b07f31c10bcf0a22085c82a999dd21f7c758ebdfb.html?keyword=%E6%B1%A1%E6%9F%93%E7%8E%AF%E5%A2%83%E7%BD%AA%E5%90%8E%E6%9E%9C%E7%89%B9%E5%88%AB%E4%B8%A5%E9%87%8D%E7%9A%84%E8%AE%A4%E5%AE%9A&way=listView。

染环境,后果特别严重;二审法院浙江省温州市中级人民法院确认,一审认定的偷排数量是依据被告单位的产量和污水正常处理能力通过相关计算方法得出,且与被告人林某某、陈某某的供述相互印证,客观合理;被告单位的排放量大,属后果特别严重。

(五)其他污染情形的认定和出罪

污染环境罪的共同犯罪情形规定于《环境污染案件解释》第7条,即明知他人无危险废物经营许可证,向其提供或者委托其收集、贮存、利用、处置危险废物,严重污染环境的,以共同犯罪论处。

案例四十七:

李某污染环境案①

一审法院认定事实,2019年4月,被告人李某明知废旧铅酸蓄电池属于危险废物,明知郝某、于某2等人在承德县的炼铅厂无危险废物经营许可证,仍向该炼铅厂销售废旧铅酸蓄电池60余吨,造成环境严重污染。

其中,被告人李某明知他人无危险废物经营许可证仍向其提供危险废物,严重污染环境,符合《环境污染案件解释》第7条的规定。

案例四十八:

梁某某污染环境案②

被告人违法焚烧20余吨工业垃圾,向大气排放大量有毒有害物质的行

---

① 参见河北省承德市中级人民法院刑事裁定书,(2021)冀08刑终171号。

② 参见《梁某某污染环境案——污染环境罪中"其他严重污染环境情形"的认定》,载北大法宝网2023年8月11日,https://www.pkulaw.com/pfnl/a25051f3312b07f3ae1bc06ae69b65a2b04ad85e398da655bdfb.html?keyword=%E6%B1%A1%E6%9F%93%E7%8E%AF%E5%A2%83%E7%BD%AA%E4%B8%AD%E5%85%B6%E4%BB%96%E4%B8%A5%E9%87%8D%E6%B1%A1%E6%9F%93%E7%8E%AF%E5%A2%83%E6%83%85%E5%BD%A2%E7%9A%84%E8%AE%A4%E5%AE%9A&way=listView。

为,法院认定这一行为已经造成严重污染环境的后果,符合相关司法解释规定的其他严重污染环境的情形。

在环保领域,“危险废物”和“固体废物”是两个不同的概念,相互之间有交叉,但也有区别。部分固体废物同时属于危险废物,但也有部分固体废物并不属于危险废物;同样地,在危险废物中,不仅有固体状态的危险废物,同时也有液体、气体状态的危险废物。本案中,友兴公司拆解所产生的橡胶、塑料、金属等工业垃圾本身没有多大的毒害性,但对这些工业垃圾如果在不当的地点以不当的方式进行处理,就有可能产生较大的毒害性,因此这些工业垃圾虽然属于固定废物,但尚不属于危险废物。对于危险废物的认定,2013 年《环境污染案件解释》第 10 条第 1 项有明确的规定,即“包括列入国家危险废物名录的废物,以及根据国家规定的危险废物鉴别标准和鉴别方法认定的具有危险特性的废物”。因此,在实践中适用 2013 年《环境污染案件解释》第 1 条第 1 项的规定进行裁判,其前提之一是准确认定被告人非法排放、倾倒、处置的废物是否属于危险废物,对于非法排放、倾倒、处置的废物不是危险废物的,不能适用该项规定进行裁判。本案中,对被告人梁某某的行为不能适用 2013 年《环境污染案件解释》第 1 条第 2 项的规定进行裁判。因此,浙江省高级人民法院认为,被告人梁某某违法焚烧 20 余吨工业垃圾,向大气排放大量有毒有害物质的行为,显然已经造成严重污染环境的后果,符合 2013 年《环境污染案件解释》第 1 条第 14 项规定的其他严重污染环境的情形,应适用 2013 年《环境污染案件解释》的该项规定进行裁判,理由分别是认为被告人的行为已严重污染环境符合常识,本案犯罪对象的特殊性决定了难以根据实际产生的污染后果来定罪,侦查实验数据及相关证据支持认定被告人的行为已造成了严重污染环境的后果和正确运用兜底条款是弥补法律、司法解释条文列举性规定周延性不足的重要途径。

(六)合规不起诉辩护路径

对于一些程序合法、证据确实充分和适用法律很难找到破绽的污染环境案件,还可以选择从企业刑事合规不起诉、“六稳”“六保”及积极修复受损的生态环境等角度入手进行辩护。最高人民检察院在2021年6月3日发布的企业合规改革试点典型案例中就有合规不起诉案例。

案例四十九:

张家港市L化机有限公司、张某1等人污染环境案①

江苏省张家港市L化机有限公司(以下简称L公司)系从事不锈钢产品研发和生产的省级高科技民营企业,张某1、张某2、陆某某分别系该公司的总经理、副总经理、行政主管。

2018年下半年,L公司在未取得生态环境部门环境评价的情况下建设酸洗池,并于2019年2月私设暗管,将含有镍、铬等重金属的酸洗废水排放至生活污水管,造成严重环境污染。苏州市张家港生态环境局现场检测,L公司排放井内积存水样中总镍浓度为29.4mg/L、总铬浓度为29.2mg/L,分别超过《污水综合排放标准》的29.4倍和19.5倍。2020年6月,张某1、张某2、陆某某主动向张家港市公安局投案,如实供述犯罪事实,自愿认罪认罚。

2020年8月,张家港市公安局以L公司及张某1等人涉嫌污染环境罪向张家港市检察院移送审查起诉。张家港市检察院进行办案影响评估并听取L公司合规意愿后,指导该公司开展合规建设。

检察机关经审查认为,L公司及张某1等人虽涉嫌污染环境罪,但排放污水量较小,尚未造成实质性危害后果,可以进行合规考察监督并参考考察情况依法决定是否适用不起诉。同时经调查,L公司系省级高科技民营企业,年均纳税400余万元、企业员工90余名、拥有专利20余件,部分产品突破国外垄断。如果公司及其主要经营管理人员被判刑,对国内相关技术领域将造成较大影响。鉴于此,2020年10月,检察机关向L公司送达《企业刑事合规告知

① 参见最高人民检察院:《最高检发布企业合规改革试点典型案例》,载最高人民检察院网2021年6月3日,https://www.spp.gov.cn/spp/xwfbh/wsfbh/202106/t20210603_520232.shtml。

书》,该公司在第一时间提交了书面合规承诺以及行业地位、科研力量、纳税贡献、承担社会责任等证明材料。

检察机关在认真审查调查报告、听取行政机关意见以及综合审查企业书面承诺的基础上,对L公司作出合规考察决定。随后,L公司聘请律师对合规建设进行初评,全面排查企业合规风险,制订详细的合规计划,检察机关委托税务、生态环境、应急管理等部门对合规计划进行专业评估。L公司每月向检察机关书面汇报合规计划实施情况。2020年12月,组建以生态环境部门专业人员为组长的评估小组,对L公司整改情况及合规建设情况进行评估,经评估合格,通过合规考察。同月,检察机关邀请人民监督员、相关行政主管部门、工商联等各界代表,召开公开听证会,参会人员一致建议对L公司作不起诉处理。检察机关经审查认为,符合刑事诉讼法相关规定,当场公开宣告不起诉决定,并依法向生态环境部门提出对该公司给予行政处罚的检察意见。2021年3月,苏州市生态环境局根据《水污染防治法》的有关规定,对L公司作出行政处罚决定。

第四节　税务合规风险及其辩护逻辑

根据我国税收法律规定,矿业公司除了要依法缴纳普通的税费之外,还需要缴纳资源税,通常从价计征为主、从量计征为辅。如果矿业在经采选矿产资源并销售后,未及时缴纳或依法缴纳资源税,或者存在故意逃税的,则可能需要承担税务行政处罚责任,拒不改正的,则可能还需要承担刑事责任。

《刑法》在破坏社会主义市场经济秩序罪的类别中确认危害税收征管罪一节,包括逃税罪、抗税罪、逃避追缴欠税罪、虚开发票罪等。

一、逃税罪

（一）理论基础

逃税罪的构成要件包括多种情况，或出于当事人逃税行为在行政处罚和刑事处罚之间可以更好地衔接。根据《刑法》第 201 条的规定，纳税人采取欺骗、隐瞒手段进行虚假纳税申报或者不申报，逃避缴纳税款数额较大并且占应纳税额 10% 以上的，处 3 年以下有期徒刑或者拘役，并处罚金；数额巨大并且占应纳税额 30% 以上的，处 3 年以上 7 年以下有期徒刑，并处罚金。扣缴义务人采取前款所列手段，不缴或者少缴已扣、已收税款，数额较大的，依照前款的规定处罚。对多次实施前两款行为，未经处理的，按照累计数额计算。有第 1 款行为，经税务机关依法下达追缴通知后，补缴应纳税款，缴纳滞纳金，已受行政处罚的，不予追究刑事责任；但是，5 年内因逃避缴纳税款受过刑事处罚或者被税务机关给予 2 次以上行政处罚的除外。

由法条可见，构成逃税罪的情况包括“纳税人采取欺骗、隐瞒手段进行虚假纳税申报或者不申报，逃避缴纳税款数额较大”和“扣税义务人采取欺骗、隐瞒手段不缴或者少缴已扣、已收税款，数额较大的”两类情形。其中，第一类情况有《刑法》第 201 条第 4 款的例外情形。这意味着，第一次逃税被发现后，如果在规定时间内缴纳税款及罚金，可以不追究刑事责任，在此前出现的个别明星逃税案件中，很多民众对这一条款存在质疑，认为难以有效打击大额偷逃税的违法行为。单纯依靠定罪处罚的威慑力并不能有效解决逃税问题，反而容易产生较大的副作用，不利于实现办案法律效果、政治效果、社会效果的有机统一。①

逃税即便是巨额逃税为何可以对初犯不予追究刑事责任，目前的解释多从宽严相济的刑事政策、增进税收入手分析，这点也可以从立法机关的官方解

① 参见赵晨熙：《逃税罪缘何设置“初犯免刑责”条款》，载《法治日报》2021 年 9 月 28 日，第 6 版。

释中得到印证，在我国《刑法修正案（七）》草案说明中，李适时就明确指出："考虑到打击偷税犯罪的主要目的是维护税收征管秩序，保证国家税收收入，对属于初犯，经税务机关指出后积极补缴税款和滞纳金，履行了纳税义务，接受行政处罚的，可不再作为犯罪追究刑事责任，这样处理可以较好地体现宽严相济的刑事政策。"①

张某滥用职权、非法采矿、逃税案是很典型的矿业涉逃税的无罪案件，检察机关指控原审被告人张某犯滥用职权罪、非法采矿罪、逃税罪，最终法院认定按照《矿产资源法》第39条的规定，对于应依法没收的采出的矿产品和违法所得不存在逃税问题，故公诉机关对被告人张某犯有逃税罪的指控不能成立。

（二）辩护要点

1. 不符合逃税罪的主体、主观要件

逃税罪的两类行为主体包括纳税人和扣税义务人。纳税人，顾名思义是按照法律和行政法律规定负有纳税义务的单位和个人；扣税义务人，指的是负有代扣义务的单位或者个人。

案例五十：

逯某玩忽职守致纳税人逃税案②

逯某系山西省太原市某税务所税收管理员，2014年1月至8月分管纳税人珍锦隆公司，对该公司申报缴纳税款的行为及相关事项实施直接监管和服务。此后，逯某被以玩忽职守罪提起公诉。一审法院判决逯某构成玩忽职守

---

① 万国海：《逃税罪"不予追究刑事责任"条款的理解与适用》，载《政治与法律》2019年第12期。

② 参见《中国法学会财税法学研究会与首都经济贸易大学法学院等联合发布中国首届"年度影响力税务司法审判案例"之一：逯某玩忽职守致纳税人逃税案》，载北大法宝网，http://www.pkulaw.cn/case/pfnl_a6bdb3332ec0adc41f3f01e9d604e2b824e6726937e4512fbdfb.html。

罪。此案经上诉发回重审,重审后逯某仍旧不服判决上诉至太原市中级人民法院。太原市中级人民法院经审理后认为,逯某在对珍锦隆公司管理期间,多次下达《税务事项通知书》,多次实地调查核实,各项工作资料完整齐全,已经穷尽了税务干部在现有征管条件下所能做的工作,且前述逃税570余万元的相关文书已被撤销,是否存在致使国家利益遭受重大损失的结果尚无充分证据证实等,遂改判逯某无罪。

逃税罪的责任形式是故意,应严格区分漏缴税款的行为和故意逃税的行为,前者是基于对未依法缴纳税款这一客观事实的不知情,后者则是对逃避缴纳税款结果的希望或放任。

案例五十一:

邹某某等逃税罪[①]

2009年,被告人邹某某等出资设立北京霄盰工程咨询有限公司,2010年9月,公司名称变更为北京顺威建设工程有限公司(以下简称顺威公司)。被告单位顺威公司。

2012年年底至2014年年初,顺威公司在向付款单位开具发票后,伪造发票记账联,减少发票金额并入账,进行虚假的纳税申报,以逃避缴纳应缴企业所得税、营业税、城市维护建设税。经原北京市顺义区地方税务局(以下简称顺义区地税局)稽查,顺威公司于2012年年底至2014年年初开具的14张发票的发票联与记账联金额不一致,存在少记工程结算收入的问题。2017年3月,顺义区地税局就顺威公司少记工程结算收入要求公司补充提供成本资料,顺威公司于2017年6月提供16份山东公司出具的材料费发票,金额1600万元,经稽查人员到山东核实,结果为业务不真实,故不予确认当期成本。

此案中,邹某某及其辩护人提出的上诉理由可供辩护参考。邹某某提出,

① 参见北京市第三中级人民法院刑事裁定书,(2020)京03刑终496号。

其当时并非公司的实际经营人，对于开具“大头小尾”发票的过程不知情；1600万元发票真实有效，顺威公司没有欠缴营业税；税务机关没有履行合法有效的告知义务，张某1的授权委托系虚假，顺威公司没有逃税行为等。邹某某的辩护人辩护意见是，邹某某与挂靠单位确定挂靠时不具有偷逃税款的故意，顺威公司除挂靠费无其他经营收入；税务机关未提交让顺威公司补缴税款的财务资料，在案证据不能证明顺威公司已经补缴的税款是否和指控的逃税金额存在重复计算。

在实践中，也存在企业定罪但高级管理人员脱罪的情形，在“张某、大连某公司逃税案”中，纳税人大连某公司未解缴税款，被追究逃税罪的刑事责任，但企业直接负责的主管人员张某，却未被认定为逃税，其重点在于“大连某公司在接收到税务机关的补缴税款通知（行政处罚决定书）时，张某已经离职，失去了对企业的控制权，因此不补缴税款的责任不应由张某承担，而是继任的企业负责人的责任”。①

2. 不符合逃税罪的客观要件

以纳税人为主体，逃税罪的手段行为分别包括采取欺骗、隐瞒手段进行虚假纳税申报和不申报这两类；扣税义务人的手段行为是采取欺骗、隐瞒手段不缴或者少缴已扣、已收税款这两类。根据《偷税抗税案件解释》第2条的规定，《刑法》第201条第1款规定的“虚假的纳税申报”，是指纳税人或者扣缴义务人向税务机关报送虚假的纳税申报表、财务报表、代扣代缴、代收代缴税款报告表或者其他纳税申报资料，如提供虚假申请，编造减税、免税、抵税、先征收后退还税款等虚假资料等。

在山西省长治市昊泽顺商贸有限公司等虚开增值税专用发票、逃税案②中，一审法院判决当事人构成逃税罪，经抗诉，二审法院认定“将本案定性为逃税罪是错误的”。该案的辩护要点在于引用《增值税专用发票犯罪解释》第

① 参见《实案透析：企业成立逃税犯罪的，高管能否免予刑事处罚？》，载微信公众号“华税”2022年4月11日。

② 参见湖南省娄底市中级人民法院刑事判决书，(2013)娄中刑二终字第60号。

1 条第 2 款中的第 3 项，原审法院认定的 7 项犯罪事实，系昊泽顺公司、周某某、许某某从私人散户中购进煤炭再行转卖，为了取得进项抵扣而通过其他公司购买增值税专用发票，进行了实际经营活动。虚开增值税专用发票的目的是少交税款及保障经营活动的顺利进行，而将本案定性为逃税罪是错误的。昊泽顺公司、周某某、许某某为了进行煤炭经营，从私人散户中购进煤炭再行转卖，为了取得进项抵扣，通过马某某居间介绍，从部某某处购买增值税专用发票，而出票公司与受票人昊泽顺公司之间并无实际经营活动，他们之间除有票流外，并无货流和资金流相匹配，其行为符合“进行了实际经营活动，但让他人为自己代开增值税专用发票”的规定。

3. 不符合逃税罪的程度要件

在税务实践中，税务部门依据《税收征收管理法》对逃税案件进行查处，当数额和比例达到刑法规定的犯罪标准时，税务部门向公安部门进行移送。在判断逃税罪数额标准时，税务部门和司法部门均应根据数额和比例这双重因素对逃税行为进行综合考量；但在司法实践中，对逃税罪数额的认定仍然面临着一些不可避免的困惑，如逃税罪前置法的效力问题，刑法与税法的衔接问题，比例标准在司法适用时定罪量刑不均衡等问题。① 逃税罪的成立需满足罪名的情节要件，纳税人逃避缴纳税款数额较大并且占应纳税额 10% 以上即满足，需对“数额较大”和“数额巨大”作出数值上的确认。根据《偷税抗税案件解释》第 1 条的规定，纳税人实施下列行为之一，不缴或者少缴应纳税款，偷税数额占应纳税额的 10% 以上且偷税数额在 1 万元以上的，依照《刑法》第 201 条第 1 款的规定定罪处罚：(1) 伪造、变造、隐匿、擅自销毁账簿、记账凭证；(2) 在账簿上多列支出或者不列、少列收入；(3) 经税务机关通知申报而拒不申报纳税；(4) 进行虚假纳税申报；(5) 缴纳税款后，以假报出口或者其他欺骗手段，骗取所缴纳的税款。扣缴义务人实施前款行为之一，不缴或者少缴已扣、已收税款，数额在 1 万元以上且占应缴税额 10% 以上的，依照《刑法》第

① 参见樊琪：《逃税罪数额认定问题研究》，吉林大学 2019 年硕士学位论文。

201 条第 1 款的规定定罪处罚。扣缴义务人书面承诺代纳税人支付税款的，应当认定扣缴义务人“已扣、已收税款”。实施本条第 1 款、第 2 款规定的行为，偷税数额在 5 万元以下，纳税人或者扣缴义务人在公安机关立案侦查以前已经足额补缴应纳税款和滞纳金，犯罪情节轻微，不需要判处刑罚的，可以免予刑事处罚。

根据上述司法解释，数额较大的起点是“偷税数额在一万元”，但是立案标准是“五万元”，且偷税数额在 5 万元以下的，满足一定条件可以免予刑事处罚。根据《立案追诉标准(二)》第 52 条的规定，逃避缴纳税款，涉嫌下列情形之一的，应予立案追诉：(1) 纳税人采取欺骗、隐瞒手段进行虚假纳税申报或者不申报，逃避缴纳税款，数额在 5 万元以上并且占各税种应纳税总额 10% 以上，经税务机关依法下达追缴通知后，不补缴应纳税款、不缴纳滞纳金或者不接受行政处罚的；(2) 纳税人 5 年内因逃避缴纳税款受过刑事处罚或者被税务机关给予 2 次以上行政处罚，又逃避缴纳税款，数额在 5 万元以上并且占各税种应纳税总额 10% 以上的；(3) 扣缴义务人采取欺骗、隐瞒手段，不缴或者少缴已扣、已收税款，数额在 5 万元以上的。纳税人在公安机关立案后再补缴应纳税款、缴纳滞纳金或者接受行政处罚的，不影响刑事责任的追究。

偷税数额的计算可参考《偷税抗税案件解释》第 3 条的规定，偷税数额，是指在确定的纳税期间，不缴或者少缴各税种税款的总额。偷税数额占应纳税额的百分比，是指一个纳税年度中的各税种偷税总额与该纳税年度应纳税总额的比例。不按纳税年度确定纳税期的其他纳税人，偷税数额占应纳税额的百分比，按照行为人最后一次偷税行为发生之日前一年中各税种偷税总额与该年纳税总额的比例确定。纳税义务存续期间不足一个纳税年度的，偷税数额占应纳税额的百分比，按照各税种偷税总额与实际发生纳税义务期间应当缴纳税款总额的比例确定。偷税行为跨越若干个纳税年度，只要其中一个纳税年度的偷税数额及百分比达到《刑法》第 201 条第 1 款规定的标准，即构成逃税罪。各纳税年度的偷税数额应当累计计算，偷税百分比应当按照最高的百分比确定。另外，根据《刑事审判参考》第 447 号案例（樟树市大京九加油城、黄某某等偷税案）裁判要旨精神，行为人购进货物时应当取得增值税专用发票而未索要，销售货物后没有按照增值税征管规定纳税，从而偷逃应纳税款的，在计算偷税数额时，应当减除按照增值税征管规定可以申报抵扣的税额。

案例五十二：

代某逃税案①

代某系赛龙公司执行董事及法定代表人，因赛龙公司涉嫌逃税，作为单位直接负责的主管人员，被以逃税罪提起公诉。一审法院认为赛龙公司未依法履行纳税申报义务，逃避应纳 2011 年度至 2013 年度印花税、房产税及 2012 年度城镇土地使用税，合计 3,391,319.97 元，且 2013 年度逃避缴纳税额占该年度应纳税额 10% 以上，经税务机关追缴后，在期限内未补缴应纳税款，构成逃税罪。代某作为单位直接负责的主管人员，亦构成逃税罪。

此案中，二审法院将赛龙公司当期增值税免抵税额视同企业应当缴纳且已经缴纳的增值税纳入计算基数，认定 2011—2013 年各年度逃税比例均不足 10%，遂改判赛龙公司和代某不构成逃税罪。

4. 逃税罪的处罚阻却事由

《刑法》第 201 条第 4 款规定，有逃税行为的，经税务机关依法下达追缴通知后，补缴应纳税款，缴纳滞纳金，已受行政处罚的，不予追究刑事责任。例外的情形是，5 年内因逃避缴纳税款受过刑事处罚或者被税务机关给予 2 次以上行政处罚的除外。逃税罪"不予追究刑事责任"条款究竟是"首罚不刑"，还是"初犯免责"，抑或"免责条款"，这实际上体现了其功能之争，其功能定位

① 参见《中国法学会财税法学研究会与首都经济贸易大学法学院等联合发布中国首届"年度影响力税务司法审判案例"之二：代某逃税案》，载北大法宝网，http://www.pkulaw.cn/case/pfnl_a6bdb3332ec0adc4f181d261b92781e959d6dd2e6c0ccf14bdfb.html。

直接关系到司法运作的方式。[①]

关于行政程序的前置问题,《刑法》中涉及逃税罪案件的来源根据发现主体的不同有两种模式:一种是公安机关发现并立案侦查处理的;另一种是税务机关发现然后移送到公安机关,但这种情况下更多是税务机关在接受纳税人的补缴后不再进行移送;目前的逃税罪则有新增规定,即把补缴应纳税款、缴纳滞纳金、接受税务机关的行政处罚作为追究逃税罪刑事责任的前置条件。[②]也有学者认为,在以下情形下,公安机关可以不经行政程序先行处理而直接立案:其一,对于扣缴义务人的逃税行为,满足立案追诉的标准,公安机关可以直接立案;其二,纳税人 5 年内因逃避缴纳税款受过刑事处罚或者被税务机关给予 2 次以上行政处罚,而又再偷逃税款的,只要达到了立案追诉标准,公安机关可直接立案。[③] 同时,应注意以下几项:其一,任何逃税案件,原则上必须先经过税务机关的处理。税务机关明知行为人已经实施了逃税行为但并不下达任何通知的,司法机关也不能直接追究逃税人的刑事责任。其二,税务机关必须依法下达追缴通知,如果税务机关所下达的追缴通知并不合法,如送达有瑕疵,导致行为人无法按照通知补缴应纳税款,缴纳滞纳金,接受行政处罚的,不能追究行为人的刑事责任。其三,只有当纳税人超过了税务机关规定的期限而不接受处理或行政处罚时,司法机关才能追究刑事责任。[④]

综上所述,我们不能片面理解逃税案的行政处罚前置原则。该原则存在的前提是纳税人存在处罚阻却事由,当纳税人存在逃税罪处罚阻却事由但书的情形时,即 5 年内因逃避缴纳税款受过刑事处罚或者被税务机关给予 2 次以上行政处罚又逃税的,只要达到了立案追诉标准,公安机关可直接

---

① 参见万国海:《逃税罪"不予追究刑事责任"条款的理解与适用》,载《政治与法律》2019 年第 12 期。

② 参见刘荣:《刍议"逃税罪"案件行政程序与刑事程序的关系》,载《涉外税务》2010 年第 5 期。转引自闫橙冉:《〈刑法〉对逃税罪的适用问题》,载《西部学刊》2020 年第 23 期。

③ 参见窦定凤、王玺:《逃税罪法律适用及辩护十个常见问题探讨》,载微信公众号"靖予霖律师事务所"2022 年 1 月 5 日。

④ 参见窦定凤、王玺:《逃税罪法律适用及辩护十个常见问题探讨》,载微信公众号"靖予霖律师事务所"2022 年 1 月 5 日。

立案。①

案例五十三：

湖北某某环境工程有限公司、李某某逃税案②

2003年至2007年，湖北某某环境工程有限公司和某市原某某化学清洗实业公司收入总额为7,320,445.51元，应缴纳税款803,413.14元，已缴纳税款357,120.63元，逃避缴纳税款共计446,292.51元。2006年4月，某市地方税务局稽查局接原任湖北某某环境工程有限公司办公室主任黄某某实名举报开始调查本案，后在未通知补缴、未予行政处罚的情况下，作出涉税案件移送书，直接移送某区公安局立案侦查。湖北某某环境工程有限公司在侦查期间补缴了税款458,069.08元，并于一审重审及宣判后全额缴纳了判处的罚金45万元。2009年9月19日，一审法院作出判决，湖北某某环境工程有限公司及其法定代表人李某某均构成逃税罪。

此案经湖北省高级人民法院再审，未经行政处置程序而直接追究湖北某某环境工程有限公司及李某某个人的刑事责任，不符合《刑法修正案（七）》的相关规定。对湖北某某环境工程有限公司、李某某应当适用根据《刑法修正案（七）》修正后的《刑法》第201条第4款的规定，不予追究刑事责任。据此，湖北省高级人民法院再审判决撤销原裁判，宣告湖北某某环境工程有限公司、李某某无罪。此案是典型的以"未经行政处置程序而直接追究刑事责任"为辩护要点宣判无罪的案例。

---

① 参见周治华：《〈人民司法〉：逃税罪处罚阻却事由的理解适用》，载微信公众号"奚玮刑辩团队"2021年9月5日。

② 参见湖北省高级人民法院刑事判决书，(2019)鄂刑再5号。

二、抗税罪

（一）理论基础

抗税罪的重点在于“抗”，指向以暴力、威胁的方法拒不缴纳税款的行为。有两个要件应同时成立，即暴力、威胁的方法和有因果关系的拒不缴纳税款。抗税罪与逃税罪有明显的区别：一是客观表现不同，抗税罪表现为以暴力、威胁的方法拒不缴纳税款的行为，其行为带有暴力性、公开性，而逃税罪的犯罪行为带有欺骗性、隐蔽性；二是犯罪客体不完全相同，抗税罪侵犯的是复杂客体，即国家的税收征收管理制度和税务人员、扣缴义务人的人身权，而逃税罪侵犯的是单一客体，即国家的税收征收管理制度；三是犯罪主体不完全相同，抗税罪的主体只能是自然人，而逃税罪的主体还包括单位。①

根据《刑法》第 202 条的规定，以暴力、威胁方法拒不缴纳税款的，处 3 年以下有期徒刑或者拘役，并处拒缴税款 1 倍以上 5 倍以下罚金；情节严重的，处 3 年以上 7 年以下有期徒刑，并处拒缴税款 1 倍以上 5 倍以下罚金。

（二）辩护要点

1. 不符合抗税罪的主体、主观要件

抗税罪的主观要件是故意。一般情况下，抗税罪的行为主体是纳税人。应当以是否具备实质的纳税主体资格来认定扣缴义务人、无税务登记经营者、无营业执照经营者、通过违法或者犯罪手段进行经营活动者、纳税担保人等能否成为抗税罪的主体。②

在纳税人和非纳税人共同犯罪的情形，非纳税人可能构成共犯，根据《偷税抗税案件解释》第 6 条的规定，与纳税人或者扣缴义务人共同实施抗税行为的，以抗税罪的共犯依法处罚。

---

① 参见岳力、兰达鹏：《暴力抗税是否构成犯罪？》，载微信公众号“棠绿疏议”2020 年 5 月 26 日。

② 参见马松建：《抗税罪主体探析》，载《郑州大学学报（哲学社会科学版）》2009 年第 1 期。

案例五十四：

赵某被控抗税宣告无罪案[①]

湖南省邵阳县人民检察院起诉书指控称被告人赵某因不缴纳国家税法和湖南省政府规定的房屋产权印花税、屠宰税共计11元人民币，1994年5月30日上午，本县谷洲镇政府组织镇里的财税干部黄某某、国土员刘某某、驻镇税务专管员王某某等协同中庙村村干部来到被告人赵某家，向被告人赵某宣传税收法律，让赵某按规定缴纳税款。被告人赵某仍拒不缴纳。在此情况下，谷洲镇驻中庙村干部刘某某提出扣押赵某家里物品抵缴税款并向赵某伙房屋走去。被告人赵某紧跟在后，趁刘某某打开伙房屋门之际，拿起打谷机上的铁连杆，对着刘某某打击三下。刘某某左前臂、右肩部及左背部被打伤，当王某某、黄某某上前阻拦时，二人先后亦被被告人赵某打伤，经法医鉴定，刘某某、王某某、黄某某的伤均构成轻微伤。被告人赵某以暴力方法拒缴税款，其行为已构成抗税罪。

此案的辩护要点主要在于，被告赵某主观上没有抗税的故意，具体来说，存在两个事实，“赵某在村、镇干部找其收房屋印花税时，因不了解此税收条例，提出要看文件是有理的”和“村、镇干部拿不出文件时，赵某又以家庭困难提出免缴和宽限三天的要求符合情理”“双方气不顺，发生扭打，双方都有损伤，但都系轻微伤，此事的发生被告人赵某负有一定责任，但不构成犯罪”。二审法院认定，一审据此认定赵某以暴力方法拒缴税款构成抗税罪不当。这个案例是典型的被控抗税，经二审宣告无罪的案件，出罪的要件基于当事人的主观要件不符合。

2. 不符合抗税罪的客观要件

抗税罪与妨害公务罪是我国《刑法》中的重要罪名，但在实务中，有时很难对二者作明确界定，区分二者有重要的实践意义，如下述案例，“甲经营一

① 参见湖南省邵阳市中级人民法院刑事判决书，(1996)邵中刑经终字第23号。

小商店,在税务人员收缴税款时,甲与税务人员发生口角,并扬言税款一分也不交。这时甲的儿子乙闻讯赶来,提出少征其父的税款。税务人员当然不答应他的无理要求。因此甲乙父子共同动手打伤了税务人员。税务机关根据《刑法》第202条的规定,认为甲、乙的行为构成抗税罪,将此案移送司法机关处理。经司法机关依法定程序审理后,认为甲、乙犯罪事实清楚,证据确实充分,依法认定甲的行为构成抗税罪,乙的行为构成妨害公务罪",为何甲、乙同样的犯罪行为认定不同的犯罪?① 抗税罪的客观要件要求行为主体有暴力或威胁的方法,即通过手段使税务机关不能从事正常的税收活动。这种行为的要件主要有两个:一是采用威胁或者暴力等方式;二是拒绝缴纳税款。若行为人仅是拒缴税款,而未使用威胁、暴力手段,则应按税法的规定对其进行行政处罚或根据《刑法》第203条的规定,认定为逃避追缴欠税罪;若纳税人或扣缴义务人以暴力或威胁手段,并不是为了拒缴税款,同样不构成抗税罪。② 按照字面解释,抗税罪中的暴力、胁迫行为是拒不缴纳税款这一目的行为的手段行为。对该手段行为的评价依赖于对目的行为的评价。当目的行为不存在时,无须对该手段行为进行评价。当目的行为存在时,尚需进行第二步考察,确认手段行为是否符合法律规定。因而,法律规定"以暴力、胁迫方式",在于通过规定构成此不作为犯罪的手段,限制该不作为犯罪的范围,该手段行为本身并不具有和其目的行为一样高的评价意义。③ 抗税罪的客观方面主要表现为以暴力或威胁等方式抗拒缴纳税款,暴力、威胁作为手段,拒不缴纳税款是目的,二者之间应当有因果关系。

3. 不符合情节严重的程度要件

抗税罪的立案标准应根据《立案追诉标准(二)》第53条的规定,以暴力、威胁方法拒不缴纳税款,涉嫌下列情形之一的,应予立案追诉:(1)造成税务

---

① 参见杨春黎:《探析抗税罪与妨害公务罪的界限——由一案例引发的思考》,载《商品与质量》2011年SB期。

② 参见陈作雄:《论抗税罪犯罪构成中的争议问题》,湘潭大学2015年硕士学位论文。

③ 参见孟红光:《作为或不作为——抗税行为性质的分析》,载《现代经济信息》2010年第22期。

工作人员轻微伤以上的；（2）以给税务工作人员及其亲友的生命、健康、财产等造成损害为威胁，抗拒缴纳税款的；（3）聚众抗拒缴纳税款的；（4）以其他暴力、威胁方法拒不缴纳税款的。

同时，此罪对情节严重的情形设定更严厉的刑罚，根据《偷税抗税案件解释》第5条的规定，实施抗税行为具有下列情形之一的，属于《刑法》第202条规定的“情节严重”：（1）聚众抗税的首要分子；（2）抗税数额在10万元以上的；（3）多次抗税的；（4）故意伤害致人轻伤的；（5）具有其他严重情节。

三、逃避追缴欠税罪

（一）理论基础

逃避追缴欠税和偷税、抗税的区别在于，偷税采取的方法是在未纳税申报的情况下，通过伪造、变造、隐匿、擅自销毁账簿、记账凭证，在账簿上多列支出或者不列、少列收入，经税务机关通知申报而拒不申报或者进行虚假的纳税申报手段，不缴或者少缴应纳税款；抗税采用的是以暴力、威胁方法拒不缴纳税款；而逃避追缴欠税采取的方法则是在行为人已经进行纳税申报的情况下，未在税法规定的期限内将应缴税款足额入库，并通过各种不正当或非法手段（但不包括暴力和威胁）逃避税务机关依法追缴其欠税。[①] 逃避追缴欠税罪成立的前提是欠税事实的客观存在，在此基础上，行为人作出足以使自己逃税的行为即构成本罪，具体可见《刑法》第203条的规定，纳税人欠缴应纳税款，采取转移或者隐匿财产的手段，致使税务机关无法追缴欠缴的税款，数额在1万元以上不满10万元的，处3年以下有期徒刑或者拘役，并处或者单处欠缴税款1倍以上5倍以下罚金；数额在10万元以上的，处3年以上7年以下有期徒刑，并处欠缴税款1倍以上5倍以下罚金。

---

① 参见张子信、袁建军：《逃避追缴欠税罪与偷税罪、抗税罪的区别》，载《法学杂志》2003年第3期。

案例五十五:

张某逃避追缴欠税案[①]

2008年9月11日,寿光市国家税务局向被告人张某经营的寿光市盛晖工艺绣品有限公司下达《税务处理决定书》,让其补缴增值税95,620.02元,张某为逃避追缴所欠税款,又成立寿光市泰信绣品有限公司,将寿光市盛晖工艺绣品有限公司的机器、厂房等全部资产转移到寿光市泰信绣品有限公司继续经营,致使税务机关无法追缴所欠税款。

法院认定,被告人张某故意违反税收法规,欠缴应纳税款,并采取转移或者隐匿财产的手段,致使税务机关无法追缴欠缴的税款,数额较大,其行为已构成逃避追缴欠税罪。

(二)辩护要点

欠税,从法律意义讲它是行为的结果状态,从权利义务产生时起,直到其结束,欠税人与国家的债权债务关系始终存在,没有阶段性的差异。因此,欠税是一种事实状态。欠税是指纳税人超过法定或税务机关依法核定的纳税期限,没有缴纳或足额缴纳税款的事实状态。[②] 逃避追缴欠税罪侵犯的客体,与逃税罪、抗税罪一样,是国家的税收征管秩序;如果侵犯的不是国家的税收征管秩序,则不构成本罪;具体指的是侵犯了国家的税款征收制度中的欠税追缴制度;由于行为人故意违反税收法规,欠缴应纳税款,并采取转移或者隐匿财产的手段,致使税务机关无法追缴欠缴的税款。本罪的客体是复杂客体,它一方面侵害了国家的税收征管秩序,即违反了国家的税款征收制度中的欠税追缴制度;另一方面侵害了国家财产权即税款,使国家应收的税款无法入库,给国家财政收入造成损失。[③]

---

① 参见山东省寿光市人民法院刑事判决书,(2014)寿刑初字第122号。

② 参见周京英:《论逃避追缴欠税罪》,载《前沿》2008年第6期。

③ 参见周京英:《论逃避追缴欠税罪》,载《前沿》2008年第6期。

四、骗取出口退税罪

（一）理论基础

骗取出口退税罪的行为要件是假报出口或者其他欺骗手段，目的是骗取国家出口退税款，二者之间应有因果关系。出口退税，是指国家对出口货物予以退还或者免征国内生产、流通环节的增值税和消费税制度。出口退税包括两类情形：一是退还已缴纳的国内税款，即企业在商品报关出口时，退还其生产该商品已缴纳的国内税款；二是退还进口税，即出口产品企业用进口原料或半成品加工制成产品出口时，退还其已缴纳的原材料进口税。① 对该行为的定性有一种例外情形：行为人在缴纳税款后，若采取前款规定的欺骗方法骗取的出口退税款未超过其所缴纳的税款的，该行为则依法应被定性为逃税罪；而对于骗取的出口退税款中超过其所缴纳的税款的部分，则仍将以骗取出口退税罪定罪处罚。②

成立本罪有程度要件，包括“数额较大”“数额巨大或者有其他严重情节”“数额特别巨大或者有其他特别严重情节”等情形，具体规定于《刑法》第 204 条，其中该条第 2 款成立的是逃税罪，规定以假报出口或者其他欺骗手段，骗取国家出口退税款，数额较大的，处 5 年以下有期徒刑或者拘役，并处骗取税款 1 倍以上 5 倍以下罚金；数额巨大或者有其他严重情节的，处 5 年以上 10 年以下有期徒刑，并处骗取税款 1 倍以上 5 倍以下罚金；数额特别巨大或者有其他特别严重情节的，处 10 年以上有期徒刑或者无期徒刑，并处骗取税款 1 倍以上 5 倍以下罚金或者没收财产。纳税人缴纳税款后，采取前款规定的欺骗方法，骗取所缴纳的税款的，依照《刑法》第 201 条的规定定罪处罚；骗取税款超过所缴纳的税款部分，依照前款的规定处罚。

---

① 参见张明楷：《骗取出口退税罪的罪名成立条件分析》，载微信公众号“民主与法制周刊”2021 年 10 月 16 日。

② 参见王晓英：《关于骗取出口退税刑事案件的司法实务探析》，载《上海企业》2020 年第 9 期。

（二）辩护要点

1. 不符合骗取出口退税罪的主观、主体要件

本罪的主体是单位或自然人，主观过错形式是故意，其中，国家工作人员参与实施骗取出口退税犯罪活动的，依照《刑法》第204条第1款的规定从重处罚。为骗税分子提供报关单、外汇流水的，或被判处骗取出口退税罪。[①]

案例五十六：

广州德览贸易有限公司、徐某某骗取出口退税案[②]

2013年10月至2014年11月，被告单位广州德览贸易有限公司（以下简称德览公司）的法定代表人即被告人徐某某为牟取非法利益，伙同他人在没有实际货物交易的情况下，虚构德览公司与内蒙古自治区赤峰市金某服装加工有限公司（以下简称赤峰金某公司）、内蒙古自治区赤峰市兴兴绒毛服装加工有限公司（以下简称赤峰兴兴公司）、山东省乳山市超越服装有限公司（以下简称乳山超越公司）、河北省巨鹿县恒合绒毛制品厂（以下简称鹿县恒合厂）存在贸易关系，并以采购合同、送货单、资金支付等资料进行假报出口。同时，被告人徐某某操控德览公司接受上述四家公司或企业虚开的增值税专用发票共计930份，并提供虚假资料、持上述虚开的增值税专用发票中的900份向国家税务部门申报出口退税，被告单位德览公司、被告人徐某某按照出口金额每美元收取人民币0.03元至0.05元的手续费。经核计，被告人徐某某操控被告单位德览公司合计涉及骗取退税额人民币13,982,187.38元，其中已经退税人民币10,256,301.61元。

此案中，各被告视角的辩护要点可能包括以下几方面。

① 参见《为骗税分子提供报关单、外汇流水，被判处骗取出口退税罪》，载微信公众号“出口退税研究”2021年11月2日。

② 参见广东省广州市中级人民法院刑事判决书，（2016）粤01刑初472号。

被告单位德览公司的辩护要点是德览公司并没有故意利用虚开增值税专用发票骗取出口退税，具体包括林某 1 与德览公司之间是事实上的挂靠关系，因为是越秀区国税局的赵某 2 介绍的关系，出于对他的信任，才同意林某 1 挂靠德览公司，德览公司在资料的审查上都是正规合法的；海关在 2013 年出具的 4 份行政处罚通知书，德览公司作为报关单上的主体单位并没有收到这些通知单，也没有签收过，也没有人事后告知过德览公司，林某 1 等人对德览公司隐瞒了事实。

被告人徐某某的辩护要点是主观上没有骗取出口退税的故意，具体包括其没有途径可以知道出口业务是虚假的；申请出口退税时，其公司按规定采取了风险控制措施，通过海关网站核查了出口货物的真实性，密切关注国税局的复函信息，通过国税局的系统核实了退税发票的真实性等，事实上最终国税局都通过了核查，证明发票是有效的，出口货物是真实的，其公司无从得知林某 1 从事的是虚假出口业务；其不存在合谋的行为也不知情具体的出口操作详情。

法院最终认定，被告单位德览公司以及作为被告单位直接负责的主管人员被告人徐某某，利用德览公司作为进出口公司可以申请退税的资质，为他人提供挂靠服务，在不见客户、不见货物、不见外商的情况下，允许挂靠人自带客户、自带货源、自行报关从事出口业务，并持挂靠人提供的发票申请退税，显属违法违规行为。但本案并无证据证实被告单位德览公司主观上明知挂靠人具有骗取出口退税的故意，不能排除被告单位德览公司确系被挂靠人蒙蔽的合理怀疑。

本案可参考的核心辩护要点是“在没有充分证据证实被告单位主观上明知挂靠人具有骗取出口退税故意的情况下应依法认定被告单位无罪”。

2. 不符合骗取出口退税罪的客观要件

骗取出口退税罪的行为包括假报出口或者其他欺骗手段，其和骗取出口退税的目的之间应有因果关系。本罪侵犯的客体是国家出口退税的管理制度和国家财产所有权；其犯罪对象具体指的是国家对出口商品所退还的增值税和消费税等两项税种的税款。[①] 有学者认为，只要行为人通过欺骗手段，在不符合国家出口退税有关制度规定的情况下申报退税，并骗取出口退税款且数额较大的，均符合骗税罪犯罪构成的客观要件。[②]《骗取出口退税案件解释》第 1 条和第 2 条确认了两类行为的基本情况。该解释第 1 条规定，《刑法》第 204 条规定的“假报出口”，是指以虚构已税货物出口事实为目的，具有下列情形之一的行为：(1)伪造或者签订虚假的买卖合同；(2)以伪造、变造或者其他非法手段取得出口货物报关单、出口收汇核销单、出口货物专用缴款书等有关出口退税单据、凭证；(3)虚开、伪造、非法购买增值税专用发票或者其他可以用于出口退税的发票；(4)其他虚构已税货物出口事实的行为。该解释第 2 条规定，具有下列情形之一的，应当认定为《刑法》第 204 条规定的“其他欺骗手段”：(1)骗取出口货物退税资格的；(2)将未纳税或者免税货物作为已税货物出口的；(3)虽有货物出口，但虚构该出口货物的品名、数量、单价等要素，骗取未实际纳税部分出口退税款的；(4)以其他手段骗取出口退税款的。

本罪的成立要求当事人有骗取税款的目的，但如果未实际取得税款的情况下，仍成立此罪，具体可参考《骗取出口退税案件解释》第 7 条的规定，实施骗取国家出口退税行为，没有实际取得出口退税款的，可以比照既遂犯从轻或者减轻处罚。最高人民法院在“张某某虚开增值税专用发票案”中明确指出：不具有骗取国家税款的目的，未造成国家税款损失，其行为不构成虚开增值税专用发票罪。最高人民法院典型案例对当前虚开增值税专用发票刑事案件具有重要的影响，明确了“不以骗取国家税款为目的、未造成税款损失”的虚开行为目的犯。[③]

---

① 参见马泽红：《论骗取出口退税罪的认定及其处理》，载《辽宁警专学报》2005 年第 4 期。

② 参见聂早早、张伟：《骗取出口退税犯罪的手段及认定》，载《人民检察》2004 年第 8 期。

③ 参见陈沈峰：《骗取出口退税罪的辩护策略探讨|涉税争议系列(二十)》，载微信公众号“泽大律师”2020 年 7 月 7 日。

3. 不符合骗取出口退税罪的程度要件

骗取出口退税罪有三个递进的程度，分别是“数额较大”、“数额巨大或者有其他严重情节”和“数额特别巨大或者有其他特别严重情节”。针对数额部分，《骗取出口退税案件解释》确认了数额的具体标准。该解释第 3 条规定，骗取国家出口退税款 5 万元以上的，为《刑法》第 204 条规定的“数额较大”；骗取国家出口退税款 50 万元以上的，为《刑法》第 204 条规定的“数额巨大”；骗取国家出口退税款 250 万元以上的，为《刑法》第 204 条规定的“数额特别巨大”。

除数额外，骗取出口退税罪还规定有情节要件。《骗取出口退税案件解释》确认了不同情节的具体标准。该解释第 4 条规定，具有下列情形之一的，属于《刑法》第 204 条规定的“其他严重情节”：（1）造成国家税款损失 30 万元以上并且在第一审判决宣告前无法追回的；（2）因骗取国家出口退税行为受过行政处罚，两年内又骗取国家出口退税款数额在 30 万元以上的；（3）情节严重的其他情形。该解释第 5 条规定，具有下列情形之一的，属于《刑法》第 204 条规定的“其他特别严重情节”：（1）造成国家税款损失 150 万元以上并且在第一审判决宣告前无法追回的；（2）因骗取国家出口退税行为受过行政处罚，两年内又骗取国家出口退税款数额在 150 万元以上的；（3）情节特别严重的其他情形。

五、虚开增值税专用发票、用于骗取出口退税、抵扣税款发票罪

（一）理论基础

虚开增值税专用发票、用于骗取出口退税、抵扣税款发票罪和虚开发票罪的实质都是危害税收征管体系，虚开增值税专用发票、用于骗取出口退税、抵扣税款发票罪具体规定于《刑法》第 205 条，虚开增值税专用发票或者虚开用于骗取出口退税、抵扣税款的其他发票的，处 3 年以下有期徒刑或者拘役，并处 2 万元以上 20 万元以下罚金；虚开的税款数额较大或者有其他严重情节

的，处3年以上10年以下有期徒刑，并处5万元以上50万元以下罚金；虚开的税款数额巨大或者有其他特别严重情节的，处10年以上有期徒刑或者无期徒刑，并处5万元以上50万元以下罚金或者没收财产。单位犯本条规定之罪的，对单位判处罚金，并对其直接负责的主管人员和其他直接责任人员，处3年以下有期徒刑或者拘役；虚开的税款数额较大或者有其他严重情节的，处3年以上10年以下有期徒刑；虚开的税款数额巨大或者有其他特别严重情节的，处10年以上有期徒刑或者无期徒刑。虚开增值税专用发票或者虚开用于骗取出口退税、抵扣税款的其他发票，是指有为他人虚开、为自己虚开、让他人为自己虚开、介绍他人虚开行为之一的。

在虚开增值税专用发票、用于骗取出口退税、抵扣税款发票罪的判断中，较为重要的文件是《增值税专用发票犯罪决定》和《增值税专用发票犯罪解释》，前者是1995年出台的，后者是1996年出台的，因出台年份较早或和实际情况已有所不符，但这两个文件仍具有效力。

（二）辩护要点

1. 不符合虚开增值税专用发票、用于骗取出口退税、抵扣税款发票罪的主体、主观要件

虚开增值税专用发票、用于骗取出口退税、抵扣税款发票罪的主体包括单位和自然人，主观过错形式是故意，且要求当事人明知行为是出于骗取出口退税、抵扣税款的其他发票的目的。在《增值税专用发票犯罪决定》中确认单位犯罪的情形：单位犯本决定第1条、第2条、第3条、第4条、第5条、第6条、第7条第2款规定之罪的，对单位判处罚金，并对直接负责的主管人员和其他直接责任人员依照各该条的规定追究刑事责任。

在李某等虚开增值税发票案①中，二审法院认为，被告人李某为从事烟叶经营，通过被告人梁某某与广东省电白县土产公司达成合作协议，以电白县土

① 参见眉市山中级人民法院刑事判决书，(2001)眉刑终字第65号。

产公司复烤厂的名义将烟叶销售给眉山烟叶复烤厂，电白县土产公司复烤厂按销售的实际内容向眉山烟叶复烤厂开出了增值税专用发票，并向当地国税部门纳税。眉山烟叶复烤厂将烟叶转卖给潍坊物资公司和黔江烟叶调拨供应站，按销售的实际内容向潍坊物资公司和黔江烟叶调拨供应站开出增值税专用发票，并向当地国税部门纳税。潍坊物资公司和黔江烟叶调拨供应站收到烟叶，并据实付款。核心点在于，“三方进行了真实的货物交易，并按实际交易金额纳税，没有造成国家税收损失。李某持电白县土产公司盖章的介绍信、委托书、空白合同与眉山烟叶复烤厂联系烟草经营业务，其行为应认定为电白县土产公司的单位行为，行为后果应由电白县土产公司负责”，二被告人并未虚开增值税专用发票，其行为不构成虚开增值税专用发票罪。

2. 不符合虚开增值税专用发票、用于骗取出口退税、抵扣税款发票罪的客观要件

虚开增值税专用发票、用于骗取出口退税、抵扣税款发票罪的客观要件是虚开专用发票。虚开，是虚开增值税专用发票、用于骗取出口退税、抵扣税款发票犯罪的客观方面，也是认定该罪的关键。虚开是专指税收征管工作中发票开具时的一种违法、犯罪行为；虚开发票的本质特征是发票上填写的票面金额大于实际商品交易额或者经营额，一般包括两种情况：一是在根本没有商品交易或者根本没有提供劳务的情况下，凭空填发票票面的各项内容；二是在有商品交易或者提供了劳务、服务的情况下，开具的发票金额大于实际发生的商品交易额或者经营数额。[①] 在《增值税专用发票犯罪解释》中确认了几类虚开专用发票的情形：根据《增值税专用发票犯罪决定》第 1 条的规定，虚开增值税专用发票的，构成虚开增值税专用发票罪。具有下列行为之一的，属于“虚开增值税专用发票”：(1)没有货物购销或者没有提供或接受应税劳务而为他人、为自己、让他人为自己、介绍他人开具增值税专用发票；(2)有货物购销或

① 参见程启芬、赵琳琳：《虚开用于骗取出口退税、抵扣税款发票罪认定的有关问题》，载《北京人民警察学院学报》2006 年第 3 期。

者提供或接受了应税劳务但为他人、为自己、让他人为自己、介绍他人开具数量或者金额不实的增值税专用发票;(3)进行了实际经营活动,但让他人为自己代开增值税专用发票。

在《国家税务总局关于纳税人对外开具增值税专用发票有关问题的公告》中,国家税务总局指出几类或不构成对外虚开增值税专用发票的情形。纳税人通过虚增增值税进项税额偷逃税款,但对外开具增值税专用发票同时符合以下情形的,不属于对外虚开增值税专用发票:(1)纳税人向受票方纳税人销售了货物,或者提供了增值税应税劳务、应税服务;(2)纳税人向受票方纳税人收取了所销售货物、所提供应税劳务或者应税服务的款项,或者取得了索取销售款项的凭据;(3)纳税人按规定向受票方纳税人开具的增值税专用发票相关内容,与所销售货物、所提供应税劳务或者应税服务相符,且该增值税专用发票是纳税人合法取得、并以自己名义开具的。受票方纳税人取得的符合上述情形的增值税专用发票,可以作为增值税扣税凭证抵扣进项税额。

案例五十七:

陈某某虚开增值税专用发票、用于骗取出口退税、抵扣税款发案①

黑龙江省木兰县人民检察院指控,2012 年至 2014 年,被告人陈某某与其内弟韩某某共同经营煤炭生意,二人从小煤窑购买煤炭后销售,在此期间向吉林奇峰化纤股份有限公司销售过煤炭。因小煤窑未能提供发票,陈某某、韩某某也未能在税务机关取得销项发票,韩某某提议从林口县美峰煤炭经销有限责任公司的张某 1 处开增值税专用发票,约定每吨煤按照开具增值税专用发票价税合计的 80% 支付“税金钱”,按照发票记载的销售吨数,每吨煤给张某 1 5 元钱。后陈某某以林口县美峰煤炭经销有限责任公司的名义与吉林奇峰化

① 参见黑龙江省木兰县人民刑事判决书,(2018)黑 0127 刑初 99 号。

纤公司签订了煤炭购销合同。经审计:2013 年 6 月至 10 月,林口县美峰煤炭经销有限责任公司共计开具给吉林奇峰化纤股份有限公司增值税专用发票 161 份,开具的增值税专用发票税额共计人民币 22,436,132.37 元,金额共计人民币 131,977,249.13 元,价税合计金额人民币 151,413,381.50 元,已认证抵扣。

在这一案例中,被告的辩护要点是,被告人陈某某以林口县美峰煤炭经销有限责任公司的名义,向吉林奇峰化纤公司销售煤炭,属于税法规定的挂靠方式经营,林口县美峰煤炭经销有限责任公司开具增值税专用发票行为符合《国家税务总局关于纳税人对外开具增值税专用发票有关问题的公告》规定的条件系合法行为,陈某某当然不构成虚开增值税专用发票罪。

法院则针对“本案是否属于挂靠关系”和“挂靠经营中开具增值税专用发票的性质问题”两个争议焦点展开论述,从中可以看到法院的观点和可参考的辩护路径是:

《财政部、国家税务总局关于营业税改征增值税试点实施办法》(财税〔2016〕36 号)第 2 条规定,单位以承包、租赁、挂靠方式经营的,承包人、承租人、挂靠人(以下统称承包人)以发包人、出租人、被挂靠人(以下统称发包人)名义对外经营并由发包人承担相关法律责任的,以该发包人为纳税人。否则,以承包人为纳税人。该办法的政策解读中对挂靠经营进行了阐释,即“挂靠经营是指企业、合伙组织等与另一个经营主体达成依附协议,挂靠方通常以被挂靠方的名义对外从事经营活动,被挂靠方提供资质、技术、管理等方面的服务并定期向挂靠方收取一定的管理费的经营方式”。挂靠经营的主要特征有三个:一是借用行为;二是独立核算行为;三是临时性行为。因此,陈某某、韩某某与林口县美峰煤炭经销有限责任公司之间的关系符合挂靠经营的特征,应认定为挂靠关系。

《国家税务总局关于纳税人对外开具增值税专用发票有关问题的公告》(国家税务总局公告 2014 年第 39 号)及其解读中明确,挂靠方以挂靠形式向受票方实际销售货物，被挂靠方向受票方开具增值税专用发票的，不属于虚开。《最高人民法院研究室〈关于如何认定以“挂靠”有关公司名义实施经营活动并让有关公司为自己虚开增值税专用发票行为的性质〉征求意见的复函》（法研〔2015〕58 号）认为，挂靠方以挂靠形式向受票方实际销售货物，被挂靠方向受票方开具增值税专用发票的，不属于《刑法》第 205 条规定的“虚开增值税专用发票”。据此，以挂靠形式向受票方实际销售货物，被挂靠方向受票方开具增值税专用发票的，不应认定为虚开增值税专用发票犯罪，陈某某的行为不构成虚开增值税专用发票罪。最终法院认为，黑龙江省木兰县人民检察院指控被告人陈某某犯虚开增值税专用发票罪的证据未能达到确实充分的证明标准，公诉机关指控的罪名不成立。

3. 不符合虚开增值税专用发票、用于骗取出口退税、抵扣税款发票罪的程度要件

在《增值税专用发票犯罪解释》中确认了本罪相应的程度要件：

虚开税款数额 1 万元以上的或者虚开增值税专用发票致使国家税款被骗取 5000 元以上的，应当依法定罪处罚。虚开税款数额 10 万元以上的，属于“虚开的税款数额较大”；具有下列情形之一的，属于“有其他严重情节”：（1）因虚开增值税专用发票致使国家税款被骗取 5 万元以上的；（2）具有其他严重情节的。虚开税款数额 50 万元以上的，属于“虚开的税款数额巨大”；具有下列情形之一的，属于“有其他特别严重情节”：（1）因虚开增值税专用发票致使国家税款被骗取 30 万元以上的；（2）虚开的税款数额接近巨大并有其他严重情节的；（3）具有其他特别严重情节的。利用虚开的增值税专用发票实际抵扣税款或者骗取出口退税 100 万元以上的，属于“骗取国家税款数额特别巨大”；造成国家税款损失 50 万元以上并且在侦查终结前仍无法追回的，属于“给国家利益造成特别重大损失”。利用虚开的增值税专用发票骗取国家税款数额特别巨大、给国家利益造成特别重大损失，为“情节特别严重”的基本内容。虚开增值税专用发票犯罪分子与骗取税款犯罪分子均应当对虚开的税款数额和实际骗取的国家税款数额承担刑事责任。利用虚开的增值税专

用发票抵扣税款或者骗取出口退税的，应当依照《增值税专用发票犯罪决定》第 1 条的规定定罪处罚；以其他手段骗取国家税款的，仍应参考《全国人民代表大会常务委员会关于惩治偷税、抗税犯罪的补充规定》（已废止）的有关规定定罪处罚。

六、虚开发票罪

（一）理论基础

虚开发票罪和虚开增值税专用发票、用于骗取出口退税、抵扣税款发票罪两个罪名之间的关系是普通法条和特别法条的关系，在满足《刑法》第 205 条的情况下应成立虚开增值税专用发票、用于骗取出口退税、抵扣税款发票罪，但并不是不成立虚开发票罪。

如有学者认为，“虚开发票罪中的虚开行为可以参照虚开增值税专用发票罪中的规定，但让他人为自己虚开和介绍他人虚开只能在共犯的场合下进行认定，而不能作为虚开发票罪的实行行为单独认定。虚开发票罪中的发票应当是真实的发票，对于虚开伪造发票的行为可以非法出售伪造的发票罪等罪论处，对于以伪造的发票报销等行为所造成的税收安全问题可由逃税罪予以规制。进而，在实然层面将在空白发票上填写金额并据此获取返点的方式从非法出售发票罪的逻辑行为方式中剥离出来，由虚开发票罪进行规制是合理妥当的，但在真实的空白发票上对真实发生的业务进行“虚开”并出售的不构成虚开发票罪而应以非法出售发票罪论处。明知他人使用发票用于逃税、贪污、职务侵占等犯罪行为，或者与之共谋而虚开发票、非法出售发票、出售非法制造的发票的，应分别根据想象竞合从一重和数罪并罚进行处断”。[①]

虚开发票罪和非法出售发票罪的区分在于：第一，虚开发票罪的犯罪主体往往具有合法的发票申领资格，而非法出售发票罪的犯罪主体往往不具备这

---

① 参见赵拥军、孙万怀：《虚开发票罪的行为方式与对象相关问题探究》，载《河南师范大学学报（哲学社会科学版）》2021 年第 4 期。

一资格。第二,虚开发票罪的主观故意为明知无交易或交易不实而虚开,并不要求主观上要以谋利为目的。第三,虚开发票罪的行为方式有别于非法出售发票罪中的虚开环节,一是虚开发票罪中虚开的行为方式多于非法出售发票罪,囊括了非法出售发票罪中的虚开行为手段;二是虚开发票罪并非必然伴随金钱交易;三是两种行为侵犯的法益存在细微差别。①

有学者认为,关于虚开增值税专用发票罪中"虚开"的理解问题,已经基本达成共识,意见已经比较明确,主要有下列依据:一是《最高人民法院研究室〈关于如何认定以"挂靠"有关公司名义实施经营活动并让有关公司为自己虚开增值税专用发票行为的性质〉征求意见的复函》;二是《最高人民法院关于虚开增值税专用发票定罪量刑标准有关问题的通知》;三是最高人民法院关于张某某虚开增值税专用发票无罪案的裁判观点;四是国家税务总局关于纳税人对外开具增值税专用发票有关问题的公告;五是在人民法院报发表的《如何解读虚开增值税专用发票罪的"虚开"》《论"有货"型虚开增值税专用发票行为之定性》等文章。②

虚开发票罪具体规定于《刑法》第205条之一:虚开《刑法》第205条规定以外的其他发票,情节严重的,处2年以下有期徒刑、拘役或者管制,并处罚金;情节特别严重的,处2年以上7年以下有期徒刑,并处罚金。单位犯前款罪的,对单位判处罚金,并对其直接负责的主管人员和其他直接责任人员,依照前款的规定处罚。

(二)辩护要点

1.不符合虚开发票罪的主体、主观要件

虚开发票罪的主体是自然人或者单位,主观要件是故意。

---

① 参见杨圣坤、王珏:《虚开发票罪与非法出售发票罪的甄别》,载《人民司法》2013年第12期。

② 参见黄应生:《虚开发票罪中"虚开"的正确认定》,载微信公众号"刑辩书院"2021年9月21日。

案例五十八：

崔某某虚开用于抵扣税款发票案[①]

崔某某经营的运输车队，在山东某新型面料公司内部设立。2010 年起，崔某某每年与面料公司签订货物运输承揽合同，负责面料公司的货物运送。因与面料公司结算运费需运输发票，崔某某遂在当地地税局开具运输发票提供给面料公司，开票税率为 5.8%。后崔某某得知沂源某物流公司可以低于地税局的税率开具运输发票，遂于 2010 年 6 月至 2011 年 3 月，陆续在该公司开具票面金额共计为 1,608,270 元的运输发票，崔某某向该公司按 4.6% 税率交纳开票费。崔某某将这些运输发票交与面料公司用于结算运费，面料公司用上述发票抵扣了 112,578.9 元税款（按运费金额的 7% 扣除率计算进项税额抵扣）。面料公司与沂源某物流公司之间没有实际业务往来。2014 年 12 月 11 日，检察院以崔某某涉嫌犯虚开用于抵扣税款发票罪向人民法院提起公诉。

一审法院认为，崔某某在与沂源某物流公司无实际运输业务的情况下，多次让该公司为自己开具用于抵扣税款的运输发票，致使国家税款 11 万余元被非法抵扣，造成税款流失。虽进行了实际经营活动，但让他人为自己或他人虚开用于抵扣税款发票，其行为已构成虚开用于抵扣税款发票罪，应当追究刑事责任。

此案是山东省高级人民法院发布的服务保障新旧动能转换重大工程十大典型案例之一，此案经再审后改判无罪，法院认为，虚开用于抵扣税款发票是指以骗取抵扣税款为目的，并实施为他人虚开、为自己虚开、让他人为自己虚开、介绍他人虚开的行为。对虚开用于抵扣税款发票的理解和认定，应当适用

① 参见《崔某某虚开用于抵扣税款发票案——虚开发票抵税改判无罪山东的这个典型案例亮了》，载北大法宝网，http://www.pkulaw.cn/case/pfnl_c05aeed05a57db0a812801a7b6961a5fcab9e00bc74f2e96bdfb.html。

刑法的有关规定。根据刑法的具体规定，具有骗取抵扣税款的故意应当是认定此类犯罪的构罪要件之一。《最高人民法院研究室〈关于如何认定以“挂靠”有关公司名义实施经营活动并让有关公司为自己虚开增值税专用发票行为的性质〉征求意见的复函》进一步明确“行为人利用他人的名义从事经营活动，并以他人名义开具增值税专用发票的，即便行为人与该他人之间不存在挂靠关系，但如行为人进行了实际的经营活动，主观上并无骗取抵扣税款的故意，客观上也未造成国家增值税款损失的，不宜认定为刑法第二百零五条规定的‘虚开增值税专用发票’”。

核心的辩护要点是，没有证据证明崔某某有骗取抵扣税款或帮助他人骗取抵扣税款的故意，仅以崔某某找其他公司代开发票的行为不能认定其构成此类犯罪。至于检察机关认为崔某某到税率低的公司开具发票的行为可能造成税款流失的问题，该可能流失的税款并非指本案应涉及的抵扣税款，且该数额不大。

案例五十九：

安徽省宿州市崔某某虚开发票案①

被告人崔某某，系安徽省宿州市机械电子有限公司经理，因河南省云阳钢铁总厂等单位欠该公司增值税专用发票没有开具，其为了“平衡”公司账目于1999年年初找到山西省某焦化厂厂长李某某为其开具增值税专用发票。为此，崔某某和李某某签订了债权债务转让协议和“工矿产品购销合同”等手续，李某某向崔某某开具山西省增值税专用发票10张、合计价税款644万元、税款额93万余元（数额在崔某某实际经营额之内），该税款已在宿州市国税局申报抵扣。被告人崔某某以管理费名义按价款5%的比例给李某某汽车3

① 参见《安徽省宿州市崔某某虚开发票案》，载北大法宝网2023年8月11日，https://www.pkulaw.com/pfnl/a6bdb3332ec0adc45e39004d018a38982c92ee8596dbc731bdfb.html? keyword=%E8%99%9A%E5%BC%80%E5%8F%91%E7%A5%A8%E6%A1%88&way=listView。

台。本案公诉机关指控崔某某犯虚开增值税专用发票罪。一审宿州市甬桥区人民法院判决,崔某某犯虚开增值税专用发票罪,判处有期徒刑 7 年。

此案中,辩护可参考的观点是:(1)崔某某出于平衡账目的目的。(2)本罪的构成要件规定,主观方面应为直接故意,即行为人不但明知自己在虚开增值税专用发票,而且还明知这种虚开行为可能导致国家税款的减少、流失;同时,行为人一般都具有获取非法经济利益,骗取抵扣税款的目的。此案中,崔某某主观上不具有通过虚开增值税专用发票骗取国家税款的直接故意,从崔某某多次供述及其他证据来看,云阳钢铁等多家单位确实存在拖欠崔某某所在公司增值税专用发票的情况,而且这些单位所欠税额远远超过已开具并抵扣的税款。另外从 1999 年 4 月至案发 3 年的时间内,崔某某所在公司没有让云阳钢铁等单位为其再开具增值税专用发票。因此,崔某某不具备骗取国家税款的故意,不构成虚开增值税专用发票罪,二审安徽省宿州市中级人民法院判决崔某某无罪。

2. 不符合虚开发票罪的客观要件

有学者通过中国裁判文书网进行检索,发现虽然多个案件的辩护律师都提出为他人虚开、介绍他人虚开不应当认定为虚开发票,但相关辩护意见均未被采纳:其中,李某 1、李某 2 虚开发票二审刑事裁定书[①]中直接写道:“经查,《刑法》第 205 条对虚开的行为做出了具体的定义,二上诉人让他人为自己虚开发票的行为符合法律规定的‘虚开行为’,故二上诉人的行为构成虚开发票罪。二上诉人及辩护人的该意见不能成立。本院不予采纳。”任某某虚开增值税专用发票、用于骗取出口退税、抵扣税款发票罪,虚开发票罪二审刑事裁定书[②]认为,根据刑法规定,介绍行为属于刑法所明确规定的虚开增值税专用发票及普通发票犯罪的四种实行行为之一,也即介绍虚开行为依法不再是共同犯罪中的帮助行为,应当直接独立定罪。

① 参见安徽省合肥市中级人民法院刑事判决书,(2018)皖 01 刑终 710 号。

② 参见安徽省马鞍山市中级人民法院刑事判决书,(2015)马刑终字第 00051 号。

虚开发票罪的客观要件即虚开除《刑法》第205条规定以外的其他发票，可以参考《增值税专用发票犯罪解释》的规定，没有货物购销或者没有提供或接受应税劳务而为他人、为自己、让他人为自己、介绍他人开具发票等情形属于虚开发票罪。

3. 不符合虚开发票罪的程度要件

虚开发票行为是否产生侵害法益的危险性，应当以一般人所可能认识的事实以及行为人所特别认识到的事实作为基础，从行为时一般人的立场出发进行判断；此外，应当以结果未发生的偶然性作为具体危险存在与否的基础性条件，判断虚开行为对法益侵害的危险性程度。①

虚开发票罪的立案标准可见《立案追诉标准（二）》第57条，该条规定："虚开刑法第二百零五条规定以外的其他发票，涉嫌下列情形之一的，应予立案追诉：（一）虚开发票金额累计在五十万元以上的；（二）虚开发票一百份以上且票面金额在三十万元以上的；（三）五年内因虚开发票受过刑事处罚或者二次以上行政处罚，又虚开发票，数额达到第一、第二项标准百分之六十以上的。"

第五节　黑社会性质的组织风险及其辩护逻辑

一、理论基础

矿业刑事案件中涉及组织、领导、参加黑社会性质组织罪的情况并非个案，笔者在辩护工作中也遇到过涉矿业的相关案件。在笔者代理的肖某涉嫌组织、领导黑社会性质组织罪，盗窃罪，非法采矿罪，行贿罪案中，涉及了黑社会性质组织犯罪问题。

① 参见谭堃：《论虚开发票罪中"情节严重"的具体危险构造及其判断》，载《政治与法律》2021年第6期。

一审判决认定,本案的黑社会性质组织“以旺广土石方公司、八仙矿为掩护,在正常生产经营的同时,还持续实施违法犯罪活动。组织内的人员地位与其在企业的管理层级相对应”。肖某1、肖某为组织、领导者,以王某、肖某2、王某某、刘某、夏某某、伊某某等具有利益依附关系的亲属、乡邻为骨干,肖某1对整个组织的发展、运行、活动起着“决策、指挥、协调作用”,肖某对整个组织的发展、运行、活动起着“推动、促进作用”。但被告人设立的企业及企业人员之间的层级关系是以企业生产经营和个人工作能力为基础的企业管理关系,而非黑社会性质组织的上下级控制关系,相关人员都是自愿加入被告人的家族企业,员工有明确的岗位职责,按照工作时间上下班,完成工作,并基于公司的规章制度对上级负责,对下属进行管理,共同完成公司的经营目标。在工资方面,相关人员的工资也经历了由少到多逐步提高的过程符合劳动法的规定。肖家企业工资也并未超过煤矿企业的一般标准,与国有无烟煤分公司等并无明显不同。

被告人等人制定的企业及人员管理模式与规章规约也属于正常的企业经营范畴,并非以违法犯罪为目的。案件中有被告人等人给员工发放福利的情节,实则是被告人等人作为企业领导,注重员工福利,采用企业与员工合作共赢的生产经营模式,而并非出于笼络和控制组织成员的目的。将涉案企业正常经营获取利益和支配资产的方式认定为黑社会性质组织的“经济特征”属于定性错误。

黑社会性质组织的经济特征是指有组织地通过违法犯罪活动或者其他手段获取经济利益,具有一定的经济实力,以支持该组织的活动,或者所获经济利益用于违法犯罪活动或者维系犯罪组织的生存、发展。而被告人等人实际控制公司的主要经济收入是通过投标程序等合法方式承揽宁煤基建的剥离工程、环境治理工程等并根据企业生产经营需要进行相关支出。这与黑社会性质组织有组织地攫取经济利益并有组织地将经济利益用于自我发展有本质区别。其企业收入的分配去向也是正常的,符合家族企业管理模式,不具有为维系黑社会性质组织存续及实施违法犯罪的情形。

在“行为特征”方面，被告人等人个人的违法犯罪行为，不应该作为黑社会性质组织“行为特征”的认定依据。根据《最高人民法院、最高人民检察院、公安部、司法部关于办理黑恶势力犯罪案件若干问题的指导意见》第 9 条的规定：“黑社会性质组织实施的违法犯罪活动包括非暴力性的违法犯罪活动，但暴力或以暴力相威胁始终是黑社会性质组织实施违法犯罪活动的基本手段，并随时可能付诸实施……”暴力性是黑社会性质组织犯罪的基本特征，暴力或以暴力相威胁始终是黑社会性质组织实施违法犯罪活动的基本手段；而组织性是黑社会性质组织犯罪的重要特征。若行为与维护和扩大组织势力、实力、影响、经济基础无任何关联，亦不是按照组织管理、纪律、活动规约而实施，则应作为组织成员个人的违法犯罪活动处理。

二、辩护要点

根据《刑法》第 294 条第 5 款以及 2018 年《最高人民法院、最高人民检察院、公安部、司法部关于办理黑恶势力犯罪案件若干问题的指导意见》等法律规定，黑社会性质组织应同时具备“组织特征”、“经济特征”、“行为特征”和“危害性特征”。在办案中，笔者就是围绕上述案件要点进行辩护工作的。

在以上各方面的辩护过程中，都需要考虑在案证据是否充分，然后对各个特征予以否定，这些排除在案证据的方式在各种类型的案件辩护中也是共通的。

第五章　矿业刑事合规风险及辩护逻辑

一、矿业刑事案件的辩护之道

与“矿”有关的刑事案件按照不同的标准可以进行不同的分类。矿产资源行业需要直接进行生产经营，在直接生产经营过程中又要与社会产生其他联系，根据与矿业生产经营是否产生直接联系，本书将与矿业有关的罪名分为两类：与矿业生产经营直接相关的罪名和与矿业生产经营间接相关的罪名。前者罪名包括：非法采矿罪，破坏性采矿罪，非法占用农用地罪，重大责任事故罪，强令、组织他人违章冒险作业罪，危险作业罪，非法制造、买卖、运输、邮寄、储存爆炸物罪，污染环境罪，逃税罪，抗税罪，逃避追缴欠税罪，骗取出口退税罪，虚开增值税专用发票、用于骗取出口退税、抵扣税款发票罪，虚开发票罪等。其中，前八个罪名涉及矿业生产，后八个罪名涉及矿业经营。

根据矿产行业合规领域的不同，可以分为矿业权取得过程中的合规，矿业开发过程中的合规，矿业用地合规，矿业安全合规，矿业环保合规，矿业税务合规。矿业权取得过程中的合规相关罪名包括串通投标罪，提供虚假证明文件罪，出具证明文件重大失实罪，贪污罪，受贿罪，行贿罪，对单位行贿罪，介绍贿赂罪，单位行贿罪。矿业开发过程中的合规相关罪名包括非法采矿罪和破坏性采矿罪。矿业用地合规相关罪名包括非法占用农用地罪。矿业安全合规相关罪名包括重大责任事故罪，强令、组织他人违章冒险作业罪，危险作业罪，非法制造、买卖、运输、邮寄、储存爆炸物罪。环保合规相关罪名包括污染环境罪。税务合规相关罪名包括逃税罪，逃避追缴欠税罪，抗税罪，骗取出口退税罪，虚开增值税专用发票、用于骗取出口退税、抵扣税款发票罪，虚开发票罪。

在第一种分类中，与矿业生产经营间接相关的罪名种类繁多，本书仅作列举,并挑选较为典型和普遍的罪名进行简要介绍,着重根据实践中的案例介绍其辩护要点。对应按合规领域划分的罪名,矿业开发合规、矿业用地合规、安全合规、环保合规,是最具有矿业特色的合规领域,所涉及的也是最典型的矿业相关罪名。

(一)矿业权取得过程中犯罪的辩护逻辑

我国《矿产资源法》明确规定了矿产资源属于国家所有,矿业权通常有偿取得,具体的取得方式是由自然资源局公开挂牌出售。在这一过程中,有可能涉及串通投标罪、提供虚假证明文件罪、出具证明文件重大失实罪、贪污罪、受贿罪、行贿罪、对单位行贿罪、介绍贿赂罪、单位行贿罪等刑事法律风险,这些罪名即便不是在矿业生产经营中也会遇到,无论哪种罪名,在进行辩护时,都需要结合案情然后从构成要件方面去考虑。

例如,串通投标罪,客观上要求具备投标人相互串通报价损害招标人或者其他投标人利益,情节严重,或者投标人与招标人串通投标,损害国家、集体、公民的合法利益的行为。不符合此客观要件不构成此罪,如行为人并没有和其他公司暗中商定抬高价格或者压低投标报价的行为,即互相串通这一环节,可以结合行为人的主观方面和证据进行辩护。在公诉方需要举证证明行为人存在与他人串通的行为的前提下,是否存在串通的故意,某些交流行为是否属于"串通",就都可以成为对被告人有利的辩护方向。又如,串通投标罪中情节严重的认定,在《立案追诉标准(二)》第68条中进行了规定:"投标人相互串通投标报价,或者投标人与招标人串通投标,涉嫌下列情形之一的,应予立案追诉:(一)损害招标人、投标人或者国家、集体、公民的合法利益,造成直接经济损失数额在五十万元以上的;(二)违法所得数额在二十万元以上的;(三)中标项目金额在四百万元以上的;(四)采取威胁、欺骗或者贿赂等非法手段的;(五)虽未达到上述数额标准,但二年内因串通投标受过二次以上行政处罚,又串通投标的;(六)其他情节严重的情形。"这一条是对串通投标罪"情节严重"的定量要素的解释,司法实践中准确认定串通投标罪的成立必须正确理解《刑法》第223条规定的串通投标罪和《立案追诉标准(二)》之间的关系,《立案追诉标准(二)》只是规定了串通投标罪的定量因素,未涉及定性因素。定量要素是以定性要素为前提和基础的,成立串通投标罪,要先满足“串通投标”和“损害他人合法利益”两个定性要素,然后再满足“情节严重”的定量要素,在刑事辩护中也需要采此思路。

提供虚假证明文件罪则要求实施了提供虚假证明文件的行为,其中比较重要的是对“虚假”的认定,“虚假”包括“法律上的虚假”和“行业上的虚假”,违背行业规范的证明文件并不一定违背实质的真实,在实践中应以“法律上的真实”为主要判断标准,辅之以行业标准,这一点在本书对提供虚假文件证明罪的介绍中进行了分析。

关于贪污罪,其案例和无罪判例本身内容较多,其原因之一在于贪污罪的构成较为复杂,认定起来难度较大。笔者所编的《贪污贿赂罪无罪判例规则与辩护攻略》一书中详细介绍了贪污贿赂罪的辩护要点和辩护策略,本书仅做简要概括,不再对贪污罪、受贿罪、行贿罪、对单位行贿罪、介绍贿赂罪进行详细介绍。

(二)矿业权开发过程中犯罪的辩护逻辑

矿业权开发过程中的犯罪是本书要介绍的核心内容,也就是非法采矿罪和破坏性采矿罪。据最高人民检察院统计,2022年第一季度,全国检察机关共起诉非法采矿、破坏性采矿犯罪1556人。同时指出,这一类犯罪呈现五方面特点:第一,地域特征明显,涉及矿产种类多。犯罪地点主要集中在山东、河北、广东、河南、福建、湖北、安徽、江西、江苏等矿产资源大省,9个省份办案量合计占全国的58.4%。涉及的矿产资源种类包括砂石、煤炭、矿石、石墨、稀土、泥炭土等。第二,暴利驱使下,非法盗采屡禁不止。第三,犯罪手段多样,非法盗采隐蔽性更强。有的是未获取相关部门审批,未取得采矿许可证,擅自开采。有的虽然取得许可证,但超范围开采。有的通过边开采边修复的方式,隐藏开采现场。第四,破坏生态环境,甚至引发安全事故。由非法采矿和破坏性采矿引发的安全事故也是律师在辩护工作中会遇到的重要案件类型,笔者会在安全合规风险中进行介绍。第五,犯罪形态规模化,常与黑恶势力交织。同时,在非法采矿罪和破坏性采矿罪中,可以切入的辩护要点与上述特征也会有所关联。

1. 非法采矿罪

根据《刑法》第343条第1款以及《办理非法采矿、破坏性采矿案件解释》第2条的规定,非法采矿罪的行为类型主要包括三种:第一,未取得采矿许可证擅自采矿,情节严重的行为。具体包括无采矿许可证开采矿产资源的;采矿许可证被依法暂扣期间,或者被注销、吊销后继续开采矿产资源的;超越采矿许可证规定的矿区范围开采的;未按采矿许可证规定的矿种(共生、伴生矿种除外)开采矿产资源的以及其他未取得采矿许可证开采矿产资源的情形。第二,擅自进入国家规划矿区、对国民经济具有重要价值的矿区和他人矿区范围采矿,情节严重的行为。第三,擅自开采国家规定实行保护性开采的特定矿种(如石油、天然气等),情节严重的行为。

非法采矿罪中,第一,其行为要具有行政违法性,只要是对矿产资源的开发、利用、保护和管理作出规定的法律、行政法规,都属于非法采矿罪的"行政违法性"依据。但是效力低于法律、行政法规的地方性法规、部门规章、政府规章甚至司法解释,都不应该作为"行政违法性"的认定依据。第二,行为还需具有违法可罚性,只有法律明确规定采取刑事处罚的行政违法行为,才构成犯罪。第三,行为需有行政处罚前置。律师可以从有关部门是否对非法采矿行为作出行政处罚且当事人拒不停止的具体情形入手组织辩护。行政违法与刑事犯罪之间应该有清晰的界限,不能"不教而诛"。第四,行为需具有被禁止性。只要没有被明确列入禁止性行为,就不应该被认定构成犯罪,而只能属于行政违法。第五,当事人需具有主观明知性。任何故意犯罪,律师都可以通过否定当事人的主观明知来否定其构成犯罪。第六,考虑犯罪情节。下文提到了关于"情节严重"的认定。

对行为的认定关系到实践中的辩护要点,尤其是法律规定中各种行为类型的细节。例如,行为类型中多次出现的"情节严重",因为犯罪是主客观相统一的概念，所以应当综合判断是否情节严重，再决定是否追究犯罪。对“情节严重”的理解适用，《办理非法采矿、破坏性采矿案件解释》第3条有具体规定，具体司法实践中对于“情节严重”的认定通常结合行为人造成的矿产资源价值损害数额、通过非法开采行为的获利数额以及其他具体情节进行认定。

2. 破坏性采矿罪

破坏性采矿罪和非法采矿罪为同一客体，其客观方面则争议主要在三个方面：第一，“矿产资源法”的具体范围；第二，“破坏性的开采方法”的认定；第三，“矿产资源严重破坏”的认定。

其中第二点，“破坏性开采方法”的认定，指违反合理的开采顺序、开采方法和选矿工艺的开采方法。行为人需违反地质矿产主管部门审查批准的矿产资源开发利用方案开采矿产资源，并造成矿产资源严重破坏。这一点在实务工作中尤其重要，如果行为人违背了所批准采用的开采方法，擅自使用其他违反规定的破坏性的开采方法的，需要根据实际情况确定行为是否构成犯罪。违法采用了开采方法，也不一定需要立案追诉。《立案追诉标准（一）》第69条第1款规定，“违反矿产资源法的规定，采取破坏性的开采方法开采矿产资源，造成矿产资源严重破坏，价值在三十万至五十万元以上的，应予立案追诉”。立案追诉标准也并非定案标准，《办理非法采矿、破坏性采矿案件解释》第6条规定了“矿产资源严重破坏”的认定标准。此外，相关案件可以不起诉或者免予刑事处罚，《办理非法采矿、破坏性采矿案件解释》第10条规定，“实施非法采矿犯罪，不属于‘情节特别严重’，或者实施破坏性采矿犯罪，行为人系初犯，全部退赃退赔，积极修复环境，并确有悔改表现的，可以认定为犯罪情节轻微，不起诉或者免予刑事处罚”。

二、其他矿业刑事合规风险及辩护之道

（一）用地合规风险及其辩护之道

用地合规风险中最典型的就是非法占用农用地罪。非法占用农用地罪的

犯罪对象,即“农用地”,在实务中的界定对辩护工作十分重要。推翻控诉方关于土地是农用地的论点,既可以从案件事实入手,也可以从证据入手。在笔者代理的宁夏泰华大石头煤业有限公司被控非法占用农用地案中,关于涉案土地的属性是林地还是建设用地,在案证据就存在矛盾,导致案件事实存在合理怀疑。首先,案件中公诉机关没有出示涉案土地的土地规划;其次,宁夏回族自治区政府相关文件和林权证显示在起诉书指控期间,涉案土地是一般林地;再次,宁夏回族自治区林业规划却显示起诉书指控期限是建设用地;最后,从历年的遥感测试数据和卫星影像数据来看,涉案土地实际利用情况一直是工矿用地,早已不具备自然植被的生长条件,不宜将其属性定义为林地。可见,涉案土地的性质如何,应当结合多种证据,证据之间需要达到相互印证,否则就会因为互相冲突导致案件事实无法确定,行为性质也就无法确定。

构成非法占用农用地罪,涉案行为需具有刑事违法性。在宁夏泰华大石头煤业有限公司被控非法占用农用地案中,起诉书指控的“排渣排险、修路施工”行为是根据安监、煤监等行政机关的限期整改指令而进行的排险整改施工行为,而非故意非法占用农用地,而且从刑法的义务冲突理论上看,本案的占地排险整改施工行为不具有刑事违法性。因为从在案书证可以看到,有关安监、煤监等行政机关要求限期整改的系列文书表明,起诉书指控的“排渣排险、修路施工”行为,是大石头煤业公司根据安监、煤监等行政机关的多次限期整改指令,所进行的排险、整改施工行为,并非生产行为,而且上述限期整改指令具有紧迫性。结合被告人的主观方面来看,被诉行为的目的也是实现限期整改,而非非法占用农用地。结合刑法的义务冲突理论,“两害相权取其轻”,如果有两个互相冲突的法律义务必须履行,而行为人为保护更大的法益选择履行其中一个义务,那么“法律不强人所难”,其行为就会产生违法阻却性的效应,即不具有刑事违法性。

在因果关系要件上,涉案行为与土地的毁损之间需要具有因果关系,但是本案起诉书指控的“排渣排险、修路施工”行为与土地毁损之间不具有刑法意义上的直接因果关系,涉案土地受到严重毁坏的直接原因,是案发之前几十年的合法露天开采和煤炭自燃所致，而非被控的排险、整改施工行为造成的，这一点也有相关类似无罪判例予以佐证，如王某某、李某某非法占用农用地案。

从上述笔者承办的案件中可以看到，非法占用农用地罪的辩护，既需要从行为上寻找不符合构成要件的辩护要点，也需要印证主观方面，对应因果关系，这一过程就可以通过对证据的排除加以实现。关于如何排除证据，切断证据链条，下文会进行介绍。

（二）安全合规风险及其辩护之道

安全合规风险可能涉及的罪名有重大责任事故罪，强令、组织他人违章冒险作业罪，危险作业罪，非法制造、买卖、运输、邮寄、储存爆炸物罪，也是本书要介绍的核心内容。

1. 重大责任事故罪

重大责任事故罪，是指在生产、作业中违反有关安全管理的规定，因而发生重大伤亡事故或者造成其他严重后果的行为。本案的犯罪主体包括对生产、作业负有组织、指挥或者管理职责的负责人、管理人员、实际控制人、投资人等人员，以及直接从事生产、作业的人员。但是对于非直接从事生产、作业的人员，判断是否能成立重大责任事故罪，就要看其是否对生产、作业负有组织、指挥、管理职责。

在笔者代理的邱某某被控重大责任事故罪、非法采矿罪中，邱某某是宝马煤炭物资的股东、董事长，其职责是对宝马煤炭物资的整体发展把握方向，并对涉及公司发展的重大事项进行决策，具体工作内容是负责宝马煤炭物资的投融资。宝马物资公司与实际进行矿业活动的宝马煤矿是两个完全独立的法律主体，前者是后者的母公司，子公司作为下属企业始终采取“自负盈亏、独立经营、独立核算”的管理方式，采用“职业经理人”的管理模式，由具有专业资格的人任职重要职能岗位，由矿长、总工程师及各个职能部门的副矿长组成领导团队，全面负责整个公司的具体生产经营管理工作。这都说明了邱某某并非公司法意义上宝马矿业公司的“实际控制人”，更不是刑法意义上的“实际控制人”。尽管邱某某具有参与宝马矿业购买液压支架的行为,但这属于履行其重大资金调配的决定权,支架的规格、参数、质量等专业问题仍然由矿长、技术人员负责,因此不应当属于介入下级公司日常经营管理。

在其他类似案件的辩护工作中,即便没有非直接从事生产、作业的人员这一情况,也可以从相关行为的属性,所造成损害结果的程度是否达到“重大伤亡事故”和“造成其他严重后果”,行为与重大责任事故的发生是否具有直接的因果关系,以及在案证据是否能够相互印证,能否排除合理怀疑等方面来切入。在笔者代理的肖某1、肖某2涉嫌非法买卖爆炸物罪、重大责任事故罪中,在重大责任事故罪部分,被告人将“未经设计”的矿洞承包出去的行为与案件中冒顶事故的发生就不具有刑法上的因果关系,该案冒顶事故的发生直接原因是自然原因,间接原因是工作人员操作失误,矿洞本身也是旧矿洞,设计并不是先决条件。

2. 强令、组织他人违章冒险作业罪

强令、组织他人违章冒险作业罪是指强令他人违章冒险作业,或者明知存在重大事故隐患而不排除,仍冒险组织作业,因而发生重大伤亡事故或者造成其他严重后果的行为。该罪的主体包括对生产、作业负有组织、指挥或者管理职责的负责人、管理人员、实际控制人、投资人等人员。但其中的“强令”不仅包括利用职权或者地位指使他人的行为,也包括其他逼迫他人的行为,只要达到逼迫的程度,则后者并不要求主体一定具有相应的职责。

本罪的主观方面是过失,即行为人虽然已经预见到重大事故隐患发生侵害结果的危险,但轻信能够避免结果发生。如果在安全事故发生后,主观上故意阻挠抢救或者隐瞒真相,有可能会构成故意杀人罪或者故意伤害罪。这要求行为人对重大事故的隐患是知道的,可能表现为已经收到相关单位及人员的通知、报告,或者根据工作职责、工作经验应当预见到存在重大事故隐患,如果行为人对重大事故隐患确实不知情,就不成立本罪。而所谓的“重大事故隐患”,具有相应的标准,应当按照法律、行政法规或者安全生产监督管理部门发布的有关国家、行业标准来确定,如《中共中央、国务院关于推进安全生产领域改革发展的意见》《煤矿重大生产安全事故隐患判定标准》等。

在辩护过程中，本罪的行为结果会直接影响罪名成立，即要求发生重大伤亡事故或者造成其他严重后果：(1)造成死亡 1 人以上，或者重伤 3 人以上的；(2)造成直接经济损失 100 万元以上的；(3)其他造成严重后果或者重大安全事故的情形。如果行为不符合上述严重后果，就不构成本罪。

3. 危险作业罪

危险作业罪规定在《刑法》第 134 条之一中，该条规定，“在生产、作业中违反有关安全管理的规定，有下列情形之一，具有发生重大伤亡事故或者其他严重后果的现实危险的，处一年以下有期徒刑、拘役或者管制：(一)关闭、破坏直接关系生产安全的监控、报警、防护、救生设备、设施，或者篡改、隐瞒、销毁其相关数据、信息的；(二)因存在重大事故隐患被依法责令停产停业、停止施工、停止使用有关设备、设施、场所或者立即采取排除危险的整改措施，而拒不执行的；(三)涉及安全生产的事项未经依法批准或者许可，擅自从事矿山开采、金属冶炼、建筑施工，以及危险物品生产、经营、储存等高度危险的生产作业活动的”。本罪属于危险犯，在确认“危险作业罪”时，定义“有关安全管理的规定”是最重要的，但是何为有关安全管理规定，是可以进行解释的。《危害生产安全刑事案件意见》中规定，认定是否违反有关安全管理规定，应当根据相关法律、行政法规，参照地方性法规、规章及国家标准、行业标准，必要时可参考公认的惯例和生产经营单位制定的安全生产规章制度、操作规程，即指向的是安全管理规定并非仅指向法律法规，惯例和达到一定标准的安全生产规章制度同样被收纳在这个概念之中。

4. 非法制造、买卖、运输、邮寄、储存爆炸物罪

本罪的客观要件为违反国家有关爆炸物的管理法规而制造、买卖、运输、邮寄、储存爆炸物的行为，其中的每一类行为都需要作出准确定义。例如，《枪支、弹药、爆炸物解释》中规定，“非法存储”是指明知他人非法制造、买卖、运输、邮寄的枪支、弹药而为其存放的行为，或者非法存放爆炸物的行为。关于本罪的程度要件，《枪支、弹药、爆炸物解释》中详细规定了数量标准，以及

不同程度的划分标准。

在不构成本罪的行为中，有一项特殊规定，即《枪支、弹药、爆炸物解释》第9条规定，因筑路、建房、打井、整修宅基地和土地等正常生产、生活需要，以及因从事合法的生产经营活动而非法制造、买卖、运输、邮寄、储存爆炸物，数量达到本解释第1条规定标准，没有造成严重社会危害，并确有悔改表现的，可依法从轻处罚；情节轻微的，可以免除处罚。具有前款情形，数量虽达到本解释第2条规定标准的，也可以不认为《刑法》第125条第1款规定的"情节严重"。但是在公共场所、居民区等人员集中区域非法制造、买卖、运输、邮寄、储存爆炸物，或者因非法制造、买卖、运输、邮寄、储存爆炸物3年内受到2次以上行政处罚又实施上述行为，数量达到本解释规定标准的，不适用前两款量刑的规定。这无疑为辩护律师提供了一种可行的思路。

（三）环保合规风险及辩护之道

环保合规中主要涉及的罪名是污染环境罪。污染环境罪的犯罪主体包括自然人和单位，将自然人犯罪辩护成单位犯罪不失为一种有效的辩护方式，一般情况可以根据单位意志和利益归属来判断是否为单位犯罪。污染环境罪本身涉及的范围很大，并不仅仅发生在矿业相关案件中。

本罪的主观方面为故意，对危害后果持放任的态度，这需要结合嫌疑人、被告人的任职情况、职业经历、专业背景、资金流向等证据进行综合分析。最高人民法院、最高人民检察院、公安部、司法部、生态环境部印发的《关于办理环境污染刑事案件有关问题座谈会纪要》的通知中也规定了八种认定嫌疑人、被告人存在主观故意的情形：第一，企业没有依法通过环境影响评价，或者未依法取得排污许可证，排放污染物，或者已经通过环境影响评价并且防止污染设施验收合格后，擅自更改工艺流程、原辅材料，导致产生新的污染物质的；第二，不使用验收合格的防治污染设施或者不按规范要求使用的；第三，防治污染设施发生故障，发现后不及时排除，继续生产放任污染物排放的；第四，生态环境部门责令限制生产、停产整治或者予以行政处罚后，继续生产放任污染物排放的;第五,将危险废物委托第三方处置,没有尽到查验经营许可的义务,或者委托处置费用明显低于市场价格或者处置成本的;第六,通过暗管、渗井、渗坑、裂隙、溶洞、灌注等逃避监管的方式排放污染物的;第七,通过篡改、伪造检测数据的方式排放污染物的;第八,其他足以认定的情形。为证明上述情形,公诉方的证据必须达到确实充分的标准,才能以上述情形印证被告人的主观状态。值得注意的是,本罪还有合规出罪的辩护路径。

(四)税务合规风险及辩护之道

税务合规风险也并非矿业相关的典型风险,其存在于社会的各行各业。其中涉及逃税罪、抗税罪、逃避追缴欠税罪、虚开发票罪等。在矿产资源行业也有一些特定的税费,包括了针对矿业企业征收的特定税费和针对一般企业普遍征收的税费。其中针对矿业企业征收的特定税费受《矿产资源权益金制度改革方案》调整,其将针对矿业企业征收的特定税费进行了统一的规划与调整,在矿业权的出让环节,将探矿权采矿权价款调整为矿业权出让收益;在矿业权占有环节,将探矿权采矿权使用费整合为矿业权占用费;在矿产开采环节,组织实施资源税改革,将矿产资源补偿费并入资源税;在矿山环境治理恢复环节,将矿山环境治理恢复保证金调整为矿山环境治理恢复基金。[①] 涉及刑事领域,在矿产资源购销业务中可能会存在逃税风险,虚开风险,在矿产资源运输、矿产资源企业股权转让交易等过程中都可能存在逃税风险。在进行辩护工作时,首先,应注意矿产资源相关企业的逃税罪应存在前置行政处罚程序,对于未经行政处罚程序而被公安机关直接追究刑事责任的,可以充分进行抗辩。其次,认定偷税应当以"主观故意"为要件,如果是因为法律规定不明确或者政策变动导致的偷税情况也可以成为辩护要点。最后,对于有真实交易的虚开案件,应当以超出实际交易的部分认定虚开数额。

---

① 参见冯宇、赵俊等:《矿产资源税费(金)制度》,载北大法宝 2022 年 7 月 14 日,https://www.pkulaw.com/lawfirmarticles/6df51797463ab2f7d6947702ce61de51bdfb.html。

（五）黑社会性质组织风险及辩护之道

组织领导黑社会性质组织犯罪虽然并非矿业刑事案件的典型犯罪，但在矿业相关案件中也会遇到。根据《刑法》第 294 条第 5 款及 2018 年《最高人民法院、最高人民检察院、公安部、司法部关于办理黑恶势力犯罪案件若干问题的指导意见》等法律规定，黑社会性质组织应同时具备“组织特征”、“经济特征”、“行为特征”和“危害性特征”，进行辩护时可以从这四个方面入手。

例如，在“组织特征”方面，可以从成员人数是否达到 10 人以上、是否依托组织平台、成员之间是否形成非法组织关系、组织是否具备稳定性、是否层级分明、是否具有组织纪律和活动规约等方面进行分析。在“经济特征”方面，可以从是否存在有组织的违法犯罪或者其他手段、是否获取经济利益、是否具备一定的经济实力、获益是否用于支持该组织活动等方面进行分析。在“行为特征”方面，可以从是否采取暴力、威胁或者其他手段、是否存在有组织的多次违法犯罪活动、是否存在为非作恶、欺压残害群众的行为等方面进行分析。在“危害性特征”方面，可以从是否具有称霸一方、对抗社会的目的性、非法影响是否涵盖一定区域或一定行业、是否达到非法控制或者重大影响等方面进行分析。